JN063914

琉球の音楽を考える

歴史と理論と歌と三線

金城 厚

榕樹書林

まえがき

私が長く勤めた沖縄県立芸術大学は一九八六年に沖縄県によって設置された。当初は美術工芸学部だけでスタートした。琉球芸能を中心に据えることが大学設置の真意だったが、「民族音楽」「琉球音楽」を大学で教えることに対する当時の文部省の頑強な抵抗に遭い、音楽学部構想はいったん引っ込めざるを得なかったという。[1]最初の構想立案に関与した小泉文夫、柴田南雄、吉川英史、外間守善の各先生方が忌々しげに語っておられたのを直に伺った。しかし、音楽界の潮流はすでに変わっていた。美術工芸学部に遅れること四年、沖縄県の設置準備事務局を担っていた関係者の粘り強い働きかけが奏功して、一九九〇年には音楽学部の開設に漕ぎ着けた。その際、従来型の声楽・器楽専攻だけでなく、かねての念願であった音楽学と琉球芸能の専攻も開設されたことが大きな特徴だった。この大学の設置は沖縄の音楽シーンを大きく塗り替えた。[2]伝統音楽を担う若者が、しかも音楽能力の高い若者が数多く琉球芸能界に供給されるようになったからである。

沖縄県に芸術大学を作ると言い出したのは、一九七八年から九〇年まで県知事を務めた西銘順治である。沖縄県第二次振興開発計画策定に際して西銘が「芸術大学を作りたい」と言い出した時、県の幹部をはじめ多くの人々が無謀な計画だと反対したことは、有名な話だ。こんな貧乏県に、なんで大学を、しかも、経済や福祉の大学ではなく、こともあろうに芸術の大学をつくるなんて、と反対する意見が多かったという。私自身も赴任時に、大学総務課の職員からそのように愚痴を聞かされた。

芸術大学が構想された経緯について、西銘順治の回顧録には一九七九年のこととして、米村副知事と交わされた会話が載っている。沖縄の独自の文化を系統的、理論的に研究する機関を作る必要がある、という話に続けて、米村が「例えば三線や舞踊の世界をみると、多くの流派に分かれています。それぞれ研鑽していますが、あくまでもその流派の型を継承するためのものです。これらを理論的、体系的に整理し発展させる必要があるのではないでしょうか」と言ったという。これがまさに沖縄県立芸術大学設立の理念の出発点となった。

この西銘知事の芸大構想のブレーンとなったのが、当時、沖縄文化研究のトップリーダーであった外間守善だった。外間の回顧によれば、西銘知事は「ボクはウチナーンチュに哲学・美学を持たせたいのだよ」と語ったという。

芸術大学を発案した西銘氏が願ったことは何か。それは沖縄音楽がいかなるものであるのか、世界に誇りうる高い芸術的価値をもつものであること、日本の音楽とは似ているようで、でも違う、アジアの音楽と共通点もある、とすれば、ウチナーンチュとは「なにびと」なのか、沖縄文化とは何なのか、そういった問いに確固たる展望を与えて欲しい。芸術としての位置づけを学術的に明らかにして、沖縄県民が生きていく上での哲学として与えて欲しい――それがこの大学を発案した知事のコトバの真意であると思う。

私が沖縄県立芸術大学に勤め始めた頃、実は、沖縄の音楽についての研究成果は民俗的な音楽（島々に伝わる歌）についてのみで、古典音楽や芸能史についての知識はほとんど無きに等しかった。別に私だけが無知だったわけではない。私が教えを受けた先生方や先輩方の学的蓄積もまだまだ不十分であった。しかし、学生への講義はしなければならない。言わば泥縄のような、自転車操業のような授業準備を重ねる中で、とりあえず生み出したのが前著『ヤマトンチュのための沖縄音楽入門』だった。

薄っぺらい本ではあったが、他に類書がないためか、そこそこに版を重ねることができた。その一方、日々学生を相手に、質問への答えを考え、卒論・修論を指導しながら、私自身の知見も多少は増えて、ある程度の学的展望をもつこともできた。三〇年経ってみると、塵も積もれば何とやらで、これまでに授業で喋ってきたことをまとめてみた結果が本書である。

本書の重要なスタンスは三つある。(1)聴こえる音楽を語ること、(2)古典音楽と民俗音楽を関連させて描くこと、(3)日本音楽も中国音楽も両方、視野に含めることである。

(1) これまで、多くの先学は琉球音楽を歌詞の面から語るばかりで、音楽がどうか、という話はなかなか聞けなかった。しかし、音の側面から語って初めて、沖縄の音楽文化は、そしてウチナーンチュの音楽性はどういうものなのか明らかにできる。琉球語の歌詞は沖縄文化の中でしか理解されないが、音楽は言語を越えることができるからである。音楽を解明してこそ、世界の中での沖縄音楽の位置を明らかにできる。だから、音が、フシが、何を伝えようとしているのか、もっと耳で聴いて議論したい、と思いつつこの本を書いた。

(2) 古典と民俗とが別の歩みをしてきたのではなく、深く連関して展開しているのが沖縄の音楽文化の大きな特徴である。例えば、信仰に裏付けられた旅歌や機織りのクェーナの世界を知っていれば、舞踊「綛掛け」で主人公の立場を「夫の帰りを待つ若妻」などと誤解することもなかっただろう。[3] 古典音楽の実演家や解説者にありがちな民俗芸能の軽視が古典をも見えなくしている。逆に、民俗音楽の研究者にありがちな古典音楽の敬遠によって、個々の芸能の先人たちの伝えてきたことを見失ってしまうこともある。私にとっては、むしろ、双方が強く連関していると考えることで見えてきたことが多かった。それが本書の構成を考える上で大きな理由となった。

(3) 沖縄音楽研究の先達たちは、概して日本の音楽史を知ろうとしなかった。中国や東南アジアの音楽がどうであるかに至っては、よそ事であるかのようだった。沖縄音楽を研究するだけで手一杯で、外のことまでは手が回りません、と言う院生もいた。

私は沖縄音楽を考える時、沖縄の中だけで考えずに、常に本土の音楽や、中国、東南アジアの音楽を片眼で睨みながら考えるように努めてきた。その思いを反映させて沖縄音楽を位置づける――それが本書の試みである。これは、沖縄県立芸術大学の創設に奔走した師匠たち、また先輩たちの思いに対し、目に見える形でお応えする私なりの成果である。

本書第一部「琉球音楽の歴史」と第二部「音楽の理論」は、沖縄音楽の位置づけを明らかにすることを目的としている。中国文化と日本文化の両方と深いかかわりを持ちつつ、独自の歴史を築き、独自の理論、様式性を育んできたことを歴史的に確認し、理論的に解明したつもりである。前述の(3)の観点がこれらの基盤になっている。

さらに、「島々の歌」を第三部として前に置き、「古典音楽」を第四部として後に置いた。沖縄音楽の全体を理解するためには、まず民俗音楽を理解してから、次に古典音楽を学んでいただきたいと切に思う。

現実には、島々で古老しか歌えない歌なぞ、今では聴く機会もないから、一般の知る由も無く、古典音楽しか聴いたことがない、という読者も多いだろう。そういう方々は、本書の第四部を先に読んでいただいて構わない。しかし、その後には、第三部の民俗音楽の解説を読んでいただいて、その上でもう一度、古典音楽の章に書かれていたことを思い返してくださると、納得いただけるのではないかと思う。

沖縄の音楽は民俗音楽をベースとして古典音楽が成り立っている。両者がきわめて近いところにあることが、沖縄音楽の大きな特徴である。したがって、民俗音楽を観察することによって、古典音楽の理論的基盤や成立過程が明らかになることが少なくない。舞踊「綛掛け」の解釈だけでなく、組踊の唱えを見てみても、民俗音楽の歌の在り方を念頭に味わってみると、琉歌までもが対句表現になっている原因が見えてくるように思う。

とは言え、肝心な民俗音楽（島々に伝わる歌）は近代に盛んになった三線の「民謡」に押されてかなり多くが衰微し、あるいは歌い方の重要な特徴が薄れてしまった。それでも、年配の方々が覚えておられる古い歌はまだまだ残っている。その一部に過ぎないが、沖縄県文化振興会が編集したＣＤ集『沖縄の古謡』全八巻・十九枚は、最もアクセスしやすい音楽資料であろう。島々の先輩達の歌声に真摯に耳を傾けてこそ、古典音楽・舞踊・組踊の正しい理解に至ることが出来る。

沖縄の古典的な音楽芸能は、組踊がユネスコの世界文化遺産リストに登録されたことを機に広く関心が高まり、関係者も誇りに思っているところだが、こうした舞台上の音楽だけでなく、島々の歌声にも、関心を寄せていただきたい、という一念でこれらの章を書いた。

民俗的な音楽から古典的・芸術的な音楽まで、琉球の音楽がいかに体系性をもち、優れた美的価値を有するものであるか、そして、新時代の創造の手がかりがどこにあるか。本書から何らかの示唆が得られれば、望外の喜びである。

【後注】

1 当時の新聞報道では、沖縄県の財政上の理由ということになっている。

2 音楽学部設置認可時の名称は「邦楽専攻」だった。「琉球芸能専攻」は文部省から難色を示されたという。ちなみに、琉球古典音楽コースは「歌三線コース」、琉球舞踊組踊コースは、開設に尽力した横道萬里雄先生の普遍性を持たせたいという意向により「楽劇コース」だったが、地元の方々からの受けが悪かったようで、同専攻の先生方の強い意向で、二〇〇四年から「琉球芸能専攻」への改称が認められた。

3 首里の士の家庭で歌い伝えられた〈うりずんグェーナ〉には、女たちが協働して糸を紡ぎ、機を織り、仕立てた着物をヤマトに行く男性に着せれば、長命が守られる、と歌われている。舞踊「綛掛け」がこのクェーナを下敷きにしていることは、第三曲〈さあさあ節〉に現れているが、戦後、第三曲を外す上演が定着してしまった。真栄城由依・金城厚「琉球古典舞踊『かせかけ』の楽曲構成についての考察」『ムーサ』16号、二〇一五年三月、五五―七一頁。

琉球の音楽を考える／目次

第四部　古典音楽――247

第一部　音楽と芸能の歴史

第一章　古琉球の音楽

一　音楽・芸能史のあらまし

一般的な歴史では、そのときの支配者・王朝の名前によって時代を区分することが多い。日本史の時代区分「飛鳥時代」とか「平安時代」「鎌倉時代」「安土・桃山時代」などは実質的な支配者の拠点の地名によって区分し、命名している。一方、琉球の歴史は、基本的にはそれぞれの時代の支配者が誰かという観点によって時代区分しているが、命名については、時代の性格を示せるように、「古琉球」「近世琉球」「近代沖縄」「米軍占領期」「復帰後」と呼ばれている。

古琉球の時代は、一三七二年の明への入貢をもって前期と後期に分けられる。古琉球前期には信仰が社会を支配していた。祈ること、祭りを執り行うことと政治は不可分のものと考えられていた。いわゆる祭政一致の世界であった。音楽や芸能も、オモロに描かれたような祭祀生活の一部として存在していたと思われる。すなわち、儀礼的な歌や、儀礼に伴う舞踊的動作が中心で、味わうための音楽、弦楽器や管楽器を用いた音楽、他人に見せるための踊りが存在した形跡は見つかっていない。

古琉球後期には、中国との正式な国交が始まったことによって、中国の音楽が導入され、国王の権威を象徴する「楽」が生まれた。また、中国の庶民の楽しみである戯曲が演じられ、娯楽楽器である「三弦」が改造されて琉球独特の三線が生まれ、やがて宮廷の宴でも演奏されるような高尚な楽器に成長した。三線は日本本土にも伝わって、三味線となった。また、琉球でも仏教や茶の湯をはじめ、日本文化の影響が多く見られるようになった。芸能では、室町時代の小歌踊りの影響が指摘されている。琉球の宮廷では、外交のための宴で演ずる踊りも生まれたが、ここにも小歌踊りの影響が見える。

近世琉球では、島津家、徳川家の支配下に置かれたために、日本や薩摩との外交のための音楽「御座楽」が展開した。また、日本の芸能との接触、中国芸能の習得によって組踊が生まれ、中国との外交のための音楽・芸能「御冠船踊り」が大きく発展した。三線音楽は楽譜「工工四」が作られたために、技術的にも美学的にも洗練の度を高めた。また、臼太鼓、エイサーなど、庶民の芸能も盛んになった。

近代沖縄では、王国が廃されたことにより、王国の政治・外交と不可分だった音楽・芸能の存立基盤が失われ、これによりいくつもの音楽・芸能ジャンルが失われた。一方で、歌や踊りは権力からの支えを失った代わりに、支持基盤を庶民に求め、商業的舞台が生まれた。ここでは全く新しい芸能ジャンルである雑踊りや民謡、歌劇が創出され、新しい舞踊演出も試みられた。また、禄を失った士（さむらい）[1]が農村に移り住むなかで、組踊や諸芸能が農村に普及した。王府時代からの歌三線の伝承は一旦は下火になったが、西洋音楽との接触を通じて伝承を見直す機運（古典意識）が高まり、新たな楽譜や演奏理論も生まれた。

沖縄戦の惨禍によって多くの人材が失われ、多くの地域共同体が破壊・解体され、多くの文物・史料が灰燼に帰したことによって伝統は混迷に陥ったが、米軍支配という全くの異民族支配と弾圧を経験したことによって、沖縄人としての民族意識が高まり、地元マスコミの支援も相まって、古典音楽や舞踊の愛好者が一気に増加し、若い優れた実演家が育った。この世代はゴールデンエイジとして、現在も琉球芸能界を牽引している。

復帰後は、改めて日本の政治の下に組み込まれたことによって、文化財保護行政が強化され、音楽・芸能の復興に国からの支援が注がれた。また、村々の民謡や民俗芸能に対する調査が進み、評価が高まり、注目されるようになったが、その反面、農村部の急激な過疎化により、実際の伝承の多くはさらに廃れてきている。沖縄の社会では、復帰当初はハード面のインフラ整備に関心が向いていたが、やがてソフト面にも関心が向けられるようになり、芸術大学の創設、首里城の復元整備、国立劇場の設置、ユネスコ世界遺産登録など、伝統文化の再発見と再興に多くの成果が現れるようになり、現在に至っている。

沖縄の音楽は日本全国で、また世界で認知され、愛好され、実践されるようになっている。その人気は、現在のところ、ポピュラー音楽や三線民謡、新エイサーなど、大衆芸能的な面が先行しているが、古典的な歌や踊りについても理解が浸透しつつあり、また、近代に始まった海外移民の芸能活動、日本人や海外の人々による沖縄音楽・芸能の実演活動も広がっているので、琉球・沖縄の芸能史は、今後、沖縄の中にとどまらない全国的・世界的な流れになっていく可能性がある。と同時に、「シマンチュの宝」（沖縄に生まれた者が大事に守るべき伝統）であるはずの地域独自の歌や踊りへの若者の関心は、依然として衰退しつつあるという現実にも目を向けなければならない。

そして直近の出来事であるが、二〇一九年一一月、首里城が失火により消失した。あまりに突然の出来事に、筆者を含め多くの人々が呆然となったことを昨日のように思い出す。それから二年あまり経ち、失火の要因として多くのずさんな管理体制や無警戒な意識があったことがわかり、文化財を「保護」することの内実に目が向けられるようになったことは、幸いに転ずる動きであった。

火災の直後の報道の中に、首里城の焼失をあたかも「アイデンティティの喪失」のように語る県民の姿があった。一九九〇年ころ、首里城の建築工事の経過を研究室の窓からつぶさに見ていた筆者は、復元・再建された首里城が、三〇年足らずの間に「文化の歴史の象徴」として県民の意識にしっかりと刻み込まれていたことを思い知って感動を覚えた。

有形文化財は火災で失われてしまうこともあるが、無形文化財は、人が伝えるものであるから、人が居なくならない限り、失われることはない。消失した首里城も、前回再建のノウハウがあり、関係者がいるわけだから、あまり心配していない。重要なことは、琉球の文化が大事なものだという意識が県民の間に根付いてきたことであり、そういう人々の思いがある限り、琉球芸能のわざは常に新たな歴史を重ねていくことだろう。

二　オモロの世界

最初期の沖縄は、一二世紀までは王国などのない、原始的な共同体の社会だったと考えられている。一三世紀ごろの地層からは石積みの砦のような遺構が出土するので、このころ、武力をもち、いくつかのムラ共同体を束ねて周辺の地域を支配する地方豪族が現れたと考えられる。この石積みはグスク（城）と呼ばれている。そこで、一四世紀までの沖縄は「グスク時代」とも呼ばれている。また、グスクを営んだ地方豪族は、按司（あじ）と呼ばれている。

グスクからは、土器、玉類、武具などのほか、鉄器、中国製の青磁が出土する。沖縄は鉄を産出しないので、按司たちは、これらを求めて日

1-1　勝連グスク址　うるま市教育委員会提供

本や中国など海外から立ち寄る商人との交易を行っていたとみられる。

各地の按司はしだいに勢力の拡大をはかるようになり、一三世紀の末ごろになると、周辺の按司を従えた強大な按司が登場するようになった。いわば地域領主による小国家が各地に分立するようになった時代である。その中で、浦添地域を根拠地とした勢力（中国側は「中山」と呼んだ）が中国との交易を積極的に進めて経済力を高め、国家体制の基盤整備に努めて最も有力となり、ついに一四二九年、尚巴志が首里を中心として沖縄本島の全域を支配下におく統一国家を作り上げるに至った。

当時も、何らかの音楽が存在したと想像するが、楽器のような、音楽の存在を語る遺物は今のところ見つかっていない。グスク時代の人々の考え方は、歌謡集「おもろさうし」を通してわかることがある。「おもろさうし」の編纂自体は一六世紀と一七世紀だが、そこに書き記された歌謡・オモロは、それより遙か昔から歌い継がれてきた歌詞を文字化した記録なので、オモロには、より古い時代の思想が反映しており、一三世紀以前の琉球の芸能についても窺い知ることができる。

オモロとは、一二～一五世紀に琉球の支配者たちの祭祀に臨んで歌われたと想像されている歌で、琉球最古の筆記史料「おもろさうし」に掲載されている歌謡のことである。これに対し、今日に至るまで、地方の村々で祭祀の場に臨んで実際に歌われてきた歌は、「ウムイ」とか「クェーナ」と呼んで区別される。

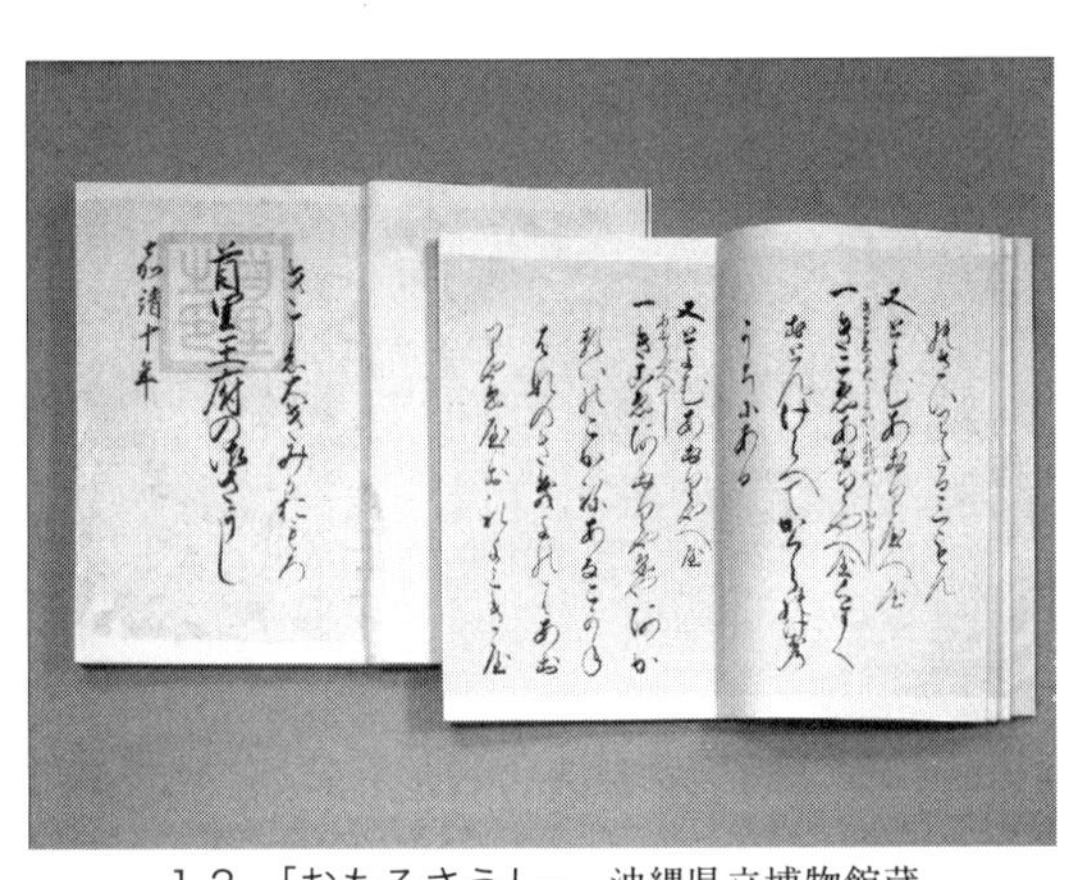

1-2 「おもろさうし」 沖縄県立博物館蔵

祈りの役割

芸能の出発点としていちばん大切な要素は「祈り」である。昔の人々にとって、生活の中での最大の関心は自然の力であった。畑を耕し、魚を取って生活していた人々の最大の関心事は、自然の恵みを豊かに受け、自然の猛威から守られることであった。現代であれば、人々は収穫を増やすために肥料を工夫し、品種改良し、疫病が流行れば消毒し、天気予報を見て種まきの時期を変えたり、台風警報を聞いて予め(あらかじ)避難したりできる。しかし、技術や知識が未熟な時代に、人々にできることは限られていた。自然の猛威は、克服するものではなく、畏れ敬うものであった。それゆえ、人々は家族やムラ（地域共同体）ごとに祭りを執り行って祈った。その一部は、科学技術の発達した現代でも人々の心を捉え、また、形式的な「しきたり」として現代人の生活に影響を及ぼしている。

祈りの重要性は支配階級（士(さむらい)）においても同様である。豊作・不作は、年貢に支えられている彼らの支配に直接影響した。支配階級もまた、祈りによって国が豊になると考えていた。

また、士たちが戦いをするときも「祈り」が大事だった。後の時代であれば、武具を改良し、戦術を磨いて戦いに勝とうとするだろうが、古い時代においては、まずは「祈り」の力を背景にしてこそ、勝つことができると信じられていた。その結果、自然の恵みを得て国家を安泰させるためには、支配階級にとっても、「祭祀」――祈りと祭りが重要であった。それが国家としてオモロを歌い舞うことの動機であった。そのことは、オモロを通して窺い知ることができる。

聞得大君ぎや　降れて　遊びよわれば
天(てに)が下　平らげて　ちよわれ　（一―一）[2]

（聞得大君：王国時代における最高級神女の称号。政治支配者国王に対応する宗教的最高位の神女）

聞得大君さまが天降りして儀礼の舞をなさったからには、

国王さまは国を治めて千代におわしませ。

聞得大君ぎや　天の祈り　しよわれば　てるかはも　誇て

おぎやか思いに　笠利　討ちちへ　みおやせ　（一―四）

聞得大君さまが天に祈りをなさったからには、テルコ神さまもお喜びになって、

尚真王さまに、（奄美の）笠利の討伐を成させるよ。

按司添いぎや　親御船　島見らば　久米あら　明日わ　那覇泊

親御船や　宣の君しよ　知りゆわめ　（一三―九〇〇）

按司さまの乗るお船で、島が見えたら久米の島だ。明日は那覇港に着くだろう

按司さまの乗るお船は、宣の君さまに守られているよ

歌声の霊力

日本の古代文学である万葉集や古事記には「明確に発せられたコトバには、その内容を実現する霊的な力が宿っている」という考え方が見られる。これを「言霊（ことだま）」という。

沖縄では古来、音楽のフシに、コトバの霊力を決定的に強める作用がある、と信じられてきた。コトバをフシにのせて歌うと、そのコトバのとおりに実現されると考えるのである。逆に言えば、何か実現して欲し

いような願いごとがあれば、それを神の前で口に出し、フシを付けて歌声にすると、コトバの霊力によってそれが実現すると考える。これが祈りの歌の始まりである。祭りにおいて強い霊力を発するのは祈りの「歌声」の力と考えられていた。オモロには、琉球芸能史上もっとも古い時代の祈りの歌の在り方が描かれている。

太鼓の霊力

霊的な力をもつ音楽要素として、歌声の他に注目すべき楽器が太鼓である。太鼓は「おもろさうし」に唯一登場する楽器で、「つづみ」「ひやし」「なりよぶ」「うちよぶ」などと表記されている。「ひやし」は「拍子（ひょうし）」のことである。「拍」は「打つ」という意味で、拍子とは「打つ物」、すなわち打楽器を指す。打楽器の代表は太鼓なので、オモロの「ひやし」は太鼓を指すと見られる。オモロの太鼓の特徴は、その音が世に繁栄をもたらすと考えられていることである。

中城在（あ）つる　浦鳴響む鼓　打ちちへ　鳴り揚がらせ　（二一五二）

　中城の里に太鼓の音が鳴り響くと、打って栄えるよ、鳴って栄えるよ

屋宜の金杜に　真部人の　拍子（ひやし）　打たば　君もなよら　（二一五七）

　屋宜の御嶽に太鼓を打つと、神女さまも神舞いをなさる

聞ゑ君鳴響み　精高君鳴響み　打ちちへ　見物君

1-3　首里城の祭祀　百人御物参（ももそおものまいり）　美ら島財団提供

又　百口の鼓　八十口の鳴り呼ぶ　（一二―六七七）

聞得大君さまの太鼓、精高君さまの太鼓を打てば、神女の舞が見事だ

百の・八十の（数多くの）太鼓が鳴り響いて世を栄えさせる

「うちよぶ」「なりよぶ」という呼称は、太鼓を打つと豊かな世を呼ぶ、あるいは太鼓が鳴ると豊かな世を呼ぶことができるという意味であろう。大宜味村大宜味の《家造りのウムイ》には、「うちゅぶ」「ないぶ」を作って、新築の家の梁に提げて鳴らすとこの家が祝福される、という意味の歌詞が見いだせる。このように、オモロの用語が現代のウムイの中にも残っている。東村平良の祝女（のろ）は祭祀で打つ太鼓のことを「おつぶ」と呼んでいた。

オモロの世界では、霊力の高い神女が国家のために、国王のためにオモロを歌うと大きな効果があること、また、彼女らが遊び（＝舞い）、太鼓を打ってその音が大きく鳴り響くと豊かな世がもたらされることが歌われている。オモロの時代の音楽観では、歌声の霊力と太鼓の大きな音の霊力が世を守り、世を豊かにすると信じられていた。

付説　三線によらない音楽の世界

ここで話題にしているオモロの世界では、三線が全く使われていない。霊的な力を願って音楽パフォーマンスを行っている時代に、霊的な力を実現する手段は歌声と太鼓の音であった。この観念は、近世の琉球音楽にも影響を与えている。

現代では、三線は沖縄音楽の場に無くてはならない存在のように思われているが、実は、祈りの場では三

線は避けられている。現在も女性が司って執り行われる祭祀行事に三線は登場しないだけでなく、歴史的に見て三線が盛んに演奏された近世においても、王府の儀礼的な場では、三線は避けられていた。

例えば、王府時代に、首里城の御庭（うなー）で行われる冊封規式では三線は演奏されなかった。[3]また、一六世紀以来の御冠船芸能の歴史を通じて中心演目であった「冠船躍」の初期の形態は、少年たち・若衆による輪踊りだったが、三線を弾かずに歌い踊っている様子が記録されている。[4]一八世紀の玉城朝薫（たまぐすくちょうくん）の頃になって初めて、三線が地謡を務める舞踊が上演されるのである。しかし、一九世紀になっても、「冠船躍」すなわち若衆の輪踊りでは、三線に熟達しているはずの歌職たちが、あえて三線を弾かずに、手にした太鼓を打ちながら踊りの輪の中に加わって地を務めている。[5]

三線は祝宴の楽器と見なされており、または感情を表現するときの楽器であって、儀礼性の強い場には合わないと考えられていた。現代の民謡・民俗芸能でも三線を使わない歌や踊りがあるが、あえて三線を使わないことに儀礼的な意味があったと理解すべきだろう。

三　琉球文化と中国文化

冊封と進貢による国家

一四世紀末頃以降の沖縄の歴史と文化は、中国とのかかわりをぬきには語れない。一三六八年に建国された明は、異民族王朝の元を倒して漢民族の王朝を復活させたものの、周辺異民族の動きにはことのほか神経をとがらせていた。折しも時代はアジアの諸国民の海上交易活動が活発化しはじめたばかりの時期で、交易の秩序が未成熟な時代でもあったので、東シナ海では無秩序な私貿易の中から発生した倭寇の活動が大きな脅威となっていた。明はこれに対抗するため、中国人が外国と交易することや海外へ渡航することを禁じた。これを「海禁」という。

その一方で、臣従する諸国には冊封により保護を約し、経済援助も行った。冊封というのは、中国の皇帝が近隣の諸国の王と名目的な君臣関係を結んで王を任命し、印などを授けることにより、中国上位の外交関係を築くことである。中国の側から見れば、自国の安全保障となり、周辺諸国の側から見れば、中国皇帝の権威を後楯とできる。周辺の国々はこの関係を維持するために定期的に中国皇帝に朝貢し、これに対し皇帝は回賜を与えた。形の上では外交儀礼のやりとりに過ぎないが、実際は莫大な回賜が得られ、随行者の商取引も認めていたので、実質的には外交に名を借りた国営貿易にほかならなかった。

一三七二年、明の太祖洪武帝は琉球に使節を派遣して朝貢を求めた。当時の中山の王察渡（さっと）はこれに応じて遣明使節を同行させ、朝貢した。これによって琉球国は明の冊封を受け、以後五百年間にわたり、冊封体制という中国の傘の下に入ることになった。

実際のところ、冊封の最も重要な側面は経済的メリットであった。一般に、朝貢国側から送られた貢物に対して、中国側はその数十倍もの回賜を授けるのが習わしだったから、経済的には圧倒的に朝貢国側に有利であった。また、随行する団員はそれぞれが携行品として多くの産品を持ち込んでは中国の

1-4　進貢船図　沖縄県立博物館蔵

人々と商取引を行なうことが慣例化していた。いわば官と民が一体となって朝貢貿易から稼ぎ出していたと言ってよいだろう。

　朝貢する諸国の側からすれば、東アジアの文明の最先進国である中国との交易は、富や文化を取り入れるパイプである。このパイプをいかに太くしていくかということは、地域政権の経済的基盤の強化と、対内的・対外的権威の高揚のために不可欠の課題だった。琉球について言えば、明と安定的な関係を確立することのできる支配者（按司）こそが琉球の覇者となりうるのだった。今日、世界の大国アメリカとの政治・経済・軍事のパイプが重視され、各国が競って対米関係を有利に運ぼうとしているのと非常によく似た構造があったと考えればよいだろう。

　結局、朝貢貿易を最も盛んに行って明とのパイプを太く保つことのできた中山（ちゅうざん）が、一四二九年、尚巴志の時代に沖縄本島の全体を支配する王権を確立することに成功した。

　琉球（中山）は、その後、内紛による混乱期を経て、尚真の治世（一四七七〜一五二六）に最も繁栄した時代を築き上げた。この時期に、琉球は中国から供与された大型船を使って、中国との交易を軸に、日本、ベトナム、タイ、マレーシア、インドネシアにまで及ぶ貿易活動を展開し、これによって高められた国力を背景に、南は宮古・八重山諸島から、北は奄美諸島にいたるまで、琉球全域の島々を支配下に収め、琉球の統一を完成させた。

　また、この尚真の時代に、中央集権への仕上げとして、地方の按司たちを首里の城下に住まわせた。これは、地方の按司を領地から切り離し、統制を強める意味があったが、その一方で、首里城とその周辺地域に官僚化した支配階層が集住することによって、士（さむらい）たちによる首里の文化、すなわち宮廷文化が花開いた。音楽もまた、この尚真の時代に、宮廷を舞台に新しい歩みを始めたと言える。

久米村のはじまり

朝貢を受ける宗主国として、中国の琉球国に対する経済援助は至れり尽くせりであった。一四世紀末の琉球はまだまだ小さな国で、外洋を走れるような大きな船もなければ、走らせる技術もなかった。そこで明は、琉球が東シナ海を渡る進貢の航海に必要な大型帆船を供与したうえ、その操船に必要な航海士や維持・補修する船大工、また外交・貿易の実務文書を正しく作成する書士として、多くの福建地方の人々を派遣したとされている。

歴史書には、一三九二年、明の洪武帝は琉球に閩(びん)人三十六姓を賜ったと記録されている。閩とは福建省の古名で、閩人とは福建省に住む人々のことである。おそらく、福州近郊の出身者で海上交易活動に従事していた大勢の技術者や商人たちが、琉球国への経済援助に参加すべく、家族ぐるみで移住してきたのだろう。移住者たちは那覇の海岸沿いの地域に居住地を与えられ、「唐営」と呼ばれる華人町を形成した。彼らのなかにはやがて帰国する者もいたが、かなり多くの者はそのまま那覇に住みつき、数代を経て琉球の士の一員となっていき、航海や通訳・翻訳をはじめ、中国との往来に関する一切の業務を担当した。「唐営」は後に「久米村（くめむら／くにんだ）」と呼ばれるようになった。

久米村の人々は、琉球にはもともと無かった大型船による航海技術や修造技術を持つ専門技術者集団であり、通訳や漢文による公用文や外交文の作成を担う知識人集団であった。進貢の際には使者、通訳として活躍した。また、産業や学問の振興や国政にも貢献して、大臣クラスにまで昇進した者も少なくなかった。

中国との朝貢貿易の推進を国是とする琉球にとって、こうした技術や知識をもった久米村人は貴重な人材集団であり、王府は彼らをことのほか優遇し、特別に扶持米を支給した時期もあった。また、王府は官吏養成のために中国に留学生を送り込んだが、そのほとんどは久米村の子弟の独占だった。その代わり、久米村人にはそうした職能で国家に貢献することが義務づけられていた。

久米村の士は琉球の貿易活動を支えただけではない。中国語に堪能であったから、中国の書籍を通じて、また留学によって、農業技術や工業技術をはじめ、諸学問を琉球に導入する窓口となっていた。儒教や道教を信仰して孔子廟や天妃宮（てんぴぐう）を建てるなど、中国の思想や信仰、さらにはさまざまな生活様式の導入にも関与した。もちろん音楽も含めて、沖縄における中国文化の影響は、彼ら久米村の士を介してもたらされたものが多い。一五、六世紀の久米村のイメージは、明治初期の横浜や神戸の雰囲気にたとえるとよいかも知れない。久米村はいわば先進文化の入り口であった。

万国の津梁

琉球の交易関係は中国だけではない。日本本土とは民間貿易であったが、一五世紀から一六世紀まで、堺、博多、坊ノ津（鹿児島県）の商人が南海の産物を求めて那覇に通い、また、彼らがもたらす日本の産物、日本刀や扇、漆器などは、中国や東南アジアとの交易の重要な資源であった。

琉球から中国へ運ばれた品は、琉球自身の産品として硫黄、馬、砥石などのほか、日本からの産物や南海から手に入れた珍品至宝の数々であった。中国から持ち帰る品は、まずは陶磁器、そして絹織物であった。

東南アジアに対しては、琉球の商船（中国から供与されたものだが）はシャムやジャワなどに頻繁に寄港し、日本や中国の産品を持ち込んでは、蘇木、胡椒、織物、酒などを持ち帰っていた。一五世紀から一六世紀のあいだ、東南アジアとの交易は、公的な使節派遣のかたちをとったものだけでも一〜二年に一度は行われた。

東南アジアとの交易は、その後、ポルトガル人などの南蛮人がアジアに進出してきたことを契機に急速に衰退した。現在、沖縄の文化と東南アジアの文化とのあいだに共通する要素がいくつか見られるが、もし、それらが東南アジアから直接もたらされたとすれば、まさにこの時期、すなわち一五、六世紀頃だろう。沖縄の地酒として有名な蒸留酒「泡盛」の製法は、こうした交易のなかでシャムから学んだものとされている。

一四五八年に鋳造され、首里城の正殿に掛けられた梵鐘が現在も沖縄県立博物館に残っているが、この鐘に刻まれた銘文は、東アジアの海で中継貿易に活躍した当時の琉球の気概を的確に表現した文章として有名である。

「琉球国は南海の勝地にして、三韓の秀をあつめ、大明をもって輔車となし、日域をもって脣歯となす。この二の中間に在りて湧出するの蓬莱島なり。舟楫をもって万国の津梁となし、異産至宝は十方刹に充満せり」

三韓とは朝鮮、大明は中国、日域は日本のことである。「舟楫をもって万国の津梁となし」は、船の往来をもって万国の港との架け橋としたという意味で、琉球の中継貿易の本質を言い得ている。

なお、琉球音階とインドネシアのペロッグ音階がよく似ていることは有名だが、琉球と東南アジア諸国との間で接触があった可能性は、この時期のごく数回に限られるので、この時期の交易に伴う文化的影響とは考えにくい。琉球音階の問題は、むしろ民族性の問題としてアジア的規模で多面的に検討を続ける必要がある。

1-5　万国津梁の鐘　沖縄県立博物館蔵

四　中国からの音楽伝来

路次楽の始まり

同時代史料に具体的に記された琉球最古の音楽は「楽」である。楽というと、単に音楽の略称のように思われがちだが、本来は中国由来の儀礼的な吹打楽を指す。中国では「吹」は笛、哨吶、喇叭などの管楽器、「打」は太鼓、拍板（木製）のほか、銅鑼、鈸（シンバル状の金属楽器）などの打楽器が含まれる。いずれもかなり大きな音のする楽器であって、ここに繊細な音をもつ弦楽器や声楽は含まれない。

楽は、琉球史に初めて登場する器楽である。もしかすると、三弦の方がより早く琉球に来ていたかも知れないが、史料に見える音楽は「楽」の方が先となる。

一五世紀半ば頃、琉球へ漂着した朝鮮の済州島民、梁成の見聞録によれば[6]、一四五六年、尚泰久の冊封の際、王宮に向かう冊封使の行列で、「詔勅・書契を輿轎に安んじ、傍らより鼓錚を撃ち、太平簫を吹き、王宮へ迎え入る」と記述されている。「太平簫」はダブルリード（葦で鳴らす）の木管楽器で、中国で言う哨吶のことである（朝鮮では「太平簫」と呼ぶ）。冊封使らの行列に、太鼓や銅鑼を打ち鳴らし、太平簫（哨吶）を吹奏する楽隊が同道していたことが記されている。

また、一四七七年に、琉球へ漂着した同じく済州島民の金非衣の見聞録によれば[7]、彼らは首里城下で国王尚真とその母の行列に出会う。そのとき、行列を先導する楽隊があって、「双角、双太平簫を吹き、火砲を放つ……」と記録されている。「角」はリップリード（唇で鳴らす）の太いラッパのような楽器である。これらの管楽器をそれぞれが二人ずつで並んで吹奏しながら行進していた様子が記されている。尚泰久の頃の琉球では、中国からの冊封使の行列を護衛するための路次楽が導入されており、さらに尚真の頃には、国王の行列を警護するためにも路次楽が演奏されていたと見られる。

「楽」は中国皇帝の権威の表象でもあった。このうち「路次楽」は道中で奏される「楽」をいう。路次楽の主要楽器である嗩吶は、甲高い大きな音で旋律を奏する。胴角(どうかく)は、単音か二音程度しか出せなかったと想像するが、低く力強い音を出す。いずれも、大きな音で、中国では皇帝などの権威を示す響きとされていたようだ。野外でも遠くから聞こえるので、高貴な人物の行列の露払いにはとても適している。路次楽は、貴人の行列の音楽として、五百年以上にわたって琉球の人々に広く親しまれていた。琉球王国が廃された後は、宮廷楽としての路次楽は絶えたが、民俗芸能の世界では今も伝えられており、嗩吶は「ガク」などと呼ばれて、祭のときに弥勒神や獅子など貴い霊力のある存在をエスコートする際に演奏されている。

三線音楽の始まり

三線の形成は中国の楽器「三弦(サンシェン)」がもたらされたことによる、という理解は定説と言って良い。中国の「三弦」は一四世紀末の閩人三十六姓の来琉とともに持ち込まれた可能性が高い。「三弦」は明代における中国南部の中流市民にとって馴染みの楽器であったので、閩人たちが移民に際して携行して来た、と考えるのは全く自然なことだろう。もっとも、これは推測の域を出ない。一四～一五世紀の史料には三線に関する記述が全くないからである。

1-6　冊封使行列図　沖縄県立博物館蔵

久米村に持ち込まれた「三弦」は、その後、琉球の士たちの間に広まる際に、琉球在来の歌に合うように棹の長さが改造されて三線となったと推測される。その時期についても史料がないが、少なくとも前述の済州島民・梁成の見聞録には、首里城の宴の席に弦楽器が登場しないと記されているので、尚真王代（一四七七～一五二六）よりも前には、まだ宮廷における三線の使用は無かったものと考えられる（もちろん士たちの私生活における嗜みの世界には三線が浸透していた可能性を考える必要はある）。これより後の時代になって初めて、宮廷の宴でも三線が使用された可能性が浮上する。

そこで、尚真王代の特徴が、こうした変化を生み出したとみるべきだろう。尚真王は、中央集権化のため、地方に住む諸按司が首里城下に住むよう定めた。これにより、諸按司やその配下の士たちが領地を離れ、家族とともに首里に集住して城下町が形成され、洗練された宮廷文化が生まれる契機となった。そのひとつとして、新造の楽器に過ぎなかった三線とその伴奏による歌も、士たちの家庭や町で、高尚な音楽として洗練されて、やがては宮廷の重要な宴に供せられるまでに至ったと想像する。

一五三四年、冊封使として琉球を訪れた陳侃（ちんかん）が残した記録『使琉球録』には、冊封使が訪れた首里城での宴の音楽について「楽用弦歌（楽に弦歌を用いる）」と書かれている。[8] これにより、弦楽器による歌が外交の宴の席で演奏されたことがわかる。琉球の人々が琵琶や琴、箏を演奏するようになるのはずっと後のことなので、この時の弦楽器はおそらく三線だと思われる。この陳侃による記事は、琉球で三線が演奏されていたことを窺わせる初めての史料である。

「三線」を意味する単語が直接に歴史に登場するのは一五七五年まで時代を下らなければならない。当時、琉球と薩摩との間はすでに緊張関係にあったが、薩摩との外交交渉に出かけた琉球の使節団が、鹿児島で薩摩の上級武士たちと開いた宴の席で「じゃびせん」を演奏し、少年たちによる舞踊を披露したという記述が残っている。これは薩摩の家老・上井覚兼が書いた日記の記事なので、本土側の呼び方で記録してあるが、これが三線であることは疑いを容れない。これは、琉球人が三線を演奏したことを直接に示す初めての史料である。

冊封使相手にせよ、薩摩武士相手にせよ、外交の席で披露するくらいだから、俗な楽器を使うはずはない。こういう席では文化度の高さを誇示するために歌舞を演ずるわけだから、琉球では一六世紀はじめには、三線は士が教養として嗜む高尚な楽器として根付いていたと考えられる。

ところで、三線はすぐに日本本土にも持ち込まれて三味線が生まれた。江戸時代の史料「色道大鏡集」（一六七八年）に、一六世紀の後半、永禄年間（一五五八～一五七〇）に琉球から堺へ伝わった蛇皮の楽器を改造したという言い伝えが書かれている。同時代史料としては、宮中の生活を記した「御湯殿上日記」で一五八〇年の記事に、河原者に「しゃみせん」を弾かせたとある。[9] このときすでに音楽として鑑賞されているので、三味線が本土に伝えられたのはそれ以前、すなわち永禄年間と推定するのが日本音楽史の定説となっている。

冠船踊りの始まり

琉球の王が中国から冊封を受けるにあたっては、冊封の使節に対して諸宴にて芸能を供すること、すなわち御冠船踊りが最も重要な行事とされていた。その宴席に踊りを供した最初の記録は、一五三四年に来琉した冊封使・陳侃の『使琉球録』である。ここには、少年四人が手にした柝（き）を打ち鳴らし、足を盛んに踏み鳴らす踊りがあったことが記されている。今で言う若衆の集団が四つ竹のような採り物を鳴らしながら踊っていたこと、足を踏みならす活発な踊りであったことが窺い知れる。（なお、先述した「楽用弦歌」の記事は、踊りを伴わない別の文脈で書かれている）

古琉球時代の最後の御冠船となるが、一六〇六年に来琉した夏子陽の『使琉球録』には、王族や高官の子供たち二〇人余りが群舞したこと、笠をかぶっていたこと、ゆっくりと回ったこと、自ら斉唱し声が揃っていたことが記録されている。この頃、三線の地謡はまだなかったと見られる。

こうした冊封使の記録をもとにすると、初期の冠船踊りは現代の「琉球舞踊」の演目とは全く違っていたと見られる。もっぱら高貴な家柄の少年たちによる集団の輪踊りが御冠船踊りだった。その他に、三線を用いずに自ら歌うこと、採り物を用いることなどの特徴があるが、これらは現代まで伝承されている民俗芸能のウシデークによく似ており、関係が注目される。

久米村の戯曲

一五七九年に来琉した冊封副使・謝杰（しゃけつ）は、帰国後、『琉球録撮要補遺』を書いたとされているが、これによると、当時の久米村では「姜詩」「王詳」「荊釵」などの戯曲が演じられていたという。これらはいずれも孝行や貞節を主題とした作品であり、恋愛ものは演じられていなかったという。冊封使には、儒教思想を体現した演目のみを披露しようとしたのではないだろうか。[10]

これは久米村の中だけの伝承とみられるが、それでも、中国の戯曲が一六世紀から琉球で知られていたのであるから、これが後の組踊の創出に影響を与えた可能性も考えなければならない。

第二章　三線のあゆみ

一　三弦楽器の伝来と変容

三線のルーツ

沖縄音楽の楽器と言えば、三線（さんしん）である。「三線：さんしん」の呼称は近年広く定着し、教科書でも使われているが、日本本土の三味線とはかなり違う楽器である。だれにでもすぐわかる違いとして、まず、胴に張ってある皮が違う。三味線は白くなめした猫や犬の皮だが、沖縄の三線は網目模様のヘビ皮である。そのため、本土では一六世紀以来「蛇皮線」と呼んでいた。それに、大きさが小ぶりである。

三線の胴皮には、模様がきれいで幅四〇センチくらいの皮が採れるヘビが必要だが、そんな大きなヘビは沖縄にはいない。昔から三線用に使われているのは、中国南部や東南アジアなどに棲息するインドニシキヘビの皮である。もちろん、中国を介して輸入するしかなかった。現在は、ワシントン条約の規制があるので、養殖されたニシキヘビの皮をベトナムなどから輸入している。

そこで、中国の楽器をたずねてみると、中国には三弦（サンシェン）という楽器がある。胴にニシキヘビの皮が張ってあり、形も沖縄の三線とそっくりである。ただし、大きさにバリエーションがあって、おおむね大三弦・中三弦・小三弦の三段階に分類されている。このうち大三弦は全長一二〇センチ位で、日本本土の三味線（約一〇〇センチ弱）と比べてもかなり大きい。中国では北方の音楽でよく使われる。小三弦だと九〇センチ余りで、沖縄の三線（八〇センチ足らず）に比較的近い。この小三弦は中国南部に多い。福建省を中心に台湾や香港などで演奏されている合奏音楽「南音（なんいん）」（台湾では「南管」という）にも使われている。

三弦と三線と三味線は、呼び名も表記もよく似ていて紛らわしい。沖縄でもいろいろな呼び方をする人がいる。歴史史料の記述では、琉球王府時代には「三味線」の文字表記が多く使われており、近代にも使われてきた。しかし、近世の史料に「三線」と書いたものもあるので、一定していなかったのかも知れない。一九八〇年代頃から、本土の三味線と区別しやすくするため、三線（さんしん）という呼び名と表記が定着して、検定教科書でも採用されるようになった。沖縄の「さんしん」は、おそらく中国での呼び名「三弦 sanxian サンシェン」が沖縄に伝わって、その後「さんしん」という発音で受けとめられたのだろう。

中国の三弦の形成

では、中国の三弦はどこから来たのだろうか。楽器のルーツを考えるときには、その楽器の特徴を整理してみることから始めると良い。「三弦」の主な特徴を並べてみよう。

(1) 弦が三本あること
(2) 胴にヘビ皮が張られていること
(3) 棹の上にはフレットがないこと

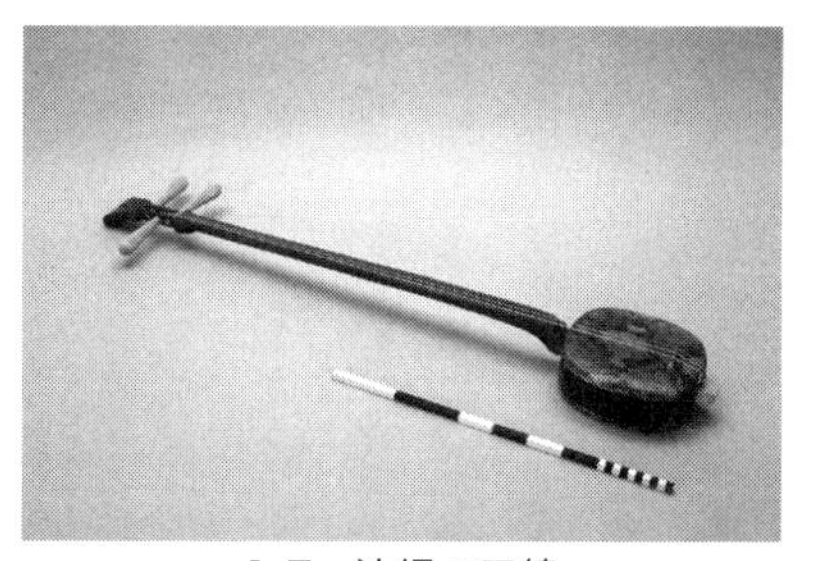

1-7　沖縄の三線

1-8　中国の三線

東京藝術大学小泉文夫記念資料室蔵

(4)胴に比べてかなり長い棹が胴を貫通していること
(5)爪やバチで掻き鳴らして奏する楽器であること

これまでも、古い時代の史料(記録や図)の中からこうした特徴を備えた楽器を探して三弦のルーツをつきとめようとする研究が数多くなされてきた。

(1)三本の弦

西アジアにも「三弦」という名の楽器がある。イランの「セタール」である。ペルシャ語で「セ」は数字の三の意味で、「タール」というのは「弦」の意味なので、まさしく「三弦」という意味になる。インドの弦楽器シタールも同系の語源である。もっとも、現在のセタールの弦は共鳴弦を加えて四本だが、演奏する弦は三本であり、シタールも同様に共鳴弦がたくさん増やされて独特の音色を生み出している(ちなみに、ギター guitar のター tar も弦の意味に由来している)。このように考えると、三つの弦をもつ楽器の文化は、アジア大陸のはるか西の彼方からシルクロードを越えて中国へやってきた要素だと考えられる。

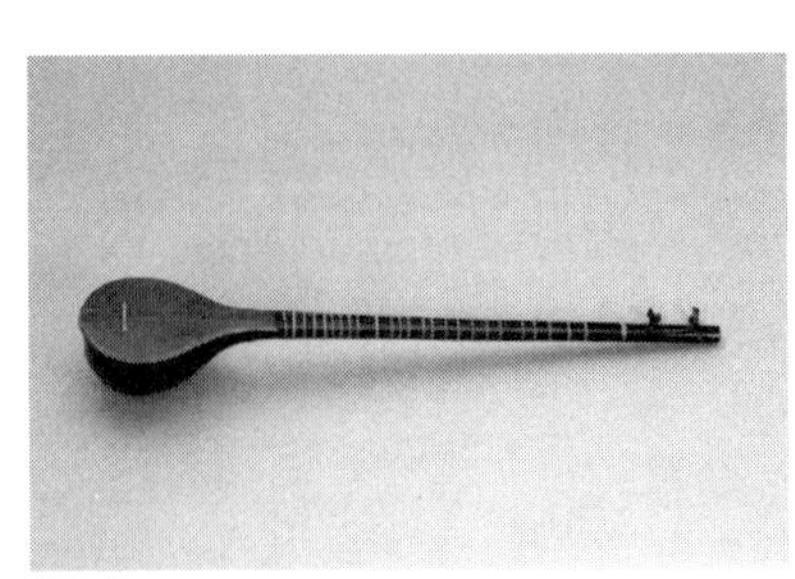

1-9 イランのセタール
浜松市楽器博物館蔵

(2)ヘビの皮

しかし、西アジアの三本の弦の楽器は、中国の三弦とは大きく異なり、胴の表面が板張りになっている。ヘビ皮が三弦の特徴だから、別の祖先も考えてみないといけない。そもそも、弦楽器が良く鳴るためには、何よりも共鳴胴の表面が薄くできていることが不可欠である。バイオリンなどヨーロッパの弦楽器はすべて材料の板を薄く削り、弦の振動のエネルギーが効率よく胴内の空気振動に変換されるように作られている。より古い弦楽器であるリュートやギターは、アラビアの弦楽器ウードが変化してできた分家だが、これらも胴の板がきわめて薄く精緻に削られており、ひじょうに軽い。もちろんセタールも同様である。

これに対して中国の三弦では、胴それ自体は分厚くて頑丈であるが、胴の上面に弾力性に富む薄いヘビ皮を強く張ることにより、弦の振動を効率的に空気振動に変えて、大きく良く鳴る楽器を作り出している。

では、ヘビ皮を張るという特徴はどこから来たのだろうか。これはもちろん大型のニシキヘビが棲息する地域、それはインドシナ半島北部である。唐代にミャンマーの地域を支配する驃（ひょう）という国があった。驃国ではヘビ皮を扱う文化があり、さまざまな楽器の装飾にもヘビ皮を使っていた。それらが中国・四川省の成都にもたらされたらしい。そのため、四川では南宋の時代にヘビ皮を張った三弦が使われていた形跡があるという。[11] したがって、楽器にヘビ皮を使う文化は、中国の南方から伝わってきた要素だと考えられる。

（3）フレットのない棹

琵琶も月琴もセタールも、三弦に似た弦楽器の多くは棹面にフレットがあるが、三弦にはフレットが無い。フレットがないという三弦の要素について、いちばん有力な説では、中国の北方にいた遊牧民たち、つまりモンゴルのあたりに住んでいたトルコ系の民族の間で使われていたクーブーズという楽器が直接の原形とみられている。クーブーズという楽器は「火不思」と書かれて八、九世

1-10　キルギスのコムズ
浜松市楽器博物館蔵

紀ころからの史料に登場する。[12] クーブーズは元代に中国に伝わったとみられ、詩にも歌われている。

クーブーズは羊の皮を張ったものが本来と思われるが、清代のいくつかの史料ではヘビ皮を張ったものもある。ヘビ皮は南方産のはずだから、北方の遊牧民の楽器に使われているのは不思議な気がするが、おそらく本来の羊皮の楽器が南方のヘビ皮の影響を受けて、ヘビ皮のクーブーズが生まれたのだろう。イランのセタールはフレットがあるが、クーブーズには無い。フレットのない棹の楽器で語り物を歌う文化は、中国の北方から伝わってきた要素だと考えられる。

（4）長い棹が胴を貫通

三弦の起源について、中国の研究者は昔から、秦代の弦鼗（げんとう）という楽器に始まると伝えてきた。弦鼗というのはデンデン太鼓のような長い柄の付いた太鼓の皮面に駒を立て、弦を張った楽器である。棹が胴を貫通していることは、たしかに三弦に似た特徴を備えていると言えなくもない。だが、この外形はむしろ胡弓類の方に似ていると言うべきだろう。太鼓の胴部に棹を刺したのでは弦と棹とが離れすぎて、むしろ左手指を弦に当てて音程を作るという二胡などの演奏法に向いている。しかし、撥弦系の楽器と擦弦系の楽器の成立過程についての歴史記述はかなり区別しにくい。三弦と胡弓とは、音程を決めるフレットがないことも含めて、形態上の共通点は多いので、弦鼗は三線のルーツのひとつと考えて良いかも知れない。

三弦のルーツを求めてさまざまな可能性をたずねてみたが、どうやら三弦にはこれだという決定的なルーツはない――と言うより、三本の弦、ヘビ皮、フレット、貫通した棹などさまざまな要素の点で、それぞれ中国の西方、南方、北方から影響を受け、それら外来の諸文化が元の時代に集約されて三弦として誕生し、明の時代に音楽的に大きく発展したもののようだ。

元の時代に三弦の形がまとまったということには歴史の必然があるだろう。東西南北にわたる諸文化の楽器の要素がひとつの楽器に収斂していくには、それだけ広範囲にまたがる文化の交流・融合を可能にする大国の存在が必要だからである。元の広大な版図がこうした広範囲に及ぶ楽器の融合を可能にしたとも言える。その意味でも、元が築いた大帝国は、東アジアの音楽史にもきわめて大きな役割を果たしたことは間違いない。

中国大陸の音楽の歴史が集約された楽器として生まれた三弦は、さらに東進して琉球の、そして日本の音楽を大きく塗り変えた。三弦・三線・三味線は、近世の東アジアに大きくまたがる音楽の架け橋だと言えよう。

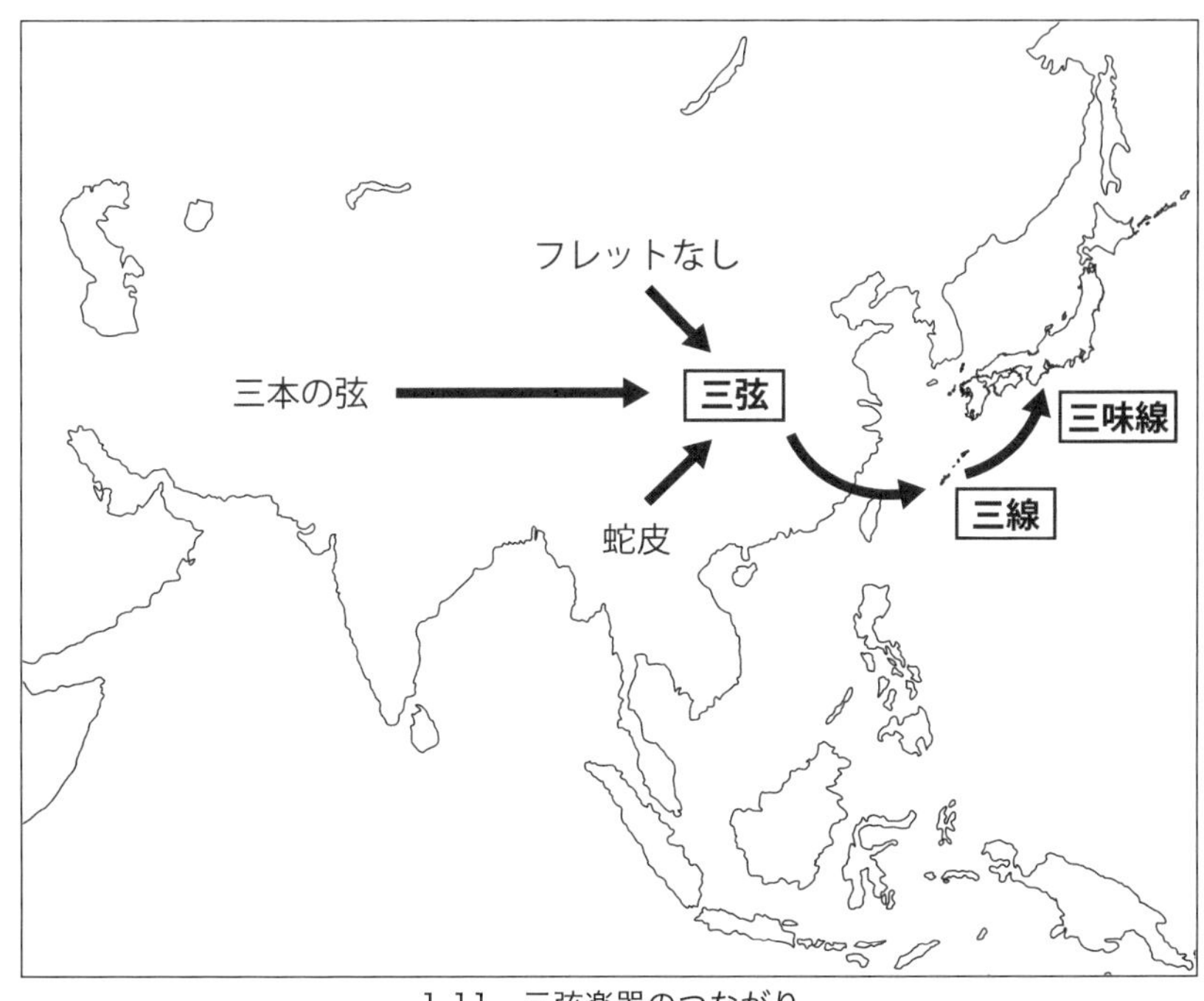

1-11　三弦楽器のつながり

二　楽器の伝来と受容

明清代における三弦と音楽[13]

「三弦」という呼称は明代に登場する。三弦は漢民族の間に急速に広まって、語り物や劇音楽に盛んに使われるようになった。

明代、三弦は地域の年中行事や家々の祝儀、葬祭などの儀礼の場で、合奏の中の楽器として使われていた。また、明・清代の都市や農村の劇場では「戯曲」という歌舞劇が演じられていた。中国の戯曲といえば京劇や昆劇が有名だが、このうち京劇は実は一八世紀末から一九世紀初めにかけての成立で、比較的新しい。むしろ昆劇の方が一六世紀からの長い伝統を伝えているとされているが、そのほかにも中国の各地方には地方独特の戯曲の伝統がある。福建省には福建劇や梨園戯などがあった。これら地方戯曲の伴奏楽団のなかで、三弦は主要な存在だったとされている。

清代の都会では、「書場」という寄席のような小さい演奏会場があり、ここで三弦や琵琶を伴奏に物語を歌ったり語ったりする「弾詞」という芸能が盛んだった。また、「太鼓」と呼ばれる音楽ジャンルがあって、三弦の伴奏にのせて歌手が小さな太鼓を打ちながら歌い語っていた。この他に、物語の前座として三弦の独奏曲をいくつか演奏することもあり、時にはかなり技巧的な大曲を弾き、高度なテクニックを披露して聴衆の喝采を浴びたらしい。上流の家庭では、宴席にプロの芸人を招いて三弦などを演奏させたという。また、家庭音楽として嗜（たしな）む家もあったという。こうした都会の三弦音楽を味わい楽しんだ階層は、主に中流の都市民、そして上流の文人たちだったようだ。

一四世紀から一五世紀にかけて琉球に移住してきた閩人と呼ばれる人々は、福州近郊を出身地とする中流の技術者たちなので、彼らはまさしく明代の三弦音楽を嗜む階層だった。彼らが移住するにあたって三弦を携えてきたとしても全く自然な成り行きだったろう。

琉球における三線と音楽

中国の三弦がいつ沖縄に伝わって「三線」になったのかについては、確かな記録は何もない。ただ、明代の中国南部では都市民の間で三弦が盛んだったことや、そのころ福建省から沖縄へ多くの移民がやって来て、久米村を拠点に中国文化を広めたという歴史的ないきさつを考えると、一五世紀のいつかの時期に「三線」が造り出されたと見るべきだろう。

おそらく、一五世紀の段階では、主に華人居住地である久米村の人々を中心に中国の三弦音楽が馴染まれていただろう。一六世紀に入るころまでには、琉球音階が弾きやすいように棹を短く改造され、沖縄の在来の歌もこの新しい楽器「三線」にのせて歌われるようになって、琉球の士（さむらい）たちのあいだに広く普及したものと思われる。

三線の普及以前に琉球で歌われていた音楽といえば、オモロであり、弦楽器はなく、太鼓を打ちながら、大勢が声を揃えて歌っていた。そうした歌の旋律に、外来の楽器である三線を伴奏として添えることによって、より音楽的に充実した歌曲に変えていった――という流れが想像できる。

1-12　蘇州弾詞　長嶺亮子提供

今日ウスデークなどの民俗芸能で歌い継がれている歌の中には、歌三線の楽曲と同じ節名、または同系の旋律（ほぼ同じ動き方をする旋律）をもつ曲が数多く含まれているし、歌三線曲の現行の歌詞よりも古いと思われる歌詞が歌われている曲もある。

外来の楽器と在来の歌を組み合わせて新しい音楽ジャンルを作り出す流れは、さまざまな音楽文化によく見られる現象である。時代は下るが、八重山諸島での「節歌」の成立も同様で、一九世紀に、在来の歌であるユンタと、首里から伝えられた歌三線とを結合させて「節歌」として《赤馬節》や《鷲の鳥節》《崎山節》などが生み出され、やがてこれらが楽譜化されて八重山独自の古典的な音楽となっていった。八重山と同じ動きがそれより三〜四百年前に首里で起きたとしても不思議ではない。とはいえ、琉球における歌三線が成立していく過程を語る史料は、今のところ見当たらないので、想像でしか語れないのが残念である。

ここで注目しておきたいことは、琉球では三線が士の教養として、高尚な楽器として、宮廷の宴席に欠かせない楽器となっていた。中国では一般庶民の楽器として広まった三弦が、琉球では支配階級である士の嗜みとして根付いていったことである。

日本における三味線と音楽

日本の三味線はいつ生まれたのだろうか。日本音楽史では、一六世紀後半、永禄年間（一五五八〜一五七〇）に、琉球から日本本土に三線が持ち込まれて三味線が生まれたという説が定説となっている。後の江戸時代になってから書かれた史料だが、『糸竹大全』に、永禄年間に三味線が琉球から堺へ伝わったという言い伝えが書かれている。[14] 一六世紀の同時代史料としては、山科言経の日記『言経卿日記』では、一五八七年の記述に、座頭が来て三線で平家物語などを弾き語りしたこと、宮中の出来事を記録した『御湯殿上日記』では、一五八〇年の記述に、河原者に「しゃみせん」を弾かせたことが記録されており、さらに、前田家の『利家夜話』では、一五七二年の三方原の合戦前夜に、陣屋で「三味線を高々と小歌にのせてひかれ候て」との記述があることなどから、三味線が本土に伝えられたのは、その直前の永禄年間ということになる。

また、当時は盲人の琵琶法師であった座頭や、河原者や遊女といった下層の芸能者がこれを手にして弾くようになったことも、これらの記事から窺い知れる。

琉球の三線と日本本土の三味線との決定的な相違点は皮である。三線の皮として使われている大型のニシキヘビの皮は東南アジアの産品で、かつては中国を経由して琉球に輸入されたものである。輸入品は、今日でこそ私たちの周囲にいくらでもあふれているが、外国との往来がたいへんだった時代に、琉球ではあえて貴重なヘビ皮を輸入してまで楽器を作った。その理由は何か。

第一には、中国の三弦が楽器だけ異国の珍品としてもたらされたのではなく、それを娯楽としてたしなむ人々、つまり福建省南部の出身の人々が沖縄に来て住みつき、久米村の住人となって日々三弦を嗜んでいたことが重要である。蛇皮を張った三弦の音色に馴染んでいた人々にとって、ことさらに音色を変えるような材料の変更は思い及ばなかったことだろう。第二には、三線を愛用した久米村の人々は進貢貿易に従事する士であって、高価な輸入品を入手できる立場にあったこともある。だから、後に三弦の棹の長さを変えて三線に改め、沖縄で楽器を国産するようになっても、伝来楽器と同じ素材を使おうとしたし、使える社会環境もあった。

1-13　琉球の三線　浜松市楽器博物館蔵

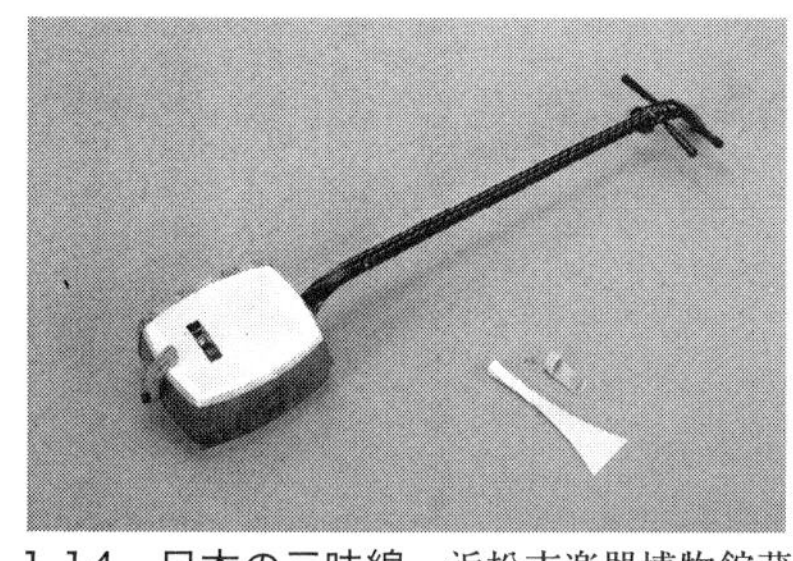

1-14　日本の三味線　浜松市楽器博物館蔵

これとは対照的なのが、三弦が日本本土に伝わったときの変化である。三線が「じゃびせん」として日本本土に持ち込まれたころ、それを演奏したのは座頭のような身分の低い人々であった。彼らはヘビ皮を使わず、入手しやすい猫や犬の皮にあっさりと変えてしまった。

この理由も二つ考えられる。まず、芸人の身分では、高価なヘビ皮を異国から入手するのはとうてい無理な話だからである。彼らは手近な材料で代用して、独自の新しい楽器を発明した。

第二に、最も重要な要因だと思われるが、演奏者や愛好者が渡来せず、物だけが伝わったからでもあろう。楽器を嗜む人にとって、音色は最もこだわりのある要素であり、安易に変えることは好まれない。しかし、演奏者が渡来しなければ、元の音色にこだわる人もいないから、自由な改造ができたのではないだろうか。むしろ、座頭たちは昔から馴染んでいた琵琶に近い音色で新しい楽器を実現したと言えよう。

加えて、彼らは中国や琉球式に爪弾くことをせず、もともと使っていて手に馴染んでいた琵琶のバチを模して、大きな三味線のバチをこしらえた。これも、琉球人の移住が無く、演奏者によって演奏法が伝授されなかった結果だろう。むしろ、三味線のバチは大きな音量が出せる。浄瑠璃語りや歌舞伎踊りの伴奏には向いていただろう。

三線（蛇皮、爪弾き）と三味線（猫皮・犬皮、ばち）の違いは、楽器が演奏者とともに伝わったか、楽器だけが伝わったかの違いを反映していると言えよう。

楽器受容の社会学

前近代は身分社会であり、人は個人の能力ではなく身分によって区別・差別されたが、楽器にもまた、音色や性能ではなく「楽器の身分」によって区別・差別がされていた。そのため、異文化から楽器を受容したときには、その受容を担った人々がどのような社会階層（身分）であるかということも、楽器のその後の運命を、ひいてはその楽器が生み出す音楽ジャンルの運命を決定づける要因となっている。

一六世紀に三味線が日本に渡来したころ、これを手にして演奏したのは、視覚障害のために低い身分であった座頭や、放浪芸人たちであった。それ以前、座頭たちは琵琶を手にして、あるときは公家などの宴や寺社の祭礼などに呼ばれて平曲などを歌い、あるときは各地を旅して村々、町々の宿で演奏することもあった。一六世紀から一七世紀はじめにかけての時代に、新来の楽器・三味線を演奏した彼らは、一般社会の外に置かれて、低い身分であった。したがって、彼らが演奏する楽器・三味線も、その音楽も、当時は低い身分の楽器、低い身分の音楽と見なされていた。

しかし、その後、三味線は人々の心を捉えた。三味線は江戸時代のはじめには、浄瑠璃の伴奏楽器として発展し、歌舞伎の成立・発展とともに、劇音楽に欠かせない楽器となった。やがて三味線弾きたちの一部は劇場専属の演奏家としてさらに技を磨き、洗練の度を高めていった。また、一般の町人たちも三味線演奏を嗜むようになったので、演奏家が市井で教授することが盛んになった。三味線音楽は、同時に、語り物だけでなく、地歌などの歌い物のジャンルでも発展した。こうして、三味線は都市の家庭音楽から劇場音楽に至るまで、さまざまなジャンルを席巻し、江戸時代の庶民の楽器の王様となった。

三味線がこのように発展した理由のひとつは、この楽器自体の性能によるもので、音量・音程・音色いずれの点でも表現力が豊かだということが挙げられるだろう。三味線の弾力に富む皮と大きなバチは、大きな音量を出すことができるし、フレットの無い棹は自由な音程を作り出すことができ、途中で音階を変えることも容易である。音色も多彩に使い分けることができる。

しかし、もうひとつの要因として、その聴き手、つまり三味線音楽を享受した人々の地位が向上したことを忘れてはならないだろう。三味線音楽を愛好し、支えたのは貴族や武士といった支配階級ではなく、町人、一般の庶民だった。

三味線は都市で生まれ育った。都市に住む商人や職人は武士の支配を受ける低い身分とされたが、江戸時代を通じて彼らの経済的地位は向上し、上方や江戸の大商人は言うに及ばず、地方の拠点都市でも、商人たちの財力は、支配者である大名たちを上回りかねないほど豊かになったので、歌舞伎や浄瑠璃への物心両面からのサポートが強まり、音楽的内容の発展を促した。その結果、町人の文化である三味線音楽の実質的地位は高まり、ひいては三味線演奏技術も高まっていったのである。

面白いことに、江戸時代の三味線が進出した音楽ジャンルは、清代の中国の三弦が進出したジャンルときわめてよく似ている。清代の三弦は戯曲音楽の中心的楽器のひとつであった。戯曲とは、舞台上で役者が歌ったり踊ったりセリフを唱えたりしながら進行する歌舞劇のことで、楽団が歌や踊りの伴奏をしながら、象徴的に説明する旋律を奏したり、情景を彩る効果音や背景音楽を奏したりする。三弦はまた、「書場」と呼ばれる都市の寄席で演奏された。三弦は「評弾」のような語り物音楽の伴奏楽器として、さらには「江南糸竹」や「泉州南音」に代表されるようなサロン的室内楽に不可欠の楽器として、都市の中流階級に愛好された。

日本の三味線もまた、歌舞伎などの中心的楽器として、伴奏したり、効果音や象徴的旋律を奏したりする。義太夫のような語り物音楽、長唄

1-15　泉州南音　長嶺亮子提供

や端唄のようなお座敷音楽の楽器となった。中国の三弦、日本の三味線のいずれも、草創期には低い身分からスタートしたものの、その後、都市の劇音楽、演芸場や家庭の音楽として大きな発展をとげた。

これに対して琉球では、三線は伝来当初から高尚な楽器として尊重されていたと思われる。なにぶんにも、文化大国の中国からもたらされた楽器である。朝貢貿易にたずさわってさまざまな先進技術や知識を指導してくれる中国出身者たちとともに伝来した舶来の楽器であるから、いわば明治初期のピアノのような存在であったに違いない。

おそらく、一五世紀当時は久米村を中心に士（さむらい）たちに普及したと思われるが、一六世紀には首里の宮廷にも広まって、外交の宴の席で演奏されるまでに重視されるようになった。一七世紀の初めころ、王府は三線の製作を貝摺奉行の管轄下に置いた。貝摺奉行というのは漆工芸を中心としてさまざまな種類の工芸を管理する役職である。さらに百年後には、三絃匠主取という役職を置いた。三線の製造管理が国家的にも重視されたのである。

沖縄で三線を演奏したのは、ほかならぬ支配階級の士たちだった。彼らは日常のたしなみとして三線を習い覚え、家庭で「歌会」などを開いて楽しんでいた。[15] また、御冠船などの大規模な芸能イベントでは役人が臨時に「歌職」という地謡演奏者に任ぜられ、業務として演奏した。[16]

1-16　歌三線独唱　仲村逸夫、森田夏子
国立劇場おきなわ提供

そして、これを日常的に享受した人々も、同じ王族や士であった。三線は、沖縄の社会に根付いた当初から、支配階級の楽器として尊ばれていた。広く一般庶民が民謡など三線を弾いて遊ぶようになったのは、明治以降のことである。

琉球の三線の歴史にみられるこうした特異性のある伝来と受容の様相は、楽器演奏に対する考え方にも大きな違いを生み出した。古典的な歌三線はあくまで歌が主体である。歌い手は弦を爪弾きながら歌うが、楽器自体はあくまで伴奏に徹しており、ほぼ拍子をとるだけの単純素朴な奏法がほとんどを占める。三線の奏法の限りで言うと、近世琉球の三線音楽の世界では、競って技巧的に高めるという試みが遂になかった。

その一方で、歌の吟法の方はとてもデリケートな表現が追求されてきた。安富祖正元は芸論『歌道要法』（一八四八年）を著し、三線演奏の精神的な側面の重要性を説くと同時に、適切な歌詞選択に重要な意味があることを説き、他方で、演奏技巧や情緒的表現を排除すべきことを主張した。また、安富祖正元は、古典的規範と師匠からの伝承との違いにどのように向き合うべきか、といった問題提起もしている。このような芸道論、美学的思索は、本土の三味線音楽にはほとんど見られない。沖縄の歌三線がこのような美学的深みにも展開していたことには注目すべきだろう。

沖縄の三線と本土の三味線の受容のされ方を比べてみて興味深いことは、沖縄では三線は士が専用する格の高い楽器だったが、日本本土では最初は下層の芸人たちが扱い、後に経済的に実権を握るようになった上方や江戸の町人たちが愛好する楽器として発展したことである。ほとんど同じ楽器がこうも異なった音楽史の道を歩くことになった要因は、ひとつの文化から別の文化へ楽器を運んだ人々や、楽器を最初に受容した人々の階層の違いだったのである。

第三章　御冠船踊り

近世琉球の芸能史には大別して二つのテーマがある。御冠船と江戸立（江戸上り）である。御冠船は中国との外交関係が集約された大イベントであり、江戸立は日本、すなわち徳川幕府および薩摩藩との外交関係が集約された大イベントである。どちらも外交の重要な場であるので、琉球芸能は外交を通じて形成され発展したと言うことができる。この章では、御冠船に焦点を当てて、また次章では江戸立に焦点を当てて、近世琉球の芸能の在り方を探る。

一　冊封使の旅

琉球国王は、明（後には清）の皇帝の権威を後立てとして君臨したが、そのためには中国皇帝の認証、すなわち「冊封」が必要だった。したがって、冊封とそれに関する諸行事は、琉球王国最大で最重要の国家的イベントであった。

琉球国では、国王が亡くなると、世子（せいし＝皇太子）を次の国王に冊封するよう中国に要請する。これを受けて、中国皇帝は冊封を宣するための使者、正副二名の冊封使（さっぽうし）を選任して琉球国に派遣する。こうした連絡や手続き、渡航の諸準備には数年を要し、時には政治情勢による支障が加わる

1-17　首里城正殿と御庭　美ら島財団提供

こともあって、琉球国王の実質的な継承時期と、冊封との間には、おおむね数年から十数年ほどのタイムラグがあった。

冊封の様子を伝える琉球王府の史料は、一九世紀の二度の冊封を除いていくつかの断片に限られる。見当たらない。おそらく、一九四五年の沖縄戦の戦火で消失したと想像する。その一方、冊封使自身が帰任後に紀行文として刊行した記録（冊封使録）があり、外国人の視点からであるが、音楽や芸能のありさまを窺い知る貴重な史料となっている。記録の残る一六世紀以降の冊封使録を以下に一覧する。

冊封年	琉球王（即位）	冊封正使（使録）	冊封副使（使録）
一五三四	尚清（一五二七）	陳侃「使琉球録」	高澄
一五六二	尚元（一五五六）	郭汝霖「重編使琉球録」	李際春
一五七九	尚永（一五七三）	蕭崇業「使琉球録」	謝杰「琉球録撮要補遺」
一六〇六	尚寧（一五八九）	夏子陽「使琉球録」	王士禎
一六三三	尚豊（一六二一）	杜三策	楊掄
一六六三	尚質（一六四八）	張学礼「使琉球紀・中山紀略」	王垓
一六八三	尚貞（一六六九）	汪楫「冊封琉球使録」	林麟焻
一七一九	尚敬（一七一三）	海宝	徐葆光「中山伝信録」
一七五六	尚穆（一七五二）	全魁	周煌「琉球国志略」
一八〇〇	尚温（一七九五）	趙文楷	李鼎元「使琉球録」
一八〇八	尚灝（一八〇四）	斉鯤「続琉球国志略」	費錫章

一八三八　尚育（一八三五）　林鴻年　　　　　　　高人鑑
一八六六　尚泰（一八四八）　趙新「続琉球国志略」　于光甲

冊封使は、皇帝からの詔勅や下賜される衣冠を携えて沖縄に渡った。この冊封使ら使節団一行が乗り組む船のことを中国側は「封舟」と読んだが、沖縄側では王冠を運んでくる船という意味で「御冠船」（おかんせん）と呼んだ。また同時に、冊封に伴う儀礼や宴、使節団一行を接遇する一連のイベント全体のことも「御冠船」と呼んだ。御冠船は、一世一代の国家を挙げての歴史的事業であるから、人々は歴代の事業を「申の御冠船」（一八〇〇年）、「辰の御冠船」（一八〇八年）、「戌の御冠船」（一八三八年）、「寅の御冠船」（一八六六年）などと呼んでいた。

冊封の正使と副使が任命されると、両使は北京を発ち、福建省の福州から二隻の船を仕立てて沖縄へ向かう。御冠船は何日もかけて大海を渡る危険な旅なので、航海は風向きの安定した時期を選ぶ。往路は初夏に吹く南寄りの季節風にのって、福建省の福州から琉球へ渡り、帰路は逆に秋に吹く北寄りの季節風にのって、福州へ戻るのだった。

冊封使一行の規模は、正使・副使のほか、諸役人、通訳・書記官、水夫、そして料理人や医師などの諸技術者も同乗し、さらには冊封使本人の娯楽のための音楽家や役者が同乗し、詩人などの文化人が随行することもあったらしく、総勢五百人前後にも及んだ。一行は那覇に入港すると、港にほど近い久米村に入り、正・副使は専用の宿泊所「天使館」に逗留した。久米村は中国に縁故のある人々の住む、言わば華人町であった。

那覇での滞在期間は五カ月から八カ月にも及び、この間、冊封の儀礼だけでなく、公私さまざまな儀礼や招宴、交流があった。たとえば、公式の行事としては、崇元寺で行われた亡き先王の供養の諭祭宴、首里城正殿前の御庭で行われた国王認証の冊封御規式、舞踊や後には組踊も演じられた中秋宴と重陽宴、久米村の天使館で舞踊等が演じられた望舟宴などがあり、さらに「弁ヶ嶽遊覧」「末吉遊覧」や地方視察などの外出するイベントもあった。これらの多くには音楽・芸能が伴っていたが、とりわけ大々的に上演されたのは旧暦八月頃に行われた「中秋宴」と「重陽宴」であった。

この他に、非公式な個人的交流もあった。その過程で、使節団に随行していた文化人たちの活動が、沖縄への中国音楽の影響にある程度の役割を果たしたと見られている。そして秋も深まり、北風が吹き始めるのを待って、一行は那覇を出帆し、帰国の途についた。

公式の宴として知られるのは次の七宴である。

○第一宴　諭祭(ゆさい)宴　崇元寺（そうげんじ）で先代国王を追悼（論祭）し、その後に、世子［新国王予定者］と冊封使が顔を合わせ、礼を交わして茶と酒を献じ合う。

○第二宴　冊封(さくほう)宴　首里城御庭(うなー)で行われる冊封の式典（規式）に引き続き、首里城北殿（ほくでん）で冊封使と新国王が正式に初めて挨拶を交わし、茶や酒食の饗応を受ける。

○第三宴　中秋(ちゅうしゅう)宴　旧暦八月の中秋の日に、首里城の北殿の前に仮設舞台を造り、御膳を進上し、さまざまな踊りを演じる。

○第四宴　重陽(ちょうよう)宴　旧暦九月の重陽の日に、首里城内の龍潭（りゅうたん）池で爬龍船漕行（ハーリー：舳先に龍頭を彫った舟で池中を巡航しながら、船上で少年たちが歌を歌う）を見た後、首里城の北殿前の舞台で、御膳を進上すると共に、さまざまな踊りを演じる。

○第五宴　餞別(せんべつ)宴　首里城の北殿前の舞台で、さまざまな踊りを演じる。

○第六宴　拝辞(はいじ)宴　首里城の北殿前の舞台で、さまざまな踊りを演じ、その後、中城御殿(なかぐすくうどぅん)で国王と酒を交わして別れの挨拶を行う。
○第七宴　望舟宴（ぼうしゅう）　冊封使が滞在する久米村の天使館（てんしかん）に国王が出向き、別れの挨拶を行い、御膳を進上してさまざまな踊りを演じる。これは「那覇躍」とも呼ばれた。

二、玉城朝薫と徐葆光

御冠船踊りの歴史に最も大きな貢献と影響を残した人物は、一七一九年に尚敬王冊封のための御冠船に際して躍奉行を務めた玉城朝薫（一六八四〜一七三四）と、その時の冊封副使であった徐葆光（一六七三〜一七二三）である。

1-18　首里城北殿　美ら島財団提供

玉城朝薫

沖縄の音楽・舞踊の歴史に名を残した人々は、同時に優秀な官僚でもあった。高位高官の家柄に生まれれば、おのずと秀れた芸術環境で育ち、楽童子などとしての活躍のチャンスがある。家柄が良く、芸能の才能があれば、儀礼・外交の場に抜てきされ、その業績をもって官位が昇進し、それゆえまた、より重要な儀礼の責任者となり、後進への影響力も絶大となる。というわけで、家柄と出世と芸才とは相乗的関係があった。

その代表格が「劇聖」と呼ばれる玉城朝薫だった。朝薫は沖縄独特の歌舞劇「組踊」を創出した人物として知られる。彼は感性豊かで諸芸術の才にたけた実演者であると同時に、書記、財務、土木、外交、芸術とあらゆる分野の行政をこなした優秀な官僚でもあった。[17]

玉城朝薫は四歳で父親を亡くしたが、代々の家督を継いでわずか八歳で玉城地頭職となり、知行四〇石を得た。家柄の良さのおかげである。一二歳で宮廷に出仕し、御書院小赤頭（こあくがみ）となった。書院は国王や大臣らが日常の政務を執る役所であり、小赤頭は書院で執務する高級官僚のお茶汲みなどの世話をしながら見習いをしつつ、将来の重職登用に備えるポストである。若くしてエリートコースを歩んでいることがうかがえる。

幼少の朝薫にさまざまな教養や芸能の基礎を仕込んだのは、祖父の朝恩だったと言われる。玉城家は代々薩摩との外交関係の仕事に従事していた家柄であり、たびたび薩摩上りを命じられていたので、日本本土の事情や言葉、大和的教養に明るかった。朝薫はこのような文化的に恵まれた家庭環境で育ったために、若くして能の仕舞などの大和芸能に秀れた才能を見せていた。こうして周囲から注目されながら成長した朝薫の芸才は、国王からも絶賛を浴びている。

一七〇五年には二度目の薩摩上りを経験し、藩主・島津吉貴の御前で能の仕舞を演じた。この薩摩デビューで、彼は吉貴にすっかり気に入られたらしく、続く一七一〇年の江戸上りでは、吉貴は朝薫を格別に取り立てて、通訳（琉球語―日本語）として引き回している。

朝薫のデビュー早々の活躍は昇進にもすぐさま反映し、一七〇六年には御書院の幹部官僚に進み、その後も今日でいう部長・局長クラスにあたる役職を次々と歴任した。

朝薫は一七一八年、三四歳で三度目の踊奉行を拝命した。それまでの踊奉行職は、王侯の年忌行事のイベントを司る役職であったようだが、この時の踊奉行職は翌一七一九年の尚敬王冊封に備えた体制で、初めて御冠船踊りの芸能をプロデュースするという琉球芸能史上で最も画期的な任務をになっていた。この冊封の

「重陽の宴」の際に「鶴亀二児復父仇古事」「鐘魔事」の二演目が上演されたことが冊封副使徐葆光の著した『中山伝信録』に記録されている。今日の組踊「二童敵討」「執心鐘入」のことである。この一七一九年は、初めて組踊が公式に上演された年として銘記されている。

また、御冠船の舞踊演目として、それまでは大勢の若衆による輪踊りであった「冠船踊」（後に「入子踊り」と呼ばれた）に、歌三線を加えた個別の舞踊作品である「羽踊り」が加わったことも、この一七一九年の御冠船を嚆矢とする。すなわち、今日でいう「琉球舞踊」の演目が、このとき初めて御冠船に加わったのである。[18]

御冠船の踊奉行職は、いわば冠船芸能の企画、制作のすべてを取り仕切る総監督ともいうべき役職である。したがって、演目も演出も、すべて朝薫のコンセプトに基づいて、朝薫の指示にしたがって組み立てられたと見てよい。朝薫がこれまでに蓄えてきた能をはじめとする大和芸能のさまざまな知識と実演経験を駆使して、また、当時の音楽家、舞踊家たちが身につけていた中国歌舞劇の音楽技法や舞台演出方法と、沖縄在来の音楽、舞踊を大胆に組み合わせて、新しい芸術としての組踊を創出したであろうことは、想像に難くない。

徐葆光

徐葆光は中国・蘇州の人である。彼が書き残した『中山伝信録』は、冊封の模様を詳細に記述し、なかでも踊りの記述が詳細なので、琉球芸能史の第一級の史料として、盛んに引用されてきた。『中山伝信録』は、徐葆光が来琉した二年後の一七二一年に刊行され、琉球の事情を詳しく知ることのできる読み物としてヒットしたが、これが中国から日本に持ち込まれ、一七六六年には京都で和刻されて出回ったほどである。

徐葆光は、文化に格別の関心を寄せていた人物であった。彼が著した『中山伝信録』はとりわけ中秋宴、重陽宴について細かく描写しており、芸能史料としての価値は一級である。これにより、御冠船で始めて「羽踊り」（琉球舞踊の個別の演目）や「組踊」が演じられたことが分かるし、歴代の御冠船の舞台で演じられてきた少年たちの輪踊りについても、詳細なプロセスが描かれているうえ、龍潭での爬龍船の模様や首里城御庭の舞台の図が挿絵となっているので、御冠船のありさまを具体的にイメージすることが可能である。

ところで、『中山伝信録』刊行の前年に、徐葆光から皇帝に献上された別の記録があることが近年明らかになった。北京の故宮博物院が所蔵する『冊封琉球全図』は、北京に帰任した徐葆光が、翌年の一七二〇年の夏に皇帝に拝謁して献上した報告書であると見られる。[19]

『冊封琉球全図』は『中山伝信録』に比べると分量こそ少ないが、違う部分もあり、両者を比較しなければ正しい理解はできないので、今後の琉球芸能史研究では十分注意しなければならない。例えば、『冊封琉球全図』には

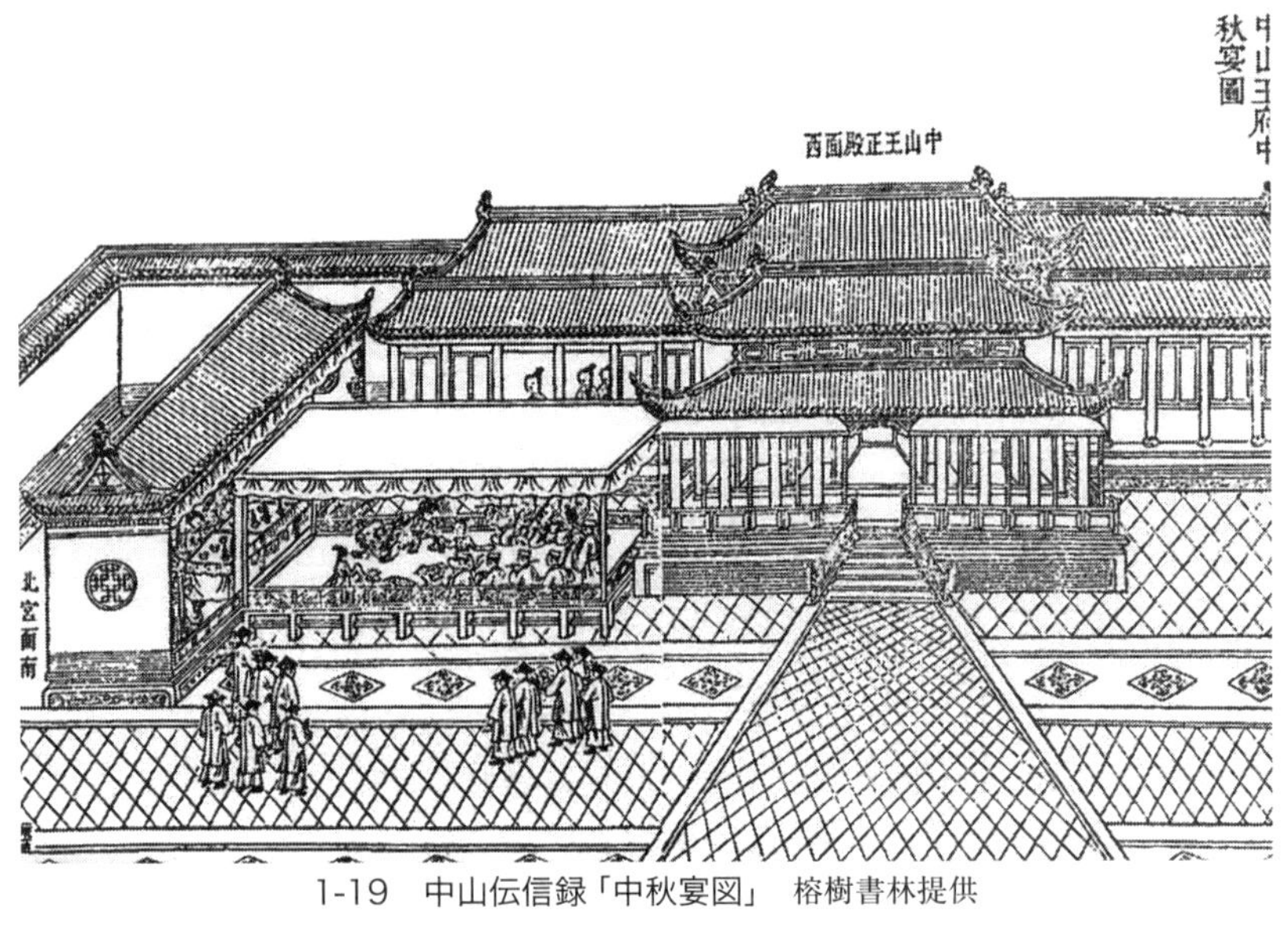

1-19　中山伝信録「中秋宴図」　榕樹書林提供

彩色された挿絵があり、楽屋と橋懸かりがはっきりと描かれている（『中山伝信録』の挿絵では楽屋はない）。これにより、少なくとも朝薫の時代にはすでに楽屋・橋懸かりが存在していたことがわかる。[20]

いずれにせよ、徐葆光の残した諸記録は、組踊や琉球舞踊の初期の実態を明らかにするきわめて優れた史料である。徐葆光が琉球の文化に愛情と敬意をもって臨んでくれたことが、いかに貴重な文化遺産となっていることかと思う。

三、舞台上と舞台裏

御冠船の舞台の様子を窺い知る史料は少ない。前述の冊封使録の多くは記述が断片的であるが、唯一、徐葆光の『中山伝信録』が詳細であり、これをもとに近世中期の琉球芸能の実態を知ることが出来る。一方、琉球側には、一九世紀に執り行われた最後の二回の御冠船踊りについて詳しい史料が辛うじて残っている。一八三八年の「戊の御冠船」の舞台上の上演内容の記録が『校注琉球戯曲集』に翻刻されている。また、同じ御冠船の舞台裏のマネジメントの記録が尚家文書の『冠船躍方日記』に記されている。この他、一八六六年の「寅の御冠船」を含めて、両度の御冠船の諸行事の手順や舞台の構造等について、いくつかの王府史料が未解読の状態で残されている。

冠船踊を担う人々

中秋宴と重陽宴をはじめとする御冠船の諸宴で演じられた芸能は、琉球の音楽や芸能の歴史を語るうえできわめて重要であった。御冠船の宴における音楽や芸能は、国の文化水準、思想の開化の程度を冊封使らに、ひいては中国に示す場であり、国のメンツをかけて、感銘深い芸術内容と見事な演出を披露する必要があったのである。

宴の場における歌や踊りは、礼儀を尽くして賓客を饗応するために不可欠の装置であり、人を楽しませる娯楽であった。しかも、大勢の人の前で芸能を披露するイベントは、数年～数十年に一度しかない、きわめて非日常的な催しであったが、そのような国家の一大事であったからこそ、入念に意を尽くした構想と準備・練習がなされ、それが琉球の芸能の洗練を生み出したのである。

御冠船は琉球王府を挙げて数年がかりで取り組む大事業であった。芸能に関するイベントだけでも多くの資金を費やし、多くの人員を動員しなければならない。そこで王府は、冠船がやってくる一年前から「冠船躍方」という臨時の役所を設けて、芸能上演の準備から実施、後始末までのすべてを取り仕切らせた。躍方は、組踊演目の選定、立ち方や地謡などのキャスティングにはじまり、彼らの辞令発行手続きから衣裳・小道具の調達、舞台設営、練習日程、練習場所の確保と設営、ケータリングに至るまで、さまざまな手配を行う。以下は、戌の御冠船（一八三八年）の時に作成された業務日誌『冠船躍方日記』の記述を中心に、当時の舞台裏を紹介する。[21]

躍方の活動は冊封の前年、秋口に始まる。四名の奉行とおおぜいの

1-20　組踊「二童敵討」 田口博章、川満香多、島袋浩大、玉城匠　国立劇場おきなわ提供

筆者（事務官）が専従する。奉行は「踊奉行」とも呼ばれ、御冠船の芸能全体を取り仕切る。筆頭の奉行には「按司」という、王府の官僚としては最高クラスの人物が任ぜられる。戌の御冠船の時は羽地按司であった。以下「親方」「親雲上」といった高位、中堅の官吏三人が奉行を務め、芸能のプロデュースを統轄する。

この（冊封前年の酉年）八月に、奉行以下の事務スタッフが任ぜられたあと、演者の人選が行われる。音楽部門、舞踊部門それぞれに、まず数名の師匠を決める。師匠たちの仕事は、まず踊りの手合わせをして振り付けを確認したり、指導者として演者を推薦したり、演目を検討することであった。

演者の中で、最初に音楽の演奏者を決める。興味深いことは、歌三線演奏者の選定にあたって、オーディションを行っていることである。「かぎやで風節」に始まって〈伊野波節〉〈干瀬節〉以下、二揚独唱曲などの課題曲を設け、二度にわたる審査をおこなっている。笛・太鼓・胡弓・箏については人材が限られていたのか、事実上特定の家柄の人物を指名しているように見受けられる。歌三線についてはおそらく広範な人材が得られたのだろう。

踊り手の人選は、七、八歳と思われる少年から二〇代後半と思われる大人まで、年齢も経験も多岐にわたったが、とりわけ重要なことは、少年の多くが王族や高級官僚の子や孫が指名されることである。一六世紀から一九世紀までの冊封使の記録すべてにおいて、踊り手が「貴家の子弟」すなわち高位高官の子や孫だったことが強調されている。いわゆる「若衆」である。歌三線ではオーディションまで行って、技量の高い者を選りすぐっているのに対し、踊り手は、必ずしも技量の高い者が選ばれたのではなく、位の高い家の子どもであることが最優先された。

とりわけ重要な演目を担った少年たちは「小赤頭」と呼ばれる役職で、普段は首里城の下庫理[22]や書院[23]など、王族や高官が日常の執務にあたる中枢の役所に詰めて、お茶汲みなどをしながら見習い修行をしていた。一方、成年の踊り手もまた、下庫理や書院の「小姓」と呼ばれる若手のエリート官吏が中軸を占めていたが、その多くは実力と経験本位の人選が行われたと思われ、戌の御冠船では六年前の「江戸立」で楽童子だった人物の名前が見えるなど、経験者を揃える方針が窺える。

彼らは専門の芸能者ではなく、あくまで現役の官吏として日常の勤めがあるので、躍方に任命されると、舞踊や組踊の練習に時間を割けるように、本務・本属の部署の勤務を免除できるような計らいの手続きが取られる。しかし、特別な手当は支給されないので、下級の士の中には、生活に困窮して給与の前借りを踊奉行に申請する演奏家もあった。

御冠船の諸準備

御冠船の準備のために、新たに調達する用具もあれば、何十年も前の御冠船の時から保存してある用具を利用することもあった。踊り衣装や小道具、楽器の中には、御冠船のときだけに使うものもあった。楽器のうち三線だけは演奏者が自前の楽器を使っていたようだが、それ以外の楽器類は、御茶屋御殿に楽器庫があって、一部の踊り衣装などとともに保管されていたと記録されている。意外なことに、めったに使われていなかったらしく、蔵を開けてみたら、小鼓など傷んだ楽器も見つかって、補修や買換をヤマトに発注するなどの手続きも行われた。おそらく、普段使いの楽器とは別に、御冠船用に、特に高級な加飾があるよ

1-21　首里城書院　美ら島財団提供

うな楽器を御茶屋御殿で保管していたのかも知れない。

三線の地方の稽古は躍奉行の羽地按司の私邸で毎日行っていたが、集団舞踊の稽古をするには十分な広さがないので、踊りの練習場所は躍方が調達する必要があった。よく使われたのが、首里城の北側、龍潭・円鑑池の隣にある高所勘定座（たかじょかんじょうざ）という建物である。現在は沖縄県立芸術大学の音楽棟が建っている場所が高所勘定座にあたる。現在も琉球芸能の学修が行われている同じ場所で、王府時代に御冠船踊りの稽古が日々重ねられていたことになる。

いずれにせよ、本番も練習も、現代の劇場のような芸能専用の舞台空間は存在しないので、躍方は、そうした空間を確保するために、またその場へのケータリングも含めて調整に走り回っていた。

年が改まり、冊封の当年を迎えると、「お調べ」と言って、国王、王母、妃、大臣たちの臨席によるリハーサルが度々行われる。この時には、演出についてお偉方からの意見があったり、キャスティングに注文がつくこともあった。「お調べ」のあと、出演者たちに王妃らから慰労として菓子等が下賜されることもあった。公式の外交の場に出ることが許されない宮廷の女性たちにとって、「お調べ」は堂々と芝居見物ができる場として大きな楽しみだったに違いない。

なお、この「お調べ」の習慣は、現代でも各地の村踊りの稽古の際、

1-22　高所勘定座跡（沖縄県立芸術大学音楽棟）

「仕組：スクミ」と称して、地元の長老・重役らによる事前チェックを経るという形で残っている。

冊封の音楽——御規式と御礼式

冊封の本旨は、冊封使が世子に対し、国王に封ずる旨の詔勅を読み上げる冊封御規式にあるが、このときの楽器の使い方が注目される。冊封御規式では、中国由来の音楽である楽が用いられた。楽の音——とりわけ嗩吶の音色は中国皇帝の権威を象徴する音でもあるので、冊封の庭には、楽が鳴り響く必要があった。儀式次第の進行に応じて嗩吶や笛を中心とする楽が演奏された。その一方、ここでは三線は演奏されなかった。三線は歴史的に宴の楽器であって、神聖な場や儀式の場では使われない楽器なので、冊封規式では演奏されなかった。冊封規式の間、躍方に属する三線演奏者たちは控え所の右掖門に待機するように指示されていた。

冊封規式が終わると、冊封使は一旦休息所に移り、国王は下賜された皮弁服に着替えたのち、北殿に場所を替え、国王が正・副の冊封使に謝恩のもてなしをする御礼式を行う。これが冊封宴である。御礼式では、冊封使が改めて奉神門から御庭に現れ、国王が出迎えて北殿まで案内するが、このとき冊封使と国王が御庭を歩く間、嗩吶の楽が演奏される。冊封使が北殿に入ると、冊封使両名と国王が改めて挨拶を交わし、続いて諸官も礼を交わすが、このときは笛の楽が演奏される。

国王や冊封使が歩むときは嗩吶の曲、礼を交わすときは笛の曲——というふうに楽器が使い分けられている。一つ一つの楽器にはそれぞれの社会的な意味が付与されていたと考えられる。[24]

御礼式では次に、国王と両使が茶や酒で互いに乾杯を捧げるが、ここでも笛を中心とする楽が奏される。そして、用意された料理に箸を付けることになるが、ここでいよいよ三線が登場する。宴が開かれている北殿の一隅に御座楽のメンバーと歌三線のメンバーが座し、まずは御座楽を演奏し、次いで歌三線を演奏する。

さらに御座楽、歌三線、……と交互に、食事が終わるまで演奏を続けていく。歌三線は三線四挺と胡弓一挺の五人編成である。御座楽の編成はわかっていないが、おそらく弦楽器を含む「唱曲」だったと考えられる。

このとき演奏される歌三線の曲を「北宮十二頌曲」といい、①かぎやで風節、②作田節、③恩納節、④ぢゃんな節、⑤仲村渠節、⑥伊江節、⑦揚作田節、⑧平敷節、⑨仲順節、⑩白瀬走川節、⑪金武節、⑫暁節の一二曲から成っている。使われている歌詞はすべて御冠船専用の賛歌で、季節を讃え、国王の治世を讃え、冊封使を慰労し、帰路の船旅の平安を予祝する内容となっている。

御冠船の終わり

冊封使は秋が深まると帰国するが、躍方の活動はまだ終わらない。冊封使の出帆を待ちかねたように、国王の冊封を祝賀するための「御膳進上」の準備が始まる。御膳進上とは、上位の貴人に対して料理と芸能で饗応することをいう。その内容は中秋宴や重陽宴と同等の規模のプログラムによるかなり大がかりな上演で、国王、王母、妃、また三司官クラスの重役たちを招待して御膳を進上した。また、これとは別に、在番の薩摩の士たちを招待した御膳進上や、地方の役人たちも招いたねぎらいの宴も催された。そして最後には東苑、すなわち崎山にある御茶屋御殿に舞台を設け、国王らを招待しての御膳進上があり、一二月をもって長きにわたる御冠船は終了する。

御冠船の舞台に立った演奏者・演技者、舞台裏でこれを支えた衣装や大小道具の製作者、そして事務担当者には王母や王妃らからさまざまな褒美が与えられ、昇進が内示されたりする。また、今回新調したり、新規購入したりした楽器や組踊道具等は、次の御冠船に備えて御茶屋御殿に格護されることになる。

御冠船の年には、舞踊や組踊を演じた機会はかなりたくさんあったが、逆に、これほど大々的に芸能が連続して演じられる機会は、御冠船の年を除けばほとんど無かったとも言える。御冠船の年には、演者たちは練習も本番も数多くこなし、演出にもさまざまな工夫が凝らされた。だからこそ、御冠船は近世琉球の芸能を洗練させる上で最も重要な契機であったと言えよう。

第四章　楽のさまざま

「楽」は中国由来の音楽で、琉球王国の儀式に奏された。琉球の楽には三つの種類があり、演奏される場所によって、路次楽、御庭楽、御座楽と呼び分けられ、楽器編成も少しずつ異なっていた。路次楽は、首里城の外で、①国王・王妃・王母の行列、②中国からの冊封使の行列、③薩摩や江戸に向かう琉球使節の行列をエスコートして、首里城や江戸城に登城する道中に、あるいは東海道などの街道や宿場町で演奏された。楽器編成は、哨吶、胴角、喇叭などの吹奏楽器、銅鑼、太鼓、拍板などの打奏楽器から成る。

御座楽は、薩摩藩や江戸幕府に対して表敬する琉球の使節メンバーによって、④江戸城内の座敷や江戸の薩摩屋敷で、あるいは⑤鹿児島の鶴丸城内で演奏された。楽器編成は、哨吶、笛、銅鑼、鈸、鼓、拍板などから成る。

御座楽では「楽」の他に、唱曲と呼ばれる歌曲が演奏されることもあった。唱曲は中国語の歌詞による世俗歌曲で、楽器編成は、琵琶、三弦を中心に、月琴、四線、胡弓、提箏、揚琴などの弦楽器、時には管楽器の洞簫が加わることもある。

御庭楽は、史料上での具体的な記述に乏しいが、御冠船の時など、首里城の御庭で行われる諸儀式で演奏されたと推定される。楽器編成は、御座楽の楽（④⑤）と同じであったと思われる。

これら楽の諸種目のうち、御座楽については、薩摩藩や江戸幕府にかなりの史料の蓄積がある。そこでまず御座楽について、その歴史的背景から取り上げる。

一　江戸立の諸楽

江戸立使節の意味

古琉球後期、中国の東海上の津梁（かけ橋）を自称した琉球王国だったが、一六世紀の後半ともなると、その繁栄はかげりを見せはじめた。ポルトガル人らが東南アジア進出してきたので、それまで明の海禁という鎖国的政策の隙間産業として栄えてきた琉球の中継貿易は、東南アジアから撤退せざるをえなくなった。一方、北方の日本本土では戦国時代が終わりを告げ、かつてなく強力な統一国家が生まれて、琉球にもその統一の波を及ぼし始めていた。

琉球との交易による利益の大きかった薩摩の大名島津氏は、かねてより琉球の対中国貿易に割り込むことを画策して、琉球との間に緊張関係を生んでいたが、朝鮮出兵によって藩財政の破綻に追い込まれたことをきっかけに、一六〇九年、琉球に約三千の軍勢を送って、あっという間に制圧してしまった。以後三百年近くの間、琉球は薩摩の支配下に置かれた。その後一八七九年の明治政府による琉球処分までの期間を近世琉球という。

琉球は独自の主権国家ではなくなり、薩摩が実質的に指導する「従属国」の状態に置かれた。琉球に国王は居るものの、薩摩がその政治を指導し、命令し、高位高官の人事に口をはさむこともできた。ただし、琉球の対中国貿易の利益を横取りすることが薩摩の琉球占領の第一目的であったから、琉球は建前上、中国に朝貢する独自の王国でなければならなかった。すなわち、王国の組織を保ち、中国への朝貢は引き続き行われ、中国に対しては独立国を装うこととなった。その結果、いわば国営貿易であった中国への進貢は、薩摩の管理と出資によって続けられた。こうすることが、何よりも薩摩の利にかなうことだったからである。

もちろん、薩摩藩自体が徳川幕府に臣従する関係であったので、薩摩は体面上、幕府から委ねられて琉球を管理している、という形式にこだわった。そこで、琉球は薩摩藩の命令により、一六三四年から徳川幕府にも朝貢の礼を送ることになった。すなわち、中国の冊封を受けて琉球国王が即位するたびに、徳川将軍に「謝恩使」を、また、徳川将軍が代替わりすると「慶賀使」を派遣した。この両方を含めた幕府への使者派遣を「江戸立」と呼ぶ（二〇世紀までは「江戸上り」と呼ばれていた）。また、薩摩に対しては、毎年の年頭に慶賀使を派遣した。これを「上国」または「薩摩上り」と呼ぶ。

江戸立は何のために行われたのだろうか。第一に、幕藩体制に服属した異国としての琉球の立場を確認する意味があった。薩摩は琉球を幕府に代わって管理している日本の属国という位置づけにして、それを内外に示すために、琉球に江戸まで赴かせ、幕府に朝貢させたのである。薩摩藩にしてみれば、諸大名の居並ぶ前で、この異国をよろしく統治している薩摩藩の威信を示す絶好の場とするという側面があった。

第二に、幕府側としては中国の情報を得るための希少な場としての意味があった。実は幕府は、当初、明との交易をさまざまに画策したが実現できずにいた。そこで、明との仲介役として琉球に期待した。中国はアジア随一の大国であり、

1-23　江戸立の楽童子「琉球人舞楽御巻物」　沖縄県立博物館蔵

文化的・経済的先進国であったかから、幕府としては間接的であれ中国とのパイプを確保しておきたかった。幕府は琉球を属国と位置づけながらも、ある程度慎重に扱っていたのである。

そのため、第一の意味からは、江戸立をする琉球人たちは見るからに異国人でなければならず、江戸立に際してはヤマト的な衣裳や言葉づかいは禁じられ、いかにも中国風に見える衣裳の着用が徹底され、また、公の席では使節らが使う琉球語にあえて〝通訳〟を介してやり取りさせていた。他方、第二の意味からは、琉球側としても、中国文化を誇示することが自身の国威発揚であった。すなわち、中国風の衣裳を着し、中国の音楽を奏し、漢詩や書を能くすることが、先進文化である中国の学芸を身につけた文化国家として一目置かせることにつながったのである。

琉球使節の路次楽

江戸立の使節団は、国王の名代として王子が正使を務め、そのほかの外交官は外交実務に通じた高級官吏があてられた。使節団は薩摩が江戸まで引率するかたちをとり、数多くの琉球の役人たちのほか、薩摩の武士も多数同伴した大行列となった。一行は、鹿児島を出たあと、薩摩川内（せんだい）から海路で長崎、下関を経て、瀬戸内海を抜けて大坂に着いた。そして、川船で淀川を溯り、京都の伏見からは陸路で東海道をたどって江戸に着いた。江戸では薩摩藩邸に数ヶ月逗留した。[25]

路次楽の楽隊長は儀衛正といい、「親雲上：ぺーくみ」と呼ばれる高位の官僚が任ぜられたが、演奏する楽員は「仁屋：にや」と呼ばれるやや下級の士で、通常は一二人であった。楽器は、哨吶、喇叭、鼓、銅鑼、拍板で編成されていた。

路次楽は江戸までの道中で演奏された。道中と言っても、歩きながら常に演奏していたわけではなく、実際には主要な町の中を通過する間だけ演奏した。とくに大きな町を通過する時には町の要所々々で演奏し、宿泊の本陣に到着する時と出発する時に演奏した。水路を行くことも多かったが、その際は出港と入港の時に演奏し、川船を使う時には船上に整列し、所々で演奏したという。要するに、人目に付く場所で、威儀を正して演奏したわけである。興味深いことに、淀川をたどる川船の道中では、路次楽の吹奏以外に「船謳（かこ）：ふなうた」の演唱も行われたという記録がある。これはエスコートする諸藩の川舟の水主たちによって御船歌が歌われていた可能性があると考える。

江戸では、将軍への拝謁のため、使節団が逗留する薩摩屋敷から江戸城へ登城する道中で演奏された。江戸市中では大勢の人々が「異国の王子たちの行列」を見ようと詰めかけ、この需要に応えるべく、前もって使節の謂われや人名、絵図も添えた瓦版が売りに出された。とりわけ「楽童子」と呼ばれた少年たちについては美少年の呼び声が高く、当日は行列コースに見物用の桟敷が組まれ、人出を当て込んだ物売りや大道芸人も集まるなど、祭りのような騒ぎであったという。

こうしたなかで、路次楽には人々の耳目を集める効果が期待されていた。路次楽は、大勢の人々に華やかな貴人の行列を誇示するための、また、その権威を知らしめるための大音量の音楽であった。

琉球使節の御座楽――楽と唱曲

江戸城に登城した使節たちのメイン・イベントは御座楽の演奏であった。ここでも、音楽

1-24　琉球人行列の図　沖縄県立博物館蔵

が外交儀礼においていかに重要だったかが窺い知れる。江戸幕府や薩摩藩の記録文書によれば、御座楽のレパートリーは七〇曲余りにも及ぶが、残念なことに、今日に残されているのは曲名や歌詞などの文字記録ばかりで楽譜が無く、その演奏実技の伝承は、明治政府の琉球併合による王国の廃止によって絶えてしまった。旋律や音楽様式の実態が今日に伝わっていないという意味で「幻の音楽」と言える。しかし、最近さまざまな情報が発見され、関連のある中国の楽曲を探し出すなどの研究が少しづつ成果を上げてきたので、御座楽の復曲も試みられるようになった。[26]

御座楽は、琉球使節が江戸城で徳川将軍に拝謁する時、御前にて演奏された。御座楽には「楽」と「唱曲」の二種類があった。このうち御座楽の本質は「楽」の方である。「楽」は哨吶と笛を中心に、太鼓、銅鑼（ゴング）、鈸（シンバル）、拍板（カスタネット）等であった。おそらく、室内楽としてはかなり大きな音量の音楽だったと思われる。中国的な権威を象徴する音楽で、中国音楽でいう「吹打楽」に相当し、儀礼の席には欠かせない音楽であった。〈賀聖朝〉〈太平調〉〈桃花源〉など、数多くの曲名が記録されている。

一方、唱曲は、弦楽器と管楽器を伴奏とする世俗歌曲なので、中国の分類では「糸竹楽」に相当し、儀式ばった音楽ではなく、鑑賞のための娯楽音楽という性格をもっている。唱曲の内容は、季節をめでたり、望郷の思いを歌ったり、時には諧謔的な歌詞もあった。もちろん、中国語の歌詞で歌われた。伴奏楽器は琵琶、三弦、月琴、揚琴、提箏、胡琴などの弦楽器がさまざま使われたが、洞簫（どうしょう）のような管楽器も使われた。いずれも静かで繊細な音の楽器で、「楽」とは対照的な響きの室内楽だったと思われる。

1-25　楽「琉球人座楽并躍之図」　沖縄県立博物館蔵

中国由来の音楽では、吹打楽系の「楽」が権威と結びついた儀礼的な意味が強い一方、糸竹楽系の「唱曲」は世俗的で、ややリラックスした意味があった。このことは、琉球独自の音楽演奏でも、糸竹で演奏される歌三線が儀礼の場には使われず、祝宴の席でさかんに使われたことと対応しているように思われる。

御座楽の担い手たち

①楽童子

御座楽の楽隊長は楽正といい、親雲上の位の官僚が任ぜられた。御座楽の演奏者は楽師と楽童子であった。演奏の主役は「楽童子」と呼ばれるきわめて高位の官僚の子弟で、一五歳以下の少年が任ぜられた。楽童子は各種の楽器を演奏した。「楽」では中心的な楽器である笛を担当するほか、さまざまな打楽器類を担当した。「唱曲」では、中心楽器の琵琶と三弦のほか、月琴、四線、揚琴や提箏など、珍しい楽器も含めてさまざまな弦楽器を担当した。

彼らは普段は首里城の書院と呼ばれる高官の執務室でお茶くみなどをする小赤頭という役に就いている者が多かったが、江戸上りの半年から一年前に数名が選抜されて「楽童子」に任ぜられた。元服前であるから本来は子供扱いで、官位はないのだが、外交に関与するためには官位が必要なので、出発に際し、特別に「里之子：さとぬし」（正確には若里之子）の位が授けられていた。楽童子は六名で、彼らは江戸城の晴舞台の主役であった。

江戸上りの花形とも言える楽童子に選ばれる少年は、まずは家柄が良いことが第一条件だった。が、それだけではなく、音感が良いこと、聡明であることが求められ、美少年であることも重要な条件となっていたようだ。江戸城で披露する技芸は御座楽ばかりではない。唐風の立ち居振る舞い、食事の作法を身につけて実行するよう指示されていた。また、席書を所望されることも多かったので、礼法、書道なども訓練され、総じて「中国の学芸をさまざまに身につけた教養の高い琉球人」を演じてくることが求められた。

②楽師

楽童子のほかに、五名の楽師が加わって御座楽を演奏した。楽師は二〇歳代の青年で、親雲上の位の官僚が任ぜられた。楽師は「楽」では哨吶を担当し、「唱曲」では中国語の歌を担当した。楽師は楽童子よりも年上にもかかわらず、演奏する座敷では楽童子の楽器を据えたり片付けたりするなど、楽童子を補佐する役回りを担っていた。この様相は、当時の御冠船踊りの舞台上で、青年の地謡（歌三線演奏者）が若衆の踊りを補佐・後見している様子とよく似ている。

③歌楽師

御座楽は日常の娯楽の音楽ではなく、特別な機会にだけ演じる儀礼用の音楽であった。御座楽を伝習することは国政にかかわる重要な仕事とされ、数十年に一度おとずれる江戸立には、王府は大騒ぎをして特別な練習の事業を組んだ。御座楽の実技面の準備には三年程度も要したという。

御座楽の伝習を実質的に担ったのは、久米村出身の歌楽師あるいは楽生師と呼ばれる人々であった。彼らは江戸立に同行することはなかったが、実際に演奏を担当する楽師や楽童子

1-26　唱曲「琉球人座楽并躍之図」　沖縄県立博物館蔵

に御座楽の実技を教える教師の役目を背負っていた。中国文化の窓口はやはり久米村人だったことを忘れるわけにはいかない。

歌楽師は、ふつう江戸立の二～三年前に任命される。彼らはまず、王府の命を受けて中国福建省の福州に赴き、そこに一年あまり滞在して音楽を修得する。御座楽で使う楽器を福州で調達してくる役目もあったと思われる。そして帰国後、数カ月にわたって楽童子に集中的に練習させた。首里の安国寺という寺院に楽童子たちを合宿させ、さらに習得が足りない楽童子には個別に家庭教師として張り付いて特訓するという、大変なものであったようだ。

琉球は江戸立という外交儀礼の場を通じて中国の学芸をさまざまに身につけた教養の高い琉球人を演じ、中国的文化を誇り、それによって幕藩体制の中での地位を確保していったのである。

二、首里城の諸楽

路次楽

路次楽は道中において演奏する楽であるから、首里城の外で演奏されることが多い。国王や王母の外出に際して演奏されたことは、すでに前々章（古琉球時代）でも史料を紹介したが、近世の絵図でも盛んに描かれている。まず、江戸立の使節の行列に伴って日本での道中に演奏されたほか、来琉した冊封使が諸宴のために、那覇・久米村の天使館から首里城まで向かう道中にも演奏された。

路次楽の部隊は轎（輿）に乗った貴人の行列の先頭を進む。大音量で、力強く貴人の通行を先触れする効果があったと言えよう。冊封規式に向かう冊封使の行列には、若衆ほかの主要な踊り手が騎乗して付き従った。江戸上りでも、同様の光景が絵図史料に残されている。

ちなみに、路次楽の一部は、明治初めの王国廃止の後も、地方の村々の芸能に残っている。「ガク」や「金鼓」と呼ばれることも多い。いずれも、「弥勒神」「獅子」「綱」など、神や霊力を持つ「物」をエスコートするという共通性がある。御座楽や庭楽のような首里城の奥深くで演奏されて庶民が聴く機会のない音楽は近代になって失われてしまったが、路次楽は庶民に聴かせる音楽であったために、また、階級の低い士が担っていたために、庶民にも伝わって、現代にまで伝え残ることになったと考えられる。

御庭楽

首里城の御庭で儀式が行われるときに演奏される楽は、御庭楽と呼ばれたようだ。[27] 実は、御庭楽とは何かについて明確に示した史料はないが、冊封規式や諸宴の記録の記述を重ね合わせると、首里城の御庭で奏された楽を「御庭楽」と呼んだと推定できる。

一八六六年「寅の御冠船」における冊封宴の様子を記録した史料『御礼式日記』[28]には、諸楽の役割分担が垣間見える。まず、冊封使（正・副）が轎に乗って首里城へ登城する間は路次楽がエスコートする。冊封使は奉神門前で轎を降りる。路次楽はここまでである。そこへ国王が出

1-27　首里城奉神門　美ら島財団提供

迎え、両冊封使を案内して門を入り御庭を歩いて横切り、北殿に上がる。この御庭を歩く間、楽が演奏される。これが御庭楽であるが、『御礼式日記』には「嗩吶（すおな）楽」が演奏されると書かれている。

次いで、両使を歓待する北殿では、国王が改めて両使に挨拶をし、続いて諸官が両使に挨拶を行う。この間は「笙楽」が演奏されると書かれている。ここで「笙」とあるのは、日本の雅楽や中国音楽で使われる笙ではない、琉球の近世史料では、笛類を総称して「笙」と書くことが習慣化している。この『御礼式日記』の記述に限れば、「笙」は中国の「笛子」のことと考えられる。近代に山内盛彬が書き留めた元楽師からの聴き取りには、御冠船の楽に「嗩吶曲」と「笛曲」があると記録されているので、[29] それらが「嗩吶楽」「笙楽」にあたると確認できる。

さらに、国王と両使が茶や酒の杯を交わして挨拶するたびに「笙楽」が演奏されるが、彼らが食卓について食事を始めると、今度は御座楽が演奏されるという。そして、御座楽が終えると、すぐに歌三線のグループ（三線が四挺、胡弓が一挺）が〈かぎやで風節〉以下の「北宮十二頌曲」を順に次々と演奏し、冊封使の食事が終わるまで続けられる。この三線音楽が「北宮十二頌曲」だが、御座楽の曲名は分かっていない。ただし、琉球の歌三線に対応するのであるから、「唱曲」であろう。

その後の進行はそれまでと逆で、国王と両使が暇乞いの挨拶をする時は「笙楽」、御庭を歩く間は「嗩吶楽」が演奏される。ここまでが御庭楽で、笙家来という役職の楽人が担当して演奏するものと見られる。そして

1-28　嗩吶　浜松市楽器博物館

奉神門で国王が両使を見送って轎が動き出すと、路次楽人によって路次楽が演奏されるのである。

以上により、庭楽は御庭の中で行われる楽であり、そのうち貴人が歩くときは哨吶が主奏する曲を演奏し、礼儀を交わすときは笛（中国の笛子）が主奏する曲を演奏したと見られる。また、御座楽の唱曲は弦楽器を主とする歌曲なので、琉球の歌三線に対応する「格」をもつと考えられ、宴席の音楽とされていたとみられる。ただし、御座楽の「楽」と御庭楽との区別が史料上は明確でない。おそらく、音楽的にはほぼ同じ曲でありながら、演奏する「場」に応じて呼称が使い分けられているのではないかと思われる。

第五章　近世の歌三線

一　歌三線を伝えた人々

琉球王国の宮廷文化を彩った歌三線と舞踊は、約四百年にわたる歴史の中で次第に形作られ、一九世紀に至ってひとつの完成形をなし、世紀末から二〇世紀に至って大衆性のある音楽ジャンルに発展した。この節では、音楽の歴史を画する役割を果たした人々と彼らの働きを考えることを通して、歌三線の歴史をたどってみたい。

屋嘉比朝寄

屋嘉比朝寄（やかび　ちょうき・一七一六〜一七七五）は、楽譜集の編纂により、歌三線のレパートリーを集大成した。

歌三線の楽譜は「工工四・くんくんしい」と呼ばれているが、工工四が考案されたのがいつ頃かということについては、歴史的な手がかりがまだ見当たらない。「阿嘉直識遺言状（一七七八年）」と呼ばれる史料によって、屋嘉比朝寄の師である照喜名聞覚が弟子に修得させるために主要な数曲分の三線の手を書き記してあったことが伝わっているので、[30]屋嘉比以前からすでに手覚えのために歌三線の記譜が使われていたことは明らかである。しかし、どれほどさかのぼることが可能かは不明である。屋嘉比以前の工工四は曲数が限られて断片的だったと考えられるが、屋嘉比の編纂と伝わる工工四は掲載曲が一一七曲もあり、さまざまなタイプの楽曲を含んでいるので、この工工四において歌三線のレパートリーは確立されたと言える。すなわち、屋嘉比朝寄の工工四は、琉球の歌三線音楽のレパートリーを明確にしたという意味で、実に画期的な業績だった。音楽の実体が見えるという意味での音楽史は、屋嘉比の楽譜から始まったと言ってよい。

屋嘉比朝寄はその後の音楽家たちに大きな影響を与えた。音楽家たちはこぞって屋嘉比の楽譜（と伝わる楽譜）を範とするようになった。その意味で、屋嘉比の工工四は琉球音楽の古典と呼ぶに相応しいだろう。

屋嘉比自身は琉球王府の官吏であり、同時に、謡（うたい）の師匠でもあったという。高齢となって役職を引退してから歌三線の楽譜化に専念したらしい。屋嘉比の経歴は、琉球の歌三線演奏者の中に、同時に謡の心得も持ち合わせていた者が少なくなかったことを窺わせる。当時の歌三線の歌い方には、能の謡の発声法と共通する部分があったのかも知れない。

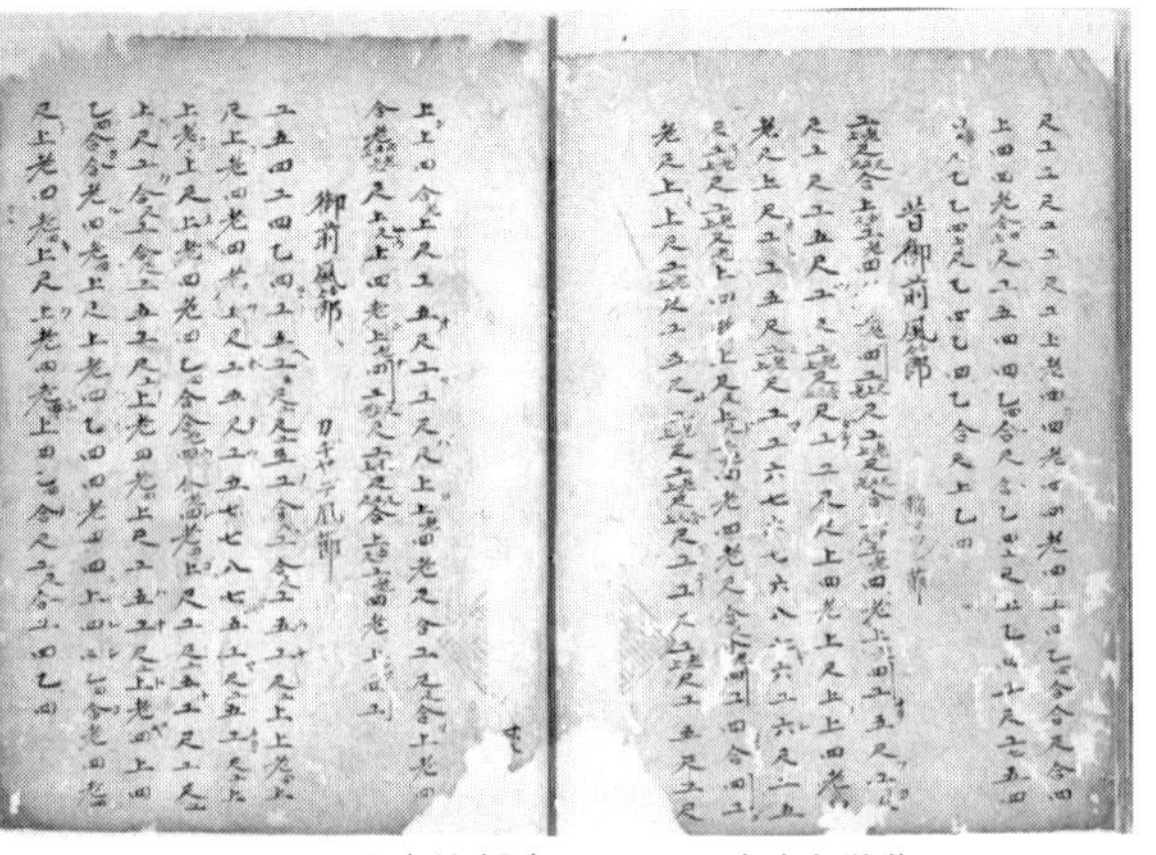

1-29　屋嘉比朝寄工工四　琉球大学蔵

知念績高

知念績高（ちねんせっこう・一七六一～一八二八）は希代の名人として語り伝えられており、強力な個性によって叙情的で表現豊かな演奏様式を生み出したとみられている。

知念績高は、音楽的実力で地位を築いた唯一の人物と言っても良い。というのは、それまでの音楽家——玉城朝薫も屋嘉比朝寄も、また後述の安富祖正元も野村安趙もみな、高位の官僚の家柄である。それぞれ本人自身の才能があったことはもちろんだが、御冠船や薩摩上り、江戸立の経験を積むなど、力量を発揮できるだけの恵まれた環境にあったことも確かである。

これに対し、績高は無系、すなわち王府公認の系図を持たない（家柄のない）下級の士の出であった。しかし、声も節回しも三線も抜きん出て優れていたので、師匠の賞賛を得て何度も御前演奏を務めた。また、あまりの実力のゆえ、特別に抜てきされて薩摩へ上国し、島津重豪の御前でも演奏した。さらに、一八〇〇年と一八〇八年の御冠船では、高位の士たちに交じって歌職、つまり歌三線の演奏者として出演した。下級の士が外交儀礼の場に列席するということは通常はあり得ない。そこで彼は特別に系図を持つことを許されたと伝えられている。それほどに績高の実力は傑出していたと考えられる。

知念績高は、家柄によらず、純粋に音楽的実力だけで地位と名声を築いたという意味で、沖縄音楽史上きわめて稀な「職人的音楽家」と言えるかも知れない。そのためか、「知念が作った、手を入れた」と言い伝えられる楽曲もあるが、歴史的な裏付けはない。

また、「知念績高著工工四」と称する楽譜集が沖縄県立博物館に所蔵されているが、これは野村安趙の工工四の草稿と見るべきであり（後述）、現在〝知念工工四〟は行方不明である。

安富祖正元

安富祖正元（あふそせいげん・一七八五〜一八六五）は知念績高の後継者であり、同時に、重要な芸論を残したことでも知られ、後代の音楽思想に大きな影響を与えた。

安富祖正元は実演者であるばかりでなく、学究的な人でもあったようだ。彼はまず、自分の師匠である名人知念からの伝承を正しく後世に伝えようと、知念の草稿に基づく工工四を編纂（一八四〇年）した。この安富祖正元の工工四は、第二次大戦前までは目撃談が伝わっているが、現存しない。

同時に、彼は直接の師匠の演奏だけでなく、より古い時代の楽譜である「屋嘉比工工四」の原典研究にも力を入れた。王国時代の沖縄では、言うまでもなく印刷楽譜は存在せず、工工四はすべて手写本として広まっていたわけだが、当時は「屋嘉比工工四」のさまざまなバージョンが出まわっていたらしく、何れが正統性のある屋嘉比の手なのかわからない状態であったという。そこで安富祖は、かつて屋嘉比が三線を教授した薩摩の役人に手渡したという工工四を探し求め、薩摩に上国する部下に探索を依頼して手に入れている（一八五〇年）。その結果、安富祖正元は、屋嘉比の書き残した手と、師匠知念から習い受けた手との間に差異があることを確認したようだ。

屋嘉比の工工四という古くからの規範があり、今また知念という新しい個性的な師匠の演奏があって、その後継者たちがいずれに従うべきか――これは芸術の在り方を問う重大問題である。規範と演奏の関係という、芸術音楽にとって普遍的な問題が議論されなければならなかった。

この難しい問いについて、安富祖正元は、彼が編纂した工工四の序文の中で、屋嘉比と知念のどちらがいいかという問題ではなく、両方を学ぶべきであることを主張した。そして、自分が良いと思ったところを取り入れればよいとした。これは演奏家自身が判断せよということであり、つまるところ、演奏家は自分で判断できるだけの楽曲研究を積まなければならないということになる。歌三線の学習が、単に師匠の歌い方を丸覚えするのではなく、どのような表現が良いのかを自覚的に思索しつつ、自らの美的規範を形成していくべきだとする。言うなれば、歌三線は技術ではなく芸術思想の表明だ、という主張をしているのである。

さらに、安富祖正元は一八四五年に沖縄音楽史上最古の芸術論と言うべき「歌道要法」を著した。[31] 同書の中で彼は、歌詞の意味をイメージに持つこと、正しい姿勢で歌うこと、旋律を正確に歌うことの三点を基本とすることを強調した。そして、美声を聴かせるだけの歌い方や、曲の意味を深く考えない態度を戒めた。ここには明らかに技術よりも表現の深層にある意味内容の方を重視する芸道への志向が現れている。

日本本土の三味線音楽が町人階級に支持され、職業的な芸人の活躍によって楽器演奏技術が高度に発展したのに比べて、沖縄の歌三線は支配階級自身に支持され、楽器の技巧面での発達が少なかった。音楽様式や演奏技術の深化よりは、むしろ「芸道」として、表現の精神性の深化へ向かおうとしたことが、三味線と三線との大きな違いだと言えよう。

「歌道要法」には、このほかに当時の歌三線をめぐる作法を窺わせる記述が幾つかあって興味深い。まず、楽曲ごとの歌詞は固定されているのではなく、その場に相応しい内容の歌詞を選んで歌うべきとされている。国王の御前では、いわゆる二揚げ独唱曲のような悲しみや悔恨の感情を歌った曲を歌ってはならない。家庭での歌の会では、まず「かぎやで風節」で喜びの歌詞を歌うが、「旅之家」つまり家人がヤマトや中国など、遠隔の地に船旅している家庭では、楽曲は「かぎやで風節」の旋律だが、歌詞は航海安全を願う歌詞を歌わなければならない。その後は、好みの歌を自由に歌って良い・・・などの作法が説かれている。

野村安趙、松村真信

野村安趙（のむらあんちょう・一八〇五〜一八七二）は、琉球王府時代の末期、その音楽が最も栄えた時期に活躍し、近代へ大きな影響を与えた音楽家であった。早くから声の技量に定評があり、歴代の国王の三線教師として地位を固め、最後の御冠船（一八六六年）で歌師匠を務めるなど、当代の第一人者であった。

技量が高く評価されていた野村安趙は、一八三八年の戌の御冠船では踊奉行たちから乞われて歌職に任ぜられた。ところが、準備段階のわずか数ヶ月で辞任しているので、三線演奏家たちの間にすでに流派的な対立があったのかもしれない。それでも、安趙は崎山の御茶屋御殿における国王の側仕え（私的な三線教師）を長く勤め、続く一八六六年の寅の御冠船には歌師匠として指導にあたった。こうして最高位の師匠としての地位を確立していったと見られる。

　この寅の御冠船のとき、歌職の間で演奏法の差異が問題となったらしく、翌年の一八六七年、国家事業としてより精密な工工四を作成する企画が持ち上がった。当時の摂政・大里王子から、王命として野村安趙に監修が託された。この事業では、野村安趙の高弟・松村真信（まつむらしんしん・一八三一～一八九八）が実質的な編纂の作業を指揮し、喜舎場朝賢、山内盛熹らとともに一八六九年に「工工四」上中下三巻を作製した。後年、拾遺も作製している。この楽譜集は王命によって編纂されたので、「欽定工工四」とも通称されている。

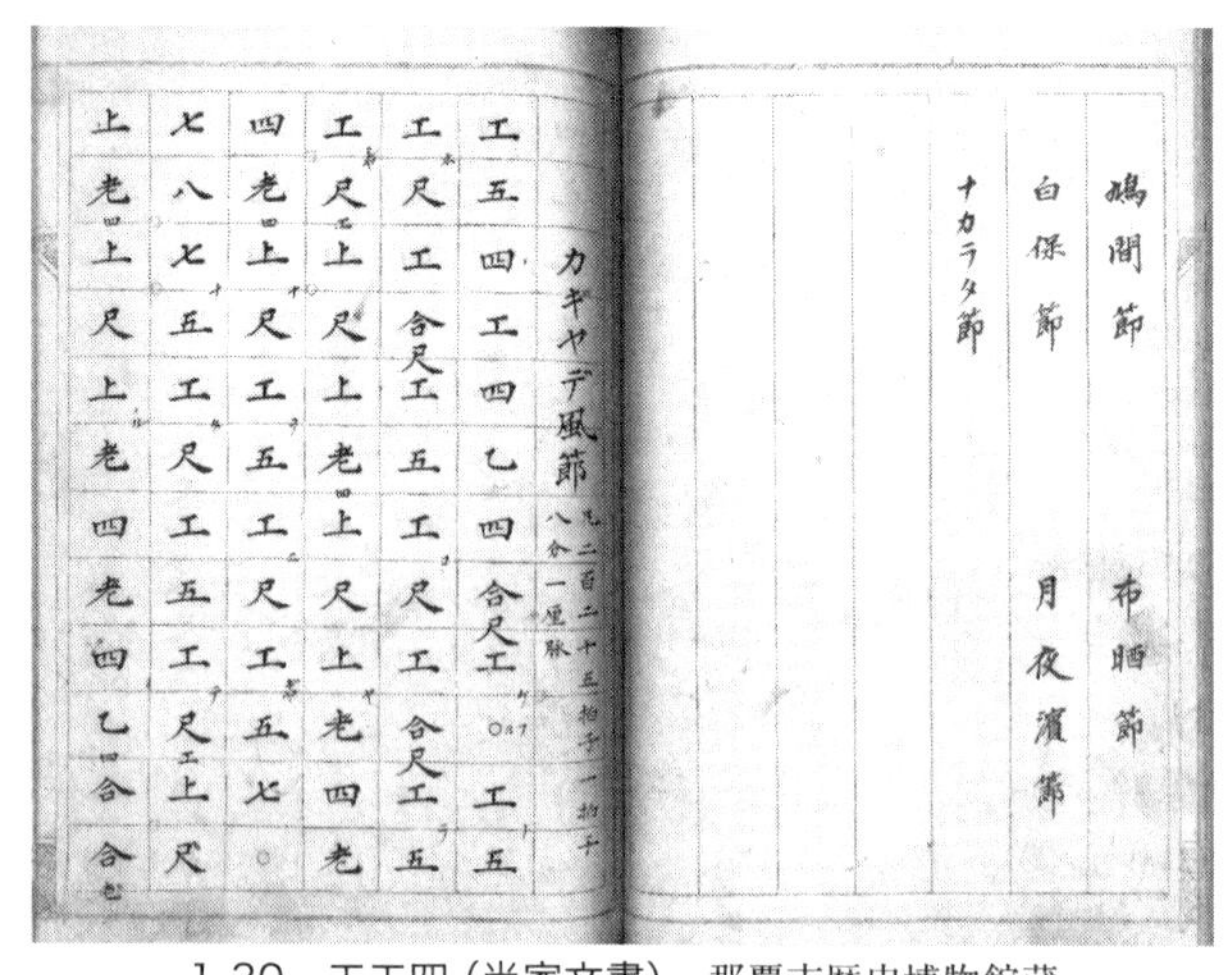

1-30　工工四（尚家文書）　那覇市歴史博物館蔵

　松村はこの新しい工工四の編纂にあたって記譜法の大改革を行った。第一に、譜面に升目の線を引いて、そのひとつひとつに音符となる譜字をあてはめて、リズムを正確に記述し、音を伸ばす「間」の拍数も明確にした。第二に、人の脈拍の速度を基準に、各曲のテンポの遅速の相対的関係を厳密に定めた（分脈という）。

このような合理的な楽譜を作ろうとする発想が王府時代の末期に登場したことは、王国の中に近代合理主義的思考が芽生えつつあったことの現れとみてもよいだろう。

世礼国男

この合理主義の傾向は、明治から大正にかけて近代西洋音楽導入の波に洗われるなかで、さらなる楽譜の改革を生み出した。一九三五年、県立中学の国語教師でもあった世礼国男（せれいくにお・一八九七〜一九五〇）は、それまで三線の手しか記されていなかった工工四に、彼が考案した「声楽譜」を加えて「声楽譜附工工四」を刊行した。「声楽譜」は、歌の旋律の動きや発声法を細かく記号化して書き添えたもので、三線と歌声の旋律の両方を洋楽の五線譜に直接に翻訳することもできるほどのきわめて合理的で精密な楽譜だった。

「声楽譜附工工四」を使えば、耳で聴いたことがない曲でも演奏ができるので、第二次大戦後この楽譜はたちまちに普及し、とりわけ野村流の演奏人口が爆発的に増加する要因ともなった。海を越えて、本土やハワイ、南米などの移住者社会にも三線が広まる条件を作った。現在、八重山、宮古や沖縄の民謡、あるいは沖縄ポップの世界でも工工四が使われているが、これらは世礼国男が創案した記譜法を基礎として作られており、野村安趙と松村信真の楽譜改革からの延長線上

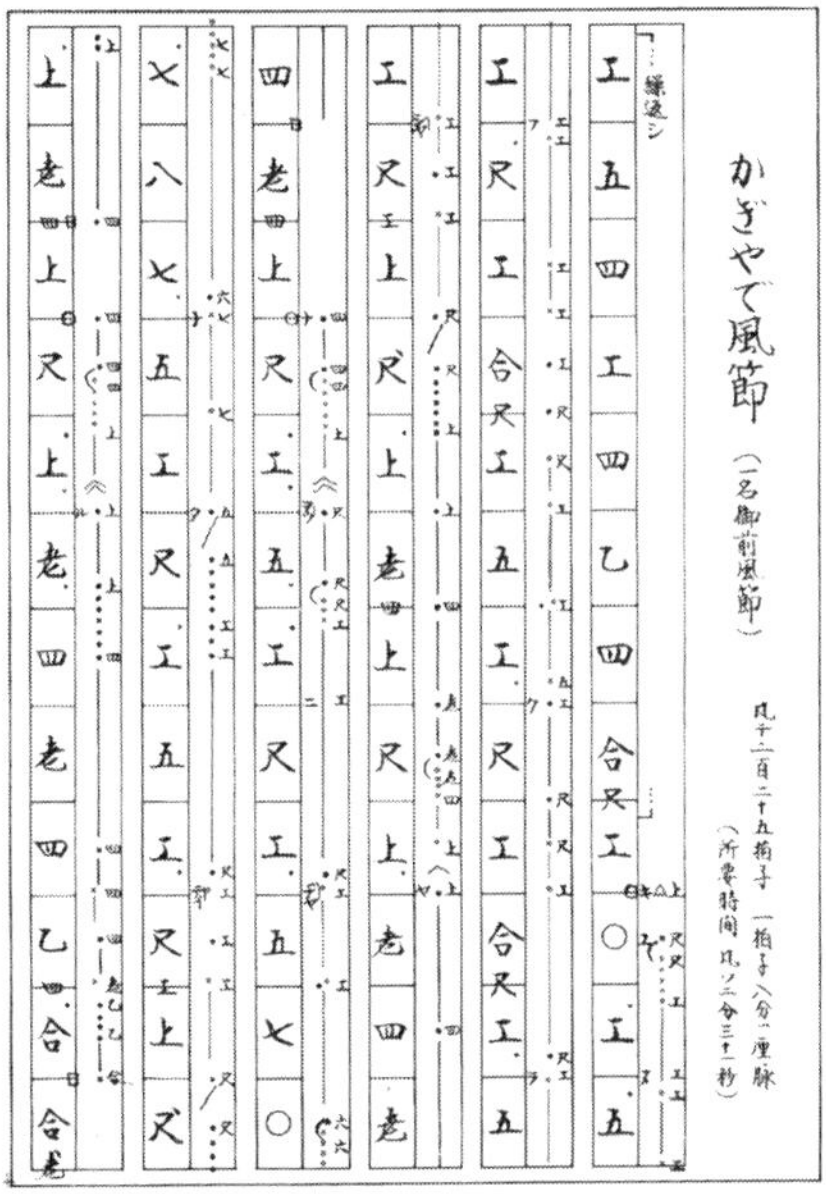

1-31　声楽譜附工工四

にあると言ってよいだろう。これら三人は、近代沖縄の三線音楽の基礎を築いた人物と呼んで良いだろう。

音楽家の二重音楽性と社会

王府時代の音楽を支えた人々の重要な特徴の第一は、彼らが沖縄の音楽――歌三線を嗜んでいただけでなく、日本（ヤマト）の音楽や中国の音楽も同時に身につけていたことである。一七世紀に活躍した摂政羽地朝秀による指令書「羽地仕置」の中に、士の必須教養として、「学文」「算勘」「筆法」「筆道」に加えて、「医道」「庖丁」「容職方」「馬乗方」といった技能、さらには「謡」「唐楽」「茶道」「立花」といった芸能の嗜みが挙げられている。ここでは日本や中国の音楽技能をも求められていた。歌三線だけでなく、能の謡や中国音楽も必須教養の一部として明確に要求されていたのである。

沖縄県立博物館所蔵の「坐楽并躍之図」という絵巻には、一八三二年に琉球の使節が江戸立（江戸上り）をしたときに、江戸の薩摩屋敷で諸大名らを前に演奏会をした模様が写実的に描かれている。この絵巻の最初に登場する楽童子の濱元里之子という人は、このときの一連のプログラムの中で、数多くの演目に出演し、琵琶を弾いたり笛を吹いたりの大活躍であった。楽童子の中には一曲か二曲にしか登場しない奏者もいたから、彼はよほどの上手だったのだろう。彼はさらに六年後の御冠船のときには、舞踊や組踊を伴奏する三線奏者のリーダーを務める活躍をしている。

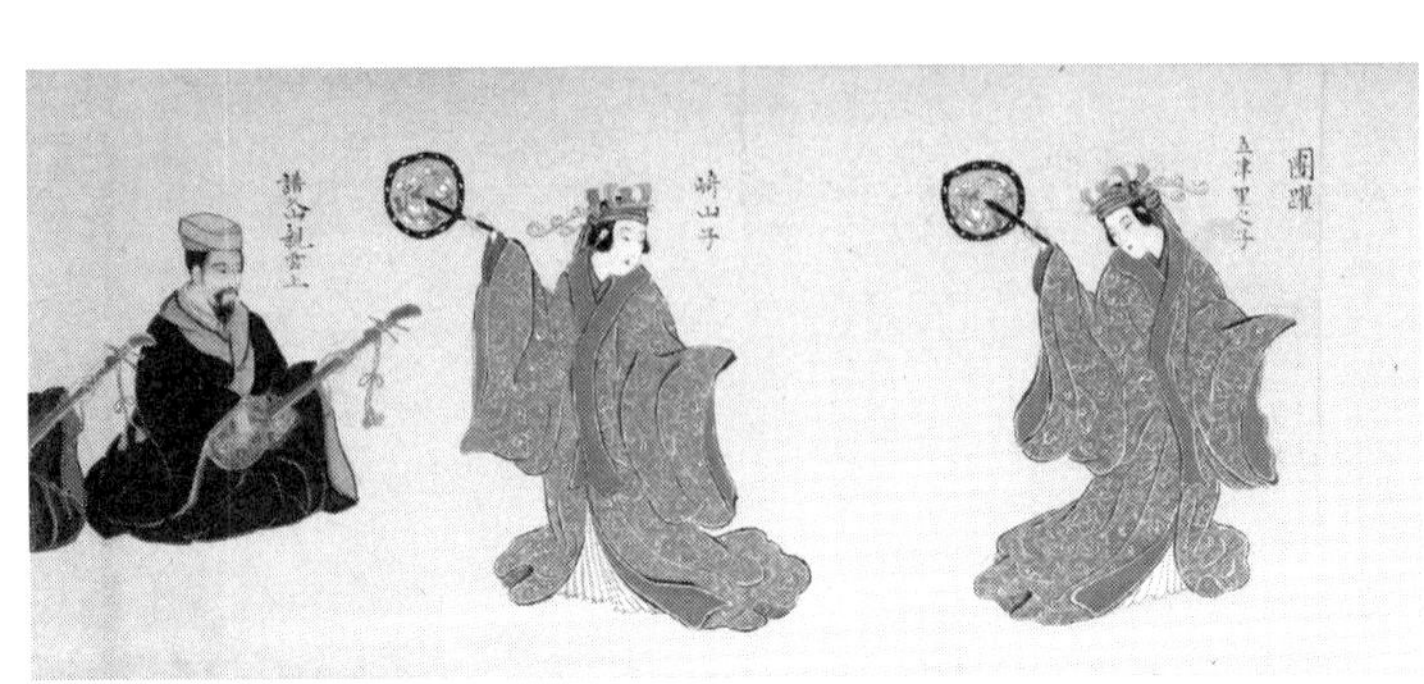

1-32　立津里之子の琉躍「琉球人座楽並躍之図」　沖縄県立博物館蔵

同じ絵巻に描かれている立津里之子は二〇歳台の青年官吏であったが、琉球舞踊の女踊りで艶やかな女形の舞い姿を披露したかと思うと、中国劇では若い将軍の役を凛々しく演じてみせている。そして帰国して後は、御冠船の舞台で組踊に出演している。

このように、王国の楽人や踊り手は沖縄音楽だけの演奏者ではなく、同時に、大和芸能や中国音楽にも長けていた。沖縄の音楽・芸能の歴史を大きく発展させてきた人々のほとんどは、バイ・ミュージカル、すなわち複数の異なる文化の音楽を表現することができる教育を受けていたのである。

第二の特徴は、音楽・芸能が重視された社会であったにもかかわらず、専業の音楽家・芸能者は存在しなかったことである。たしかに歌三線や舞踊の名人として名を残した人物はあったが、彼らはみな王府に仕えて禄をもらう役人であった。音楽をなりわいとする芸人とか、代々世襲の家元とかは存在しなかった。この点が日本本土の雅楽、能楽、長唄などの場合と違って、沖縄音楽の歴史の大きな特徴として留意しておかなければならない。

実演家として歴史に名を残している玉城朝薫も、安富祖正元も、野村安趙も、一般の行政職の官僚として王府の禄を得ていたのであって、決して、音楽をすることで召し抱えられているような、いわゆる「宮廷楽士」の身分ではなかった。琉球王国の楽人は、本来的に王府の行政官僚であり、王府の仕事として音楽や舞踊の活動を行ったのだ。

だから、たまにしかない御冠船のような大イベントの時だけ、臨時に「歌職」や「躍員」などの辞令を受けて練習活動に従事するものの、給与は変わらなかった。もっとも、舞台での貢献が認められれば、それが業績となって官位が上がっていくので、優れた能力があれば出世につながったと言えよう。しかし、仮に演奏の実力が伸び悩んだとしても、それで生活の根拠を脅かされるわけではない。本来の職責である官吏としての事務や行政の能力が発揮できれば良かった。このような沖縄の演奏者たちの存立基盤は、音楽の発展にとって、功罪両面があったと言えよう。

琉球王国の楽人たちは支配階級の一員であったから、ことさらに技巧に走る必要はなかった。大事だったのは、王国の正楽としての威厳であり、精神性であり、王国のイデオロギーとしての儒教思想ともむすびついた芸道の思想であった。前述の安冨祖正元『歌道要法』の記述はその一例である。

高級官僚から下級の士に至るまで、三線の芸を身につけていたという点で、また、優れた芸道論を生み出すなど、芸だけでない、思索の深みも持っていたという点で、琉球はきわめて文化度の高い王国であったと言える。その反面、芸のみに生きる階級が存在せず、官位の序列が優先する官僚たちの間での芸能であったために、競争や批判にさらされることも少なく、様式の洗練や技術の向上が二の次となった感も否めない。このことは良くも悪くも、つまり長所としても短所としても、沖縄音楽の根源的性格を決定づけているように思われる。

しかし、近代以降の社会では、沖縄の音楽や舞踊は自由な個性の表現として演じられ、芸術として鑑賞されるようになった。また、経済的な付加価値を伴ない、大衆化の波にも揉まれるようになった。その結果、明治期には雑踊りの誕生という大変革を経て、二〇世紀には新民謡や創作舞踊を豊かに創出していったのである。

1-33　立津里之子の唐躍「琉球人座楽並躍之図」　沖縄県立博物館蔵

二、工工四を考える

楽譜史料の課題

音楽の歴史とは、最も狭義には楽譜の歴史である。過去の音楽がどのような響きと仕組みをもっていたかを知る手立てが楽譜だからである。もちろん、音楽史研究が楽譜以外の諸文書、図像資料に大きく依拠していることは言うまでもないが、西洋音楽史が大規模な研究領域として音楽学に君臨しているのは、大量の楽譜史料が存在するからに他ならない。

一方、「琉球・沖縄音楽史」は未だ成り立っていないと言わざるを得ない。過去の楽譜がほとんど残っていない、または見当たらないからである。その中で、わずかに残された楽譜史料はたいへん貴重である。そこに書かれた譜字や記号、書き込みなどを適切に解読することによって初めて、私たちは過去の音楽を知り、相互に比較して、音楽の変化の歴史を明らかにすることができる。しかし、その前提として、当該の楽譜がいつ、誰によって作成されたものかを確定しなければ、その楽譜が語る音楽的事象をいずれの時代に結びつけて考えることができるか、何もわからないことになる。

現在、沖縄音楽を研究する私たちの前にあるわずかな楽譜史料さえ、適切な史料批判抜きに安易に語ると、音楽の歴史を見誤ってしまう可能性がある。例えば、野村流と安富祖流の差異について、実演家も交えた論争があるが、その前提となっている既知の楽譜史料さえ、いつ作られたものか確定できていないのであれば、過去の論争は白紙に戻して考え直さなければならないことになるだろう。

伝・屋嘉比朝寄工工四

琉球音楽の楽譜は「工工四：くんくんしい」と呼ばれる。現存する最も古い工工四は、琉球大学図書館に所蔵されている「屋嘉比朝寄工工四」と呼ばれている楽譜である（七八頁の図版参照）。この楽譜は一九〇九年に「発見」されたが、実は、これが屋嘉比朝寄が制作した工工四の伝本の一つであるかどうか確認する証拠は見当たらないようだ。新城亘の研究によれば、[32]恩河朝祐が、古風な楽譜であるから屋嘉比のものではないだろうか、と推測したことに発するようだが、これ以上の手がかりがないまま、恩河の感想が独り歩きして、いつの間にか屋嘉比の工工四であると見做されたうえ、「屋嘉比朝寄工工四」と書いた表紙まで取り付けられて琉球大学図書館に蔵されている。[33]

この工工四は、罫線が全くないので、野村安趙の「工工四」（一八六九）よりも古いスタイルであることは間違いないが、どれくらい古いかを判断することは難しい。この楽譜では、「間」を示す〇記号に、大きな「〇」と小さな「〇」の使い分けがある。安富祖正元の工工四には〇記号に大小の区別があったと言われているので、安富祖正元に近い時代のものである可能性もある。また、一九九〇年代に筆者が琉球大学図書館で実見したときには、ボロボロになった粗末な表紙部分に長くて太い繊維らしいものが挟まっていたので、[34]「芭蕉紙工工四」の異名をもつ知念績高の工工四と関連する可能性も考えられるが、二〇一〇年代に実見したときは新しい表紙で綴じられ、繊維状のものは見当たらなかった。

したがって、琉球大学図書館所蔵の「屋嘉比朝寄工工四」に記された音楽は、寅の御冠船の時期よりも古いことは間違いないが、どこまで遡れるかは定かでない。これを屋嘉比朝寄の時代の歌三線の楽譜であると即断して、または前提として音楽史を議論することは適当でない。

伝・知念績高工工四

「知念績高著工工四」と題する工工四が沖縄県立博物館・美術館に所蔵されている。山内盛彬が生前に寄贈した資料の一つで、本来の外題は見られない。寄贈当時の関係者の証言によると、この楽譜を知念績高の工工四と呼ぶことについて、特段の検証はしておらず、寄贈者の言に従っただけだという。

　この工工四の特徴は、罫線はないものの、譜字の縦横がきれいに揃っていることである。とりわけ、三拍ぶんの長い間（ま）、いわゆる三ツ丸が一箇所にまとめて横向きに接して並べられていること、野村安趙の「工工四」との音楽的差異がないことから、野村の「工工四」の草稿であると考えられる。野村の「工工四」は、野村安趙の監修の下に松村真信、喜舍場朝賢、山内盛熹のチームが編纂したものだが、「伝・知念績高著工工四」の諸特徴は、喜舍場の書いた『東汀随筆』に記された草稿段階の楽譜と全く一致するし、山内盛熹の遺品の中にあったとする孫・盛彬の証言とも矛盾しない。

　したがって、現在の沖縄県立博物館・美術館蔵の「知念績高著工工四」と題された楽譜集は知念績高とは無関係であり、「野村安趙工工四草稿」とすべきものである。

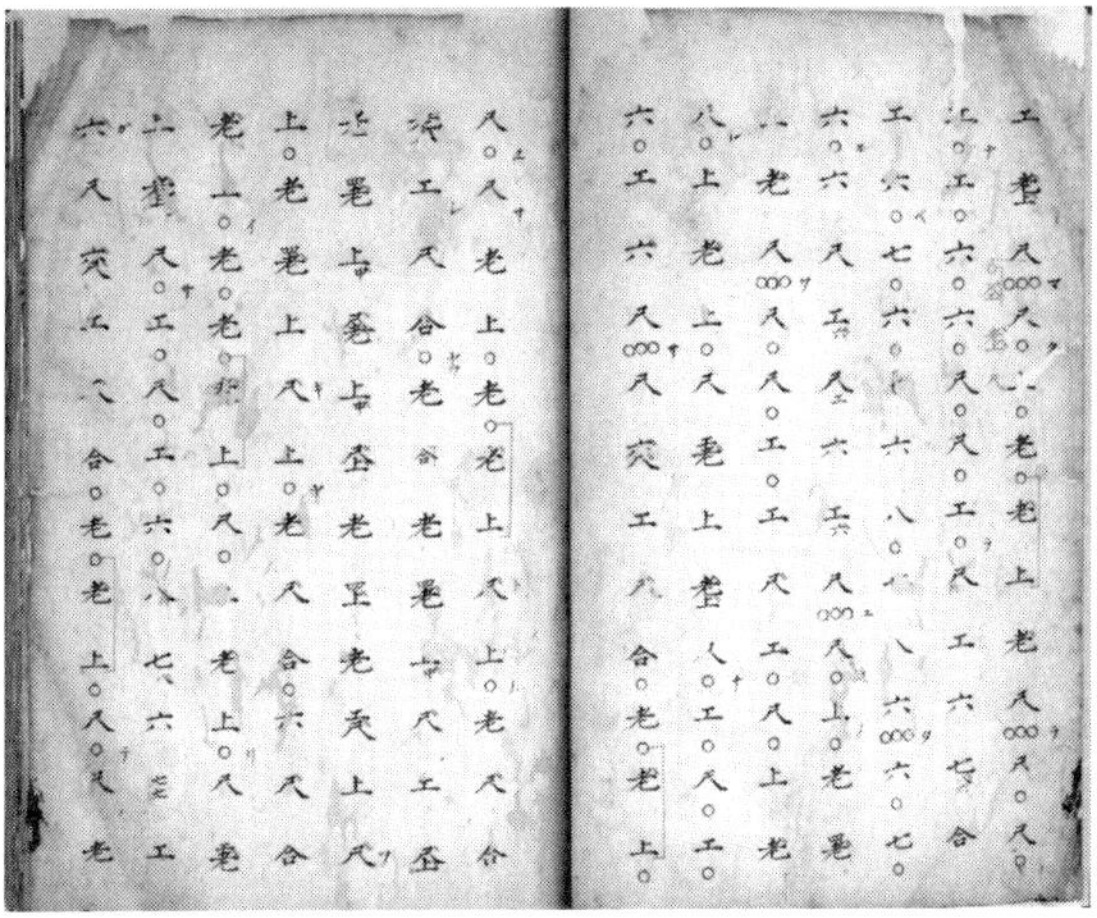

1-34　知念績高著工工四　沖縄県立博物館蔵

「工工四」・「御拝領工工四」

沖縄県立博物館・美術館には、山内盛彬が寄贈した「御拝領工工四」と通称されている工工四が所蔵されている。その内容は、那覇市歴史博物館が所蔵する「尚家文書」の中にある「工工四」（いわゆる野村工工四）と内容が同じである。

両者の関係は、喜舎場朝賢の『東汀随筆』を参照すると明らかになる。これによれば、寅の御冠船の翌年にあたる一八六七年、尚泰王の命により改訂編纂事業が起こされた。翌一八六九年に完成をみた「工工四」上中下三巻は、完成時に同一の副本が数冊作られ、いっしょに尚泰王に献上された。そのうちの正本一組が尚泰王によって王家に蔵され、副本が編纂者に下賜された。編纂者のひとりである山内盛熹も副本の一つを褒賞として賜ったはずである。自分たちが作製した工工四であるが、家臣の側としては御拝領の栄に浴したという意味で、そのように名付けて家宝としたのであろう。

したがって、那覇市歴史博物館所蔵「工工四」はいわゆる野村工工四、または欽定工工四の正本、沖縄県立博物館・美術館所蔵の通称「御拝領工工四」は同時に作成された副本であるので、事実上同一の楽譜と見なされる。

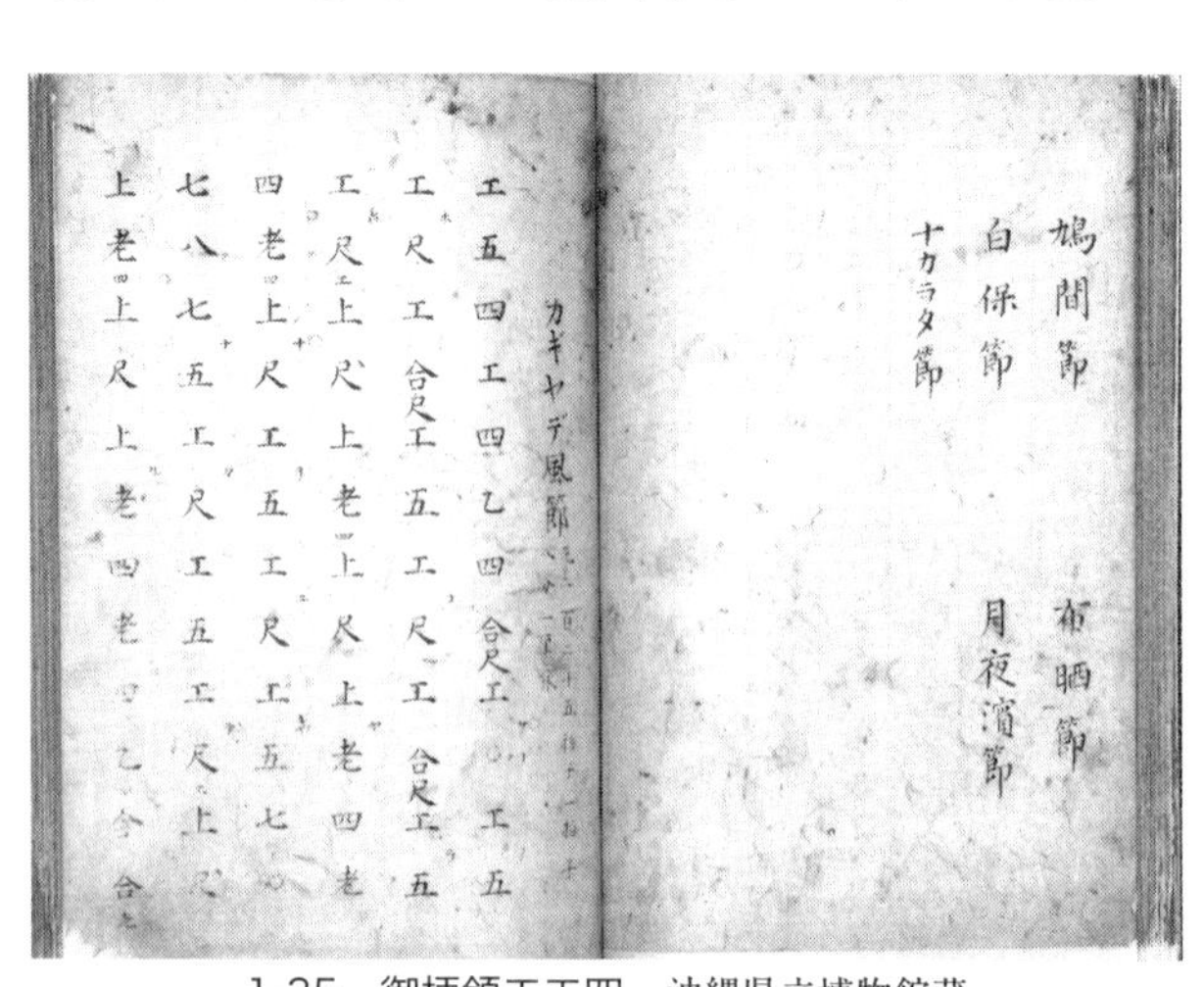

1-35　御拝領工工四　沖縄県立博物館蔵

第六章　近代への変革

一、芸能の地方伝播

一八七九年（明治一二年）は、琉球王国が廃止され、沖縄県が設置された年で、これ以降の時代を「近代沖縄」と呼ぶ。

一般にこの年をもって「琉球処分」とされるが、実際は、日本の明治政府はすでに明治四年ころから琉球を日本に組み込むための働きかけを始めていた。なぜなら、近世までの琉球は日本ではなかったからである。異国を日本にすることは簡単ではない。政府は、明治五年に日本編入への布石として、いったん「琉球藩」の設置を通告する。日本の情勢に疎かった琉球は、その意図を見過ごしていたらしい。その後、政府は処分官・松田道之を派遣して王府の廃止と県の設置について要求を突きつけ、右往左往する王府に対し、埒があかないと見て、明治一二年、軍隊と警官隊を派遣して「廃藩置県」を断行し、国王だった尚泰に首里城から退去させ、東京に移住させた。これが狭義で「琉球処分」と呼ばれる事件である。それまで、琉球の文化を支え、センターの役目を果たしていた王国という枠組みを喪失したことは、琉球文化にとてつもなく大きな変化をもたらした。琉球芸能史は、良くも悪くも五百年来の大変革となった一八七九年という年を記憶しなければならない。

王国が無くなったことによって、王国に仕え、芸能を伝承していた士（さむらい）たちは失職し、離散していった。琉球王府時代から土地を与えられていた一部の上級の士は、地主階級となって引き続き豊かな収入が得られた（「旧慣温存」といい、農民の負担は変わらないままだった）が、士のほとんどを占めていた薄給・無給の士はわずかな一時金を渡されただけだったので、その多くは首里・那覇で暮らすことはできず、農村に移住して荒れ地の開墾などをして農業を営む者が多かったと言われる。

実は、琉球王国ではすでに一八世紀から困窮した士が地方に下り、開墾に従事して新たな集落を形成する「屋取（やどり）集落」が生まれていたが、廃藩置県により生じた大量の失職士族によって、屋取りは大きく増えていった。こうした士族の中には、歌三線や舞踊、組踊の技芸を身につけている人々も数多くいたと想像され、彼らを通じて農民たちの間にも三線の演奏や舞台舞踊、組踊が急速に広まったと考えられ、各地方に「村踊り」（村芝居、豊年踊りなど）を生み出した。やがてムラ独自の伝承となって舞踊や組踊が演じられるようになり、現在に至っているが、その多くは明治初期に地方農村に伝わったと見られている。

そもそも、近世琉球の時代には、三線は貴重品だった。三線は棹に漆が塗られ、皮は中国からの輸入品であったから、高価な楽器であり、裕福な階層でなければ所有することはできなかった。だから、歌三線の音楽も裕福な人々、すなわち支配階級の専有物として、王侯や士（さむらい）のあいだでのみ演奏されていた。

これに対し、庶民は蛇皮の三線に触れる機会はなかったが、祭事や農作業、娯楽といった生活のさまざま

1-36　本部町備瀬の村踊り（組踊）
鈴木耕太提供

な場で、三線なしでたくさんの歌を歌っていた。村々の歌のレパートリーは支配階級の歌三線よりもはるかに膨大であり、多彩だった。現在の三線譜「工工四」の掲載曲を歴史的に見ると、歌三線のレパートリーが最初に整備された一八世紀以降、曲目再編を重ねるたびに新しい曲目が加わっているが、そのほとんどは、元々は三線なしで村々で歌われていたであろう古い歌に三線伴奏が加えられ、芸としての歌曲となって工工四の掲載曲として採用されてきたものと見られる。

王国が無くなったことによって、王国のために演じられていた多くの音楽・芸能の伝承が途絶した。例えば、王国の儀礼の場で演奏されていた路次楽、御座楽は、演奏機会が全く無くなったので伝承が途絶えた。もっとも、演奏経験者が生きている間は、何かの機会に求められて演奏することがあったらしく、演奏が記録された史料（山内盛彬の採譜など）や、地方の行事に取り入れられて後世に伝わった例もある。今帰仁村湧川の「路次楽」や八重瀬町富盛の「唐人行列」をはじめ、各地の旗頭行列や綱引きに伴う金鼓や「ガク」（嗩吶）の演奏がその例と言えよう。

また、舞踊のなかでも、御冠船踊に必須の中核的演目であった「入子踊り」は儀礼的要素を含む演目だったので、冊封＝御冠船がなくなったために意味と機会を失い、忘れ去られていった。

しかし、生活に密着していた音楽・芸能は、新たな生き方を見つけることができた。とりわけ歌三線は、儀礼の音楽ではなく、主として士の家庭で広く親しまれていたので、明治時代以降も旧士族を中心に伝承され、同じく士の家庭で嗜まれていた舞踊とともに、広範な民衆にも歓迎されて発展した。

二、商業的舞台と観衆

一方、王国廃止によって無禄となった士で、舞踊に手慣れた者、御冠船の舞台の経験者などの一部には、首里・那覇に残り、町なかに小屋掛けをして、有料で芸能を見せて糊口をすすぐ者があった。小屋掛けはやがて常設の演芸場となり、沖縄の芸能に新しい局面を切り開いた。庶民を相手にした舞台は、貴族や高尚な趣味人に好まれるような踊りではなく、庶民が楽しめるような、彼らの生活感情にアピールするような踊りを要求した。ここで生まれた新しい舞踊ジャンルが雑踊りである。

一八八七年から九四年にかけて、首里や那覇の仮設小屋で「花風」「むんじゅる」が相次いで発表され、次いで「浜千鳥」「谷茶前」など、数多くの作品が生まれた。これらの特徴は、舞台の主人公が高級士族の姿（若衆や女など）ではなく、百姓娘、遊女、漁民、職人といった市井の人々の姿であったことである。伴奏音楽には民謡が使われるなど、身近な親しめる素材が庶民の共感を呼び、雑踊りの演目は大ヒットを続けた。

雑踊りの誕生は、純粋に娯楽のための、見せるための舞台の始まりである。これは琉球芸能史上それまでなかった特筆すべき大事件である。琉球の歴史上初めて、金を払って鑑賞する舞台、商業的舞台が登場した。

それまで長らく、芸能は娯楽ではなく儀礼、およびその延長上にあった。古琉球の時代のオモロは、主として

1-37　雑踊り「花風」　東江裕吉
国立劇場おきなわ提供

宗教的な場で、信仰の儀礼として太鼓の音とともに歌い、舞われてきた。一六世紀以降は政治・外交の舞台で、御膳進上の宴に不可欠の要素として、歌三線や舞踊、組踊が演じられてきた。これらはあくまで限られた人々——少数の権力ある階級の人々や、宗教的権威者だけが見たり聴いたりするものであった。演じ手からすれば、高位高官の好みのみが考慮すべき要素であった。（民衆が娯楽とした民謡は文字記録を残していないので、残念ながら芸能史の対象になっていない）

これに対し、明治時代に生まれた商業的舞台は、お金さえ払えば誰でも鑑賞できるので、ここに、不特定のお客さん——聴衆・観衆が誕生した。ここでは大衆が金を払うので、大衆の好みが優先される歌・踊りへと変化することになる。大衆的芸能の始まりとも言える。琉球の芸能は、商業的舞台の創出、というこれまでにない大きな変革の時代を経験することになった。

明治に世変わりしてからわずか十年も経たない一八九〇年代には、雨後の竹の子のように多くの新作舞踊が続々と作られた。しかも、百年以上経った今でも、当時の作品が人気を博している。おそらく、琉球芸能史で最もクリエイティブだったのがこの時代ではないだろうか。

さらに、外見だけでなく、踊りの動きの基本技法も変化した。それまでの宮廷舞踊の多くがすり足など能の基本動作を思わせる技術を基本としていたのに対し、足を高く上げて踏みつけ、エイト・ビ

1-38　雑踊り「谷茶前」　田口博章、川満香多
国立劇場おきなわ提供

ート的な上下の揺れを強調するようになった。これは村々の民俗的な舞踊の動きを取り入れたもので、「姉小舞い（あんぐゎーもーい）」と呼ばれる。ここには沖縄独特のリズム感があった。これと同時に、これらの新しい庶民的な踊りを囃すために、三線音楽にも多数の民謡が取り入れられるようになった。

商業的舞台が生まれたのは、城下町であった首里と、港町の那覇である。都市は物産や人々が集まる情報発信地でもあったから、各地の民謡の情報も集まっていた。逆に、首里・那覇の舞台で人気を博した歌や踊りはすぐに地方へも伝えられ、村々の民謡や芸能のレパートリーの中へ再び入り込んでいった。三線を弾きながら民謡を歌うという光景は、この時期、一九世紀末になって生まれた新しい光景である。また、今日「ご当地民謡」と思われている民謡も、多くはこの時期に、那覇の芝居小屋から地方へ伝えられた歌であった。

三、琉球芸能の変化

明治時代——近代初頭の琉球芸能の継承者たちは、新たな支持者（享受者）となった市民や農民たちの求めに合わせて、あるいは求めを模索しながら、御冠船の伝統を大きく改変することによって、新しい命を得たのであり、決して伝統を墨守したのではなかった。逆に言えば、現代の琉球古典音楽や琉球舞踊の演奏法は御冠船の演奏演技をそのままに守り伝えてきたのではなく、革新しているのである。現代の舞台パフォーマンスをそのまま御冠船の時代の舞台の姿だと受け取ってはならない。琉球芸能は変化してきているのであり、変化したからこそ生き残ったのである。変化しなかった芸能ジャンルは忘れ去られ、途絶したのである。

近年、御座楽や入子踊りなどのように、伝わらなかったジャンルや演目、あるいは忘れられた踊り方などを、史料をもとに再興する試みも現れ始めている。これらも、昔日の姿そのものを現代に甦らせているのではなく、現代の音楽状況、舞踊状況へのアンチテーゼとして立ち現れているのだとしたら、これもまた新しい変化の動きなのではないだろうか。

今日、全国的に沖縄民謡が知られるようになり、本土の人でも沖縄民謡を弾いてみたいと言って三線を習い始める人がどんどん増えてきているが、その「沖縄民謡」とは琉球王国の時代の歌ではなく、近代に始まる流れの中で育ち、あるいは創作されてきた歌の数々なのである。その意味でも、明治から大正にかけての那覇の演芸場は、音楽と芸能が最も創造的であった場だと言えよう。

【後注】

1 琉球の士は日本の武士とは異なり、帯刀せず、官吏として王国に仕える文官であった。明治以降は士族と呼ばれた。

2 括弧内の数字は「おもろさうし」の巻・番号。

3 「御庭御規式済まぬ内は右掖門に控え居り」（尚家文書八一『冠船躍方日記』八月三日の条）の記述により、三線奏者たちは御庭に出なかったことがわかる。

4 金城厚「『冠踊躍』とは何か―冊封使録から見る琉球舞踊の成立―」『沖縄文化』一一五、二〇一四年。

5 前掲注4。

6 池谷望子・内田晶子・高瀬恭子編訳『朝鮮王朝実録 琉球史料集成【訳註篇】』榕樹書林、二〇〇五年。

7 前掲注4。

8 原田禹雄訳注『陳侃 使琉球録』榕樹書林、一九九五年。

9 池宮正治『琉球文学論』沖縄タイムス社、一九七六年。

10 劉富琳「琉球における中国戯曲の受容」『東洋音楽研究』七二号、二〇〇七年。

11 王耀華『中国の三弦とその音楽』第一書房、一九九八年。

12 前掲注11。

13 前掲注11。

14 『糸竹初心集』（一六六四年）に、石村倹校という琵琶法師が永禄の頃、琉球へ渡り、小弓という三絃の楽器を見つけて持ち帰り、これを三味線に改良した、とある。

15 池宮正治「歌道要法琉歌集――解説と本文」『琉球古典音楽当流の研究 安富祖流絃声会六十年記念誌』一九九三年。

16 尚家文書八一『冠船躍方日記』那覇市歴史博物館蔵。

17　池宮正治『近世沖縄の肖像　上―文学者・芸能者列伝―』ひるぎ社、一九八二年。
18　金城厚「「冠踊躍」とは何か―冊封使録から見る琉球舞踊の成立―」『沖縄文化』一一五、二〇一四年。
19　筆者は、二〇一〇年に沖縄県立博物館・美術館が開催した特別展「中国・北京故宮博物院秘蔵　甦る琉球王国の輝き」に陳列された際に実見した。京都大学の岩井茂樹氏のご教示によれば、『中山伝信録』（清刊本）の見返しの記載により確認できるとのことだった。
20　麻生伸一・茂木仁史編『冊封琉球全図―一七一九年の御取り持ち』雄山閣、二〇二〇年。
21　以下は『冠船躍方日記』の記事による。以下に翻刻がある。板谷徹編『尚育王代における琉球芸能の環境と芸能復元の研究』沖縄県立芸術大学音楽学部板谷研究室、二〇〇八年。
22　正殿の一階部分。国王臨席の会議・儀礼等が行われる。
23　南殿の後方にあり、王子や閣僚クラスの高級官僚が日常の執務を行う場所。
24　金城厚「琉球の外交儀礼における楽器演奏の意味」『ムーサ』一四、二〇一三年。
25　池宮正治「〈資料紹介〉儀衛正日記」『日本東洋文化論集』一、一九九五年。
26　王耀華「『江戸上り史料』中の五曲の源流を探る」御座楽復元演奏研究会編『御座楽の復元に向けて―調査と研究―』二〇〇七年。
27　御庭楽についての具体的な議論は近年に始まった。初めて問題としたのは内田順子である。「近世琉球の中国系音楽『座楽』に関する一考察」『沖縄文化』七九・八〇、一九九四年。
28　尚家文書一四二『冠船御礼式日記』那覇市歴史博物館蔵。
29　山内盛彬『山内盛彬著作集』沖縄タイムス社、一九九三年。
30　池宮正治『近世沖縄の肖像　下―文学者・芸能社列伝―』ひるぎ社、一九八二年。

31　池宮正治「歌道要法琉歌集―解説と本文―」安富祖流絃声会記念誌編纂委員会編集『琉球古典音楽当流の研究―安富祖流絃声会六〇周年を記念して―』一九九三年。

32　新城亘「『屋嘉比朝寄工工四』再考」『沖縄文化』一〇七、二〇一〇年

33　比嘉実・仲程昌徳「収録文献解題」『南島歌謡大成Ⅱ沖縄編下』角川書店、一九八〇年。なお、琉球大学図書館における現在の史料名称は「工工四（屋嘉比朝寄）」となっている。

34　筆者よりも先に実見した日本音楽史の蒲生美津子氏は、「髪の毛がいっぱい挟まっていて不思議だった」と述べておられた。

第二部　音楽の理論

第七章　琉球音階とアジアの文化

「三線音楽に理論があるんですか！」と驚きをもって返されたことがある。私が名刺を差し出して自己紹介をした相手からである。「三線はただ弾いているだけかと思って」いたという。あながち誤解とも言い切れない悔しさがある。熱心に民謡や古典音楽に取り組んでいる人は多いが、理論を考えたことがある人は少ないのではないか。

音楽理論というものは分かりにくいものである。数学的な発想を含むので、空虚な抽象論のように思われがちである。しかし、理論を現実の音楽に適用しようとすると、必ず、拠って立つところの文化の問題や民族性の問題に突き当たる。音楽理論は、結局は文化論なのである。私たちは（日本人は／ウチナーンチュは）なぜ他の人々とは異なる音楽を好むのか、という問いを自らに向けたとき、あるいは、演奏実践の現場で、楽曲をその背景にある深い意味で捉えようとしたとき、音楽理論はそれを考える道筋を用意してくれる。

本章とそれに続く二つの章は、琉球音楽を音の高さの秩序と時間の秩序という、音楽の二つの理論的側面から考える。ここでの議論は、現在に伝わっている琉球の各島々の民謡、および王国時代からの伝統を持つ琉球古典音楽すべてに基づいており、これらに共通する理論的基盤を解明することにより、琉球の、あるいは現代の沖縄に暮らす人々が持っている独自の音楽性を明らかにしようとする試みである。同時に、それらが次代の沖縄音楽を新しく創造していくための手段をも示唆していることに気付いていただきたいと思う。音楽理論は実践から生まれ、実践を作りだしていくのである。

一　日本音楽の音組織

琉球の音楽を最も特徴付けている音組織は、琉球音階（ドミファソシド）である。ただし、ここにドレミ……と書いたのはあくまで便宜的な表記手段であり、実際の音組織は西洋音楽の音程とは大きく異なる。特徴的な箇所で言えば、「シ～ド」の音程は洋楽の半音よりもかなり広い。「シ」はおおむね三五セントほど低い。この差、三五セントは、半音のさらに三分の一ほどのわずかな音程だが（半音は百セント）、音楽的にはとても大きな違いで、沖縄音楽が沖縄音楽らしく聴こえるためには欠かせない音程である。「ミ」も同じくらい低いことがある。また、曲種によっては「ファ」が同じくらい高めに上がる場合もある。しかも、一曲の中で旋律の文脈によって変化することさえある。[1] こうした音程の綾の使い分けを理論的に整理することによって、琉球音楽の演奏は、しっかりとした様式感を生み出すことができるのである。

琉球の音楽にはこの他に、律音階（ファソシ♭ドレファ）、呂音階（ドレミソラド）がある。また、琉球音階には二種類あって、四度核系琉球音階と五度核系琉球音階とがある。

これらの音階を区別するカギは、「核音」という重要な支えとなる音がどこにあるかを確認することにある。核音というのは、①音高が明確に安定しており、②旋律の最後の終止音になる音のことをいう。この二つが核音を見極める必要条件と言って良いだろう。西洋音階の「主音」とは異なり、核音は一オクターブ内に複数個あるのが特徴である。実際の旋律は、さまざまな音が核音の間を埋めるように、また周囲を徘徊するように連なって形成される。

核音の考え方は、小泉文夫の『日本伝統音楽の研究Ⅰ』[2]において提唱され、民族音楽研究者の間に広まっ

た。小泉理論の特徴は、核音が完全四度の音程で旋律の枠組み「テトラコルド」[3]を形成すること、日本音楽にはこのテトラコルドが四種類あること、同種または異種のテトラコルドが二つ以上連なって、さまざまな音組織を作り上げていることなどである。とりわけ、同種のテトラコルドを二つ連ねた音階四種類を日本音楽の音階の典型として示した。この理論は日本音楽研究の分野では定説と言ってよいだろう。

小泉の音階論は、日本音楽の音階の中に琉球音階を含めているところに、理論的にも文化史的にも重要な意義がある。というのは、完全四度離れた核音の間に中間音を置こうとすると、音程として四つ（短二度、長二度、短三度、長三度）あり得るが、それらすべてを網羅すると前述の四種類の音階になる。つまり、本土には見られない琉球音階も日本音楽の枠組みに含めることにより、小泉理論は理論的にきわめて整合性のとれた体系となっている。琉球音階は、日本音楽の理論体系にとって不可分の一部と位置づけられたのである

小泉理論が発表された当時、「琉球」は日本ではなかった。もちろん、一八七九年以前も日本ではない別の国家として中国や日本と外交関係をもち、江戸幕府からも異国として認識されていたのだが、近代国家の誕生に伴って、日本の中に呑み込まれてしまったという歴史がある。

しかも、一九四五年以降は第二次大戦で日本が敗れた際の戦利品として米軍に引き渡され、以後二七年間米国の統治下にあって、日本国ではなかった。[4]

一九五〇〜六〇年代の「琉球」は、日本ではない、忘れられた島々であった。日本本土で生まれ育った筆者も、同級生から「沖縄の人たちは日本人なの？」とか「英語しゃべってるのか？」といった質問を何度か浴びせられたものだった。

そのような時代に、小泉が沖縄の音楽を日本音楽の理論体系の中に位置づけたことは、近代思想史の上でも意義があると考える。かつての先人たちの研究は、琉球の音楽を日本音楽史の外に置いたものだったが、[5]政治的には長く異国であったとしても、文化的には日本文化の一部として捉えることができるという位置づけが、小泉の民族音楽学的研究の成果として示されたのである。もちろん、沖縄文化（音楽）がきわめて異質な色彩を放っていることは言うまでもない。しかし近年は、その文化を研究すればするほど、沖縄と本土の境目を明らかにすることが難しくなることに、多くの民俗研究者が直面している。

むしろ、私たち日本人は、日本文化がいかに多彩であるか、いかに多くの個性に満ちあふれているか知るべきである。琉球の音楽は、日本文化の中の個性あるひとつなのである。琉球音楽を日本文化の中に含めることによって、日本文化の理解自体が豊かなものになる――これが私が小泉の音階理論から学んだ琉球文化の文化史的意味である。

附言すると、日本文化の広がりの中に琉球・沖縄を位置づけようとする傾向は、一九五〇〜六〇年代の日本の人文系研究者の間に多かったと思う。これは前述の社会情勢の反映でもあったと考えている。逆に、一九八〇年以降は琉球・沖縄の文化をアジア的視野で位置づける流れが生まれる。後述する小泉の「爆弾発言」もその一つである。その意味でも、小泉の音階論は、近代思想史上の事件であった。

二　琉球音階論争

小泉の音階論を継承発展させたのは、日本音楽研究を代表的する小島美子であった。一九七〇年代において、小島は、沖縄音楽の全容について実証的に語ることの出来た唯一の研究者でもあった。米軍占領下の一九六〇年代から復帰後の七〇年代にかけて沖縄各地を精力的にフィールドワークした小島美子は、琉球音階と律音階が各地域の民謡の中にどのように分布しているか、どのような音楽ジャンルに偏っているか、いないか、調査データに基づいた研究を進めていた。

調査の結果、琉球古典音楽や一般に知られた民謡では琉球音階が圧倒的だが、島々に伝わる古い音楽を見ていくと、田舎の方へ行くほど律音階が多く、しかも、律音階は九州、そして本土にも広がっていることがわかった。そこで小島は次のような図式を主張した。

もともと、古くから律音階が日本列島全体に広まっていて、日本文化、琉球文化の基層となっていた。その上に、沖縄本島の首里を中心とした琉球音階が北の奄美へ、南の宮古・八重山へと広まったと。そして、本土・九州の方には琉球音階とは異なる色彩の民謡音階が広まっており、奄美諸島の南半分（沖永良部島以南）と、北半分（徳之島以北）との間にそれらの分布の境界線がある。[6]……この図式は、琉球の島々を現地調査して収集したデータにもとづく立論であるから、説得力がある。

この小島説に飛びついたのが、沖縄文学研究の重鎮であった外間守善だった。外間は、オモロやクェーナをはじめ、島々に伝わる古謡を母胎として琉歌が生まれ、広まった、という説を唱えていたので、小島説は外間自身の説く文学研究での琉歌起源論の図式を民族音楽学研究の側から補強していると考えて、これを大いに歓迎した。

一九八二年の春、沖縄県の復帰一〇周年記念の年に、外間は法政大学で「沖縄文化の源流を探る」というシンポジウムを企画した。そこで外間は、民族音楽学者として当時人気の高かった小泉文夫を東京で開いたシンポジウムのパネリストに招いたが、そこで、小泉はとんでもない発言をしてしまった。曰く「琉球音階の方が、律音階よりも古い」と。

この発言に色めき立った外間守善は、琉球文化圏において、琉球音階と律音階のどちらが古いか、どちらを基層の要素と考えるかは、琉球文化の起源の解明に関わる大問題だと発言し、あらためて翌一九八三年の六月に、那覇に小泉を呼んで、さらに他の民族音楽研究者も加えたシンポジウムを企画した。

この席で、小泉は前年にもまして琉球音階の古さを強調し、琉球音階はかつてはアジア・太平洋の広い地域に分布していたと考えられることを述べ、ポリネシアやチベットの山奥で録音したという音楽を紹介した。[7]これには小島も後日、少し反論を書いたのだが、このシンポジウムの直後に小泉が病没したので、琉球音階と沖縄文化の基層をさぐる議論は、宙に浮いたまま沙汰止みとなってしまった。

小島説は、琉球文化圏全体にわたるフィールドワークを根拠にしているので、否定することはできない。一方、小泉説は、沖縄音楽の具体例には触れずに、むしろアジア各地でのフィールドワークを根拠に、類比的に沖縄に言及している。もちろん、小泉自身が〝受け狙い〟で発言した側面もあるが、[8]両説が微妙に噛み合わない原因のひとつはこの対象の齟齬にある。しかし、アジア的視野で「琉球」を語るべきだという小泉の最後のメッセージは看過するわけにはいかないだろう。

三　もうひとつの琉球音階

古典音楽曲の音組織

筆者はその後、両見解の交通整理を試みた。[9] その結果、琉球音階が実は二種類あることに気付いた。もしかすると、小島説も小泉説も、両者とも正しかったと言えるかも知れない。

小島は、文化の基層にあると思われる民俗的な音楽、つまり島々の古老が歌い伝えている民謡に軸足を置いた調査を続けてきたが、筆者は対象を変えて、琉球古典音楽（歌三線音楽）のレパートリーを中心に、音組織を洗い直してみた。[10] すなわち、小泉文夫の音組織論の方法と同じく、メロディーが終わる音、終止音はどれか、という切り口で琉球古典音楽のレパートリー全体を再調査してみた。

その結果、琉球古典音楽のレパートリーは、いわゆる琉球音階「ドミファソシド」の第一度から第八度までの六個のうち、第一度、第三度、第四度で終止する曲に三分されることがわかった。

テトラコルドの理論では、核音は完全四度の音程を強固に形成するので、第四度がきわめて安定する。これに基づけば、旋律は第一度か第四度に終止するはずだが、琉球古典音楽について調査した結果では、必ずしもそうはならずに、第三度に終止している曲もかなりあることがわかった。そもそも、核音ではない音は不安定な音であり、終止音になるこ

2-5　古典音楽曲における終止音の傾向

31%	11%	43%	8%	3%	5%
第一度	第三度	第四度	第五度	第七度	その他

とはないから、第三度で終止する曲がかなり存在するという事実はテトラコルド理論と矛盾する。むしろ、全く異なる形成原理でできた音組織グループがある、ということになる。

では、どういう曲が第三度で終止するのだろうか。観察したところ、まず、テトラコルド理論どおりの第四度終止は圧倒的に多く、〈かぎやで風節〉や〈恩納節〉など、「御前風」と通称される一般的な祝賀の曲に極めて多く見られた。一方、これと矛盾する第三度終止は比較すると少ないものの、「作田節」や「諸鈍節」など、「昔節」と通称される重厚な大曲に多く見られた。これらの曲ではいずれも第四度の音がほとんど使われておらず、第三度終止がよく見られる。そのうえ、第七度で終止音する楽句も頻出する。

第四度終止と第三度終止は、理論的には真逆の性質を持っており、しかも「御前風」であるとか「昔節」であるとかいった曲柄に対応しているので、これは異なる系統の音組織と考えるべきである。結論的に言えば、琉球の音楽には「もうひとつの琉球音階」があると考える。いわゆる琉球音階（ドミファソシド）には、四度核系琉球音階（核音がド～ファ）の他に、五度核系琉球音階（核音がミ～シ、またはド～ソ）の二つがある。

四度核系の音組織

四度核系琉球音階の核音は「ド～ファ」で、その典型は〈かぎやで風節〉である。この曲の三線演奏は、二拍子の前拍（一拍目）が必ず開放弦を中心とした核音となる。他方、後拍（二拍目）は指圧音を中心とした中間音となる。小泉の理論そのままの音楽構造をもっている。同時に、琉球音階には無いはずの音「レ」が頻出するのも大きな特徴である。しかし、この「レ」は原則として下行して「ド」に進行する。これは律のテトラコルドの動きを借用しているものと考えられる。

小泉の音組織理論では、一般に、譜例二―一～四に示したようなテトラコルドを連ねてできる音階の間では、核音が共通するので、音組織の変換・移行が起こりやすい。四度核系琉球音階では、低音域に「律音階」を借用した形が頻出する。とりわけ御前風と呼ばれる祝賀の曲群は、ほとんどがこれにあたる。

律音階は九州の民謡にもしばしば見られるので、律音階からの借用を多用する四度核系琉球音階は、本土とのつながりを感じさせる。そもそも、〈かぎやで風節〉は「返し」と呼ばれる独特な下句二重反復の形式になっている。これは琉球古典音楽では珍しい形式だが、奄美諸島の民謡にはきわめて多く、九州地方の祝い歌にもしばしば登場する。この点でも、〈かぎやで風節〉は本土方面とのつながりが深いと思われる。

五度核系の音組織

五度核系琉球音階は、「昔節」のような重厚な曲群に見られるが、一方で、軽快な民謡曲にもよく登場する。核音は「ミ〜シ、時にド〜ソ」が基本だが、これが重なって「ド・ミ・ソ・シ・レ」という三度堆積型の音組織になることがある。とりわけ、「ファ」は無かったり、経過的で不安定となる。

一方、宮古諸島、八重山諸島の民謡では、呂音階がきわめて特徴的である。よく知られた〈安里屋ユンタ〉の旋律も呂音階である。宮古・八重山諸島には、呂音階をベースとして、琉球音階が上層に薄く広まっているということができる。小島美子氏が主張した「宮古・八重山諸島の基層にある律音階の変種」とは、この呂音階のことである。[11]

八重山諸島のアヨウと呼ばれる古くからの祈り歌の中に、興味深い現象がある。同じ系譜の曲が、集落によって異なる音組織で歌われているのである。そのひとつ、「家造りのアヨウ」は、家を新築した祝いの儀式で歌われる。歌詞も旋律もよく似ていて、歌う場、目的も一緒なので、もともと同じ歌だと言えるが、聴き比べると、異なる音組織で歌われている。波照間島の伝承では、「ドレミソラド」という八重山地方に非

2-6　五度核系琉球音階

2-7　四度核系琉球音階

2-8　呂音階

2-9　律音階・民謡音階

常に多い呂音階で歌われるが、鳩間島の伝承では、「ミファソシドミ」という五度核系琉球音階に近い歌い方になる。

黒島の「種取り道アヨウ」と石垣市大浜の「種取りの道歌」も、同じく秋の種取り祭で歌われる同系のアヨウだが、黒島の伝承では呂音階で、大浜の伝承では五度核系琉球音階に近い歌い方になる。同じ歌が、伝承地によって呂音階でも、五度核系琉球音階でも歌われるので、両者は伝承・伝播の過程で入れ替わり得る関係にあると言える。

このような音組織が変化していく現象は、沖縄諸島でも、奄美諸島でも、そして本土の関西や関東でも、それぞれ別の音組織の組み合わせではあるが、一般的に観られる。琉球音階が民謡音階に似てきたり、律音階の歌が都節音階に変化したり（いわゆる陰旋化など）する場合がある。おおむね共通する特徴は、核音は変わらないものの、その中間にある音の音程が微妙に高かったり低かったりすることにより、別種の音組織に近づいていくのである。

こうした音組織の変化も、理論的に説明される必要がある。音組織を観察するときの最も重要な切り口は核音である。核音は安定しているので、簡単に音程が変化することはないが、中間にある音は不安定なので、さまざまな周囲の文化環境によっても変化しやすい。

ここでは、完全四度の核音が旋律を支えている音組織を「四度核系」というグループに置き、完全五度の核音が旋律を支えている音組織を「五度核系」というグループに置く。さらに、各音の間の音程が比較的均等に並ぶ傾向と、偏って不均等な傾向とに分ける。

前頁の図は、各種の音階の関係を表している。右側は四度核系の音階で、上段の琉球音階は半音に近い「狭い音程」と、長三度に近い「広い音程」が特徴的である。これに比して、下段の律音階・民謡音階の場合、核音は同じ四度だが、中間音の位置が異なり、ほぼ長二度と短三度だけで、全体的に音程が均等に近くなる。沖縄本島北部で歌われている歌では、琉球音階の中間音が低くて、民謡音階と区別がつきにくい事例もある。右はどちらも四度系なので、四度核系琉球音階と律音階、民謡音階は入れ替わることがある。

図の左側は五度核系の音階で、上段の琉球音階は「広い音程」と「狭い音程」に偏っているが、下段の呂音階は音程の差異が小さく、均等に近くなる。しかし、前記の八重山のアヨウのように、五度核系琉球音階と呂音階の違いがきわめて小さく、地域性によって移行することがある。左側はどちらも五度系なので、五度核系琉球音階と呂音階は入れ替わることがある。

音組織の系譜と文化

さて、ここで、小島説と小泉説とが対立した琉球音階論争をもう一度振り返ってみたい。それは、琉球・沖縄文化にとっては、「琉球音階」と「律音階」のどちらが古いのだろうか、琉球の音楽文化の基層にある要素はどちらの音組織なのだろうか、という論争であった。答えは、どちらも古い、と言うしかない。

両説ともに、「律音階」としか呼ばなかった音組織に、実は四度核系の「律音階」と五度核系の「呂音階」があることについて、両説は区別せずに混同して語っていた。また、「琉球音階」なるものが一つという前提に立って議論していた。しかし、小島説のいう沖縄諸島の「琉球音階」は、四度核系の琉球音階ではなかったかと考える。また、小泉説のいうアジア各地にあるという「琉球音階に似た音組織」は、小泉が講演の際に紹介した曲例を聴いた限りでは、五度核系琉球音階に近い音の動きが感じられた。ここでも、二つの異なる原理によって形成されている音組織が混在していたと考えられるのである。それゆえ、両説は噛み合うこと無く、放置されるしかなかったのである。この論争の決着のためには、こうした前提となる音楽理論研究をもっと積み重ねる必要があるだろう。

本節が試みたように、音組織を音列からではなく、核音から観察することによって、異なる形成原理が見えてくる。その結果、音楽理論研究は文化を考えることに行き着くのである。すなわち、律音階とよく馴染む四度核系琉球音階は、〈かぎやで風節〉のような「御前風様式」に圧倒的に多く使われ、奄美、九州との関連性が色濃い。また、呂音階とよく馴染む五度核系琉球音階は、〈首里節〉のような「昔節様式」に特徴的で、沖縄諸島や宮古・八重山諸島の民謡にも多くみられるほか、中国音楽との関係性も浮かび上がる。これをあえて単純化して言えば、北方系と南方系のような琉球音楽の系譜の多源性として考えることが出来るかもしれない。

現段階では琉球・沖縄音楽の源流はどこにあるか、という問いに、一つの答えを返すことはできない。いくつもの多様な源流がある、と答えたい。それは、琉球文化が本土から移り住んできた人々によって形成されたのか、南方から移り住んできた人々によって、あるいは中国から移り住んできた人々によって形成されたのか、という問いと同じだからである。

第八章　歌詞配分と楽式

沖縄には庶民の日々の暮らしに結びついた民俗的な音楽があり、王国の宮廷生活に由来する古典的な音楽があり、近代の商業経済と結びついた大衆的な音楽がある。そういった多様な音楽がありながら、すべてに通底する〝音楽の仕組み〟がある。素朴な祈り歌にも、技巧的な大曲にも共通する〝表現のかたち〟がある。それらを支えているのは、コトバ、歌詞であった。歌詞を基準に旋律を分析したとき、沖縄音楽の〝表現のかたち〟が見えてくる。

一　歌のはじまりと展開[12]

節片だけの曲

おそらく琉球音楽の中でもっとも小さな旋律は、大宜味村喜如嘉に伝わる祈りの儀式歌〈柴差〉である。「柴差」とは旧暦八月の物忌み行事の名称で、ススキなどを結んで門や屋敷内各所に差す。元来八月は農耕暦の変わり目としての新年にあたるといわれ、これとの関連も考えられるが、この行事で歌われる〈柴差〉の歌詞の内容は、沖縄島の始まりを歌ったいわば創世神話である。

〈柴差〉

1 むかしぬ
2 あまみくが／3 しぬみくが
4 きざしや
5 くにたてぃら／6 しまたてぃら
7 みそーりば
8 しまじりん／9 うつぁがとい
10 たぶみつい
11 くんがみん／12 うつぁがとい
13 たぶみつい
14 にしぬすーや／15 ひがくいやい
16 ひがぬすーや／17 にしくいやい
18 ぐそうだん／18 かたれみそーち

昔々の、
アマミ人が、セノミ人が、
始まりは、
国を建てようと、島を建てようと
なさったので、
島尻（沖縄南部）も浮き上がっている。
国頭（沖縄北部）も浮き上がっている。
西の潮は、東に越えていた。
東の潮は、西に越えていた。
（神々は）ご相談、語り合いなさった。

〈柴差〉の歌詞は概ね五音の句だけでひとつの旋律周期をもって繰り返されている。全体では六〇節もある長い歌詞だが、音楽は四拍程度のひじょうに短い旋律が何回も何回も繰り返されるだけという、まことに単純で冗長な構造である。これは琉球音楽のなかで、もっとも小規模な楽曲と言える。これよりも短い旋律の曲は存在しない。このような五音（字）の歌詞から成る二小節四拍程度の旋律単位を「節片」と呼ぶことにする。

♩= 66 ［実音］単三度低い

1. む ー ー か し ぬ ー
2. あ ま ー み く が ー

2-10　柴差　大宜味村喜如嘉

琉球の音楽構造の出発点となるのはこの節片である。節片は、旋律的に意味のある最小の単位であり、これが複数連なることにより、より大きな楽曲を組み立てていく。

五五音対称型の楽節

節片は、二つ連なることにより、より大きな次の段階へ成長する。名護市辺野古の「六月ウマチー」は、地元の呼称にもかかわらず、その実態は航行の順調や魚の豊漁を祈る典型的な海神祭である。ここで歌われる〈海ウムイ〉は、対句の多い五音の繰り返しだが、歌い出しの高さが異なる二つの節片が前後に連なって、一つのより大きなまとまりを形成している。すなわち、歌詞が五音＋五音（合計一〇音）で一周期となるフレーズが完成する。これを「五五音対称型」と呼ぶ。

〈海ウムイ〉（名護市辺野古）[13]

1 なぎだむとぅ　2 しぎだむとぅ　神の御座所に　神の御座所に
3 あやぬむしる　4 やなみへてぃ　綾の筵を　八列も敷き延べて
5 とぅなみへてぃ　6 わいきやに　十列も敷き延べて　男達に
7 うがまらど　8 きどぅららど　拝まれるよ　手を合わせられるよ

〈海ウムイ〉の旋律は、前節片の歌い出しに対して後節片は短三度低く歌い出す。いずれも後半は同じ旋律形なので、高低の一対で一周期の旋律をなす構造となっている。前

2-11　海ウムイ　名護市辺野古

項〈柴差〉のような節片だけの曲に比べ、旋律周期が倍の関係になっている。ここにはすでに最も原初的な楽式の発展がみられる。こうした二つの節片の結合により生まれる二倍の規模の旋律のまとまりを「楽節」と呼ぶことにする。

ここでいう節片は、西洋音楽理論の用語の「動機」と似ている。西洋音楽理論における「動機」は「最小の有機的単位」を意味し、通常は二小節とされているので、このウムイの例に限れば合致しているように見える。小泉文夫も日本音楽の基礎的構造を説明する際に「動機」の語を使用している。ところが、後述するようなより大きな規模の楽曲になったときに、琉球音楽では西洋音楽とはまったく異なる楽式拡大の方法がとられるので、用語概念の混同を避けるために、新しい用語「節片」を使用している。「楽節」もまた西洋音楽理論の用語であるが、ある程度の終止感を備えたまとまりという意味で類似しており、規模の大きな楽曲においても矛盾は起きないと考えられるので、そのまま使用する。

五五音連続型の楽節

五音＋五音の歌詞をよく見ると、五音どうしが対句関係にあるもの以外に、前半の五音と後半の五音とが主語・述語の関係や修飾語の関係にある場合がきわめて多い。国頭村比地の海神祭のクェーナを例示する。

〈辺戸ぬ岬〉（国頭村比地）

1　辺戸ぬ崎や　波荒さ　　　辺戸の岬は波が荒いよ。
　　エーヒヤラーへ　ヨーホナ（次節以降、略）
2　奥ぬ崎や　磯荒さ　　　奥の岬は磯が荒いよ。

3　磯荒さ　波荒さ　　　　　　磯が荒いよ、波が荒いよ。
4　アカキ山くまがやい　　　　アカキ山に踏み登って。

この歌の歌詞は、五音の句を二つ重ねたのち、ハヤシを加えてより大きな旋律周期を形成している。歌詞は第三節だけが「磯荒さ・波荒さ」と並列的な対句の関係にあるが、他はすべて「何はどうである」「何処にどうした」というように、主語述語の関係、または修飾語の関係によって文的に結合されているので、前項までの並列的な表現だけの歌とは区別され、旋律が長くなる。

五五音連続型の構造の特徴は、対称的構造から発しながらも、音楽的にも対称性を少しずつ崩してフレーズ（楽節）のまとまり感を強めていこうとする傾向が見られることである。

五四音連続型

沖縄や八重山の素朴な歌を観察していくと、これまでに見てきた五音ばかりの節片ではなく、後節片が一字減った五四音連続型の楽節がきわめて多いことに気がつく。前節片は五音、後節片が四音で一句となるが、両者間に対句は無く、すべて「何の何々が」「誰が何した」「何をどうした」というように、主語述語の関係、または修飾語の関係によって文的に結合されている。このうち、後節片の字数は、三音から五音の間で揺らぐことも少なくないが、前節片の五音は安定して変化し

2-12　辺戸ぬ岬　国頭村与那

ない。国頭村与那の海神祭のウムイ〈あかむやー〉を例示する。

〈あかむやー〉（国頭村与那）

1　エーあかむやーが　あるひさ　　アカムヤーという男がいた
2　エーむかししてぃ　とぅじぬ　　昔別れた妻が
3　エーかみあしび　ぎれたりば　　神遊び（祈りの踊り）をしていると
4　エーとぅじぬすり　とぅてぃふぃく　　妻の袖を取って引っ張る

五四連続型は、前後の節片が音数の面で非対称となるとともに、旋律の形も非対称となり、一楽節全体でのまとまり感、すなわちフレーズ末尾の終止感が強まっている。

大楽節の形成

平安名の〈正月グェーナ〉は新年に歌われる祝いの歌である。沖縄の民俗において、新年を迎えることは若返ることだとされている。蝦や蟹などは年を経るごとに脱皮してより大きな新しい殻を得るので、これとのアナロジーで、新年を迎えるごとに若返ると考えるのである。〈正月グェーナ〉の歌詞は、多くの節で五音＋四音の節が二節で対句となっている。旋律の対称性も見られ、前半は上行、後半は下行となっている。

♩= 60　[実音]全音低い
1. エ　あ か む ー　や ー が ー　あ る ひ ー ー さ

2-13　あかむやー　国頭村与那

〈正月グェーナ〉（うるま市勝連平安名）

1 ばまぬめーぬ　がにぬくー
浜村の海辺にいるカニの甲羅は

2 ひじゃぬめーぬ　いびぬくー
比嘉村の海辺にいるエビの甲羅は

3 がにぬくーんどぅ　しでぃる
カニの甲羅は脱皮して若返る

4 いびぬくーんどぅ　しでぃる
エビの甲羅は脱皮して若返る

5 しじゃぬしどぅ　ぬーしでぃる
人間はどのようにして若返るか

6 みきむえる　しでぃる
神酒をいただいて若返る

7 さきむえる　しでぃる
酒をいただいて若返る

8 あちゃんもり　みきむら
明日も来なさい、神酒を盛ろう

9 あさてぃんもり　さきむら
明後日も来なさい、酒を盛ろう

次の粟国村浜の〈正月グェーナ〉も新年祝いの歌で、旋律の前半は上行、後半は下行という対楽句の動きが認められる。

〈正月グェーナ〉（粟国村浜）

1 しょうがちぬ　はじみど
正月の初めだ

ぬがわじょや　どしょみく
何事であるか、わが家の門口が騒がしい

2-14　正月グェンナ　うるま市勝連平安名

2 たらくむどぅ　までぃむんど
ひじゃうみぬ　いびぬくー
3 いびぬくーん　しでぃけりよ
うりゆいん　うにげど
4 みいどしぬ　うにげど
ぬがわじょや　どんみく
5 じんぐむどぅ　ゆしゆんど
にしうみぬ　がにぬくー
6 がにぬくーん　しでぃけりよ
んみんぐぁはんじょう　でぃきらしよ

米俵を積み上げているよ
東の海のエビの甲羅
エビの如く脱皮せよ
そういうわけのお願いだ
新年のお願いだ
(同左)
銭俵を寄せ集めているよ
西の海のカニの甲羅
カニの如く若返れ
子孫繁栄させてください

両者は、歌詞の内容や旋律の形は似ているが、歌詞配分の観点から見ると、少しながら構造が異なる。歌詞の五音＋四音の楽節は上行するが、さらに五音＋四音の楽節が続いて下行して、ようやく一周期の旋律となる。ここでは、歌詞の五音＋四音がふたつ、すなわち楽節二つに対して一周期の旋律が対応する。しかも、前半の楽節と後半の楽節とが対比的であるので、これらの二つの楽節が組になって「前楽節・後楽節」を形成していると言える。そこで、粟国のクェーナのひとふしは「大楽節」から成っていると言うことが出来る。

♩= 104 ［実音］半音高い
1. しょ ー が ー ち ー ぬ は じ み ー ー ど
み ー どぅ し ー ぬ う ー に げ ー ど

2-15　正月グェーナ　粟国村浜

まとめ　楽節構造の発展

沖縄諸島の村々に伝わる素朴な民謡を観察していくと、5音（字）だけの歌詞で作られる最小単位の節片が二つ集まって楽節を形成し、楽節が二つ集まって大楽節を形成する、という二元的な構造を見いだすことができる。この大楽節がさらに二つ集まると、後述する「楽段」という大きなまとまりを作るが、これが琉歌形式になっていくと考えられる。すなわち、琉歌形式の形成は、ウムイやクェーナの音楽的発展の延長線上に考えられるのである。

また、この構造は、宮古諸島や八重山諸島の民謡にも非常に多く見いだすことができる。第一一章で紹介するユンタの多くが五＋四音の句を対句にして延々と歌い連ねる叙述法を使っている。このとき、五＋四音の歌詞による前楽句の旋律が上行し、同様の後楽句の旋律が下行することによって対楽句を形成している点が、ここに述べた粟国の〈正月グェーナ〉と同じ楽式構造と言える。

と同時に、八重山独特の特徴もある。極めて多くのユンタは三楽句構成となっているのである。ユンタでは、前楽節が上行するのに対し、後楽節が下行し、その後に上行と下行を含む第三の楽節「ハヤシ楽節」があって、これで旋律の一周期を成す。四句体の琉歌を中心とする沖縄諸島の民謡は基本的に偶数の句数だから「対」の構造が全体を支配しているが、八重山の民謡・節歌はハヤシ楽節が加わった奇数の句数だから、節ごとの終止感がより強いようにも思える。

この違いは、琉球舞踊と八重山舞踊との違いにも関係している。古典的な琉球舞踊では、音楽における楽節ごとの「対」の関係が、踊り手の歩み方、すなわち動線における「行く」と「戻る」という「対」の関係で対比される。[14] ところが、八重山音楽は三楽句構造なので、八重山舞踊では「行く」と「戻る」以外にもう一つの動線が加わることになる。ここが八重山舞踊作品の重要な構造的特徴になっている。

二　琉歌形式と音楽

琉歌形式とは

沖縄諸島の古典的な歌曲、または世俗的な歌曲で歌われる歌詞のほとんどは琉歌形式、すなわち八八八六の音数から成る詩形に基づいている。琉歌形式以外にも七五調の口説形式や、神歌などの古い形式の歌謡、宮古・八重山諸島の民謡には五四調の詩形もあるが、沖縄じゅうの人々に親しまれ、沖縄固有の詩形である琉歌形式は最も優勢で重要な詩形である。琉歌形式は四句から成り、その構成単位である一句は八音で、最後の句のみ六音となる。八音を三句続けてから六音を加えるので、沖縄では琉歌のことを「さんぱちろく」と俗称している。

琉歌形式を文的に区分すると、意味上（主として文節の切れ目が）、五音と三音に分けられるが、その順序が五＋三になるときと、逆に三＋五となるときがある。

注意すべきことは、琉歌一句の八音を四＋四で構成してはいけない、という点である。四＋四の句は、和歌の七音（三と四）の三音が字余りで四になったものである。つまり、四＋四の句を使うと、そこだけ和文調になってしまうので、琉歌の様式感を損なうのである。また、後述するように、琉歌をフシにのせて歌うときは、一フレーズの前半に五音、後半に三音という構造になっているのだが、四＋四だと位置がずれてしまい、きれいに歌えなくなるのである。

琉歌の表現法

琉歌には典型的な修辞法がある。多くの古典的な琉歌では、上の句と下の句とで、意味が対比的になっている。一般的に上の句は自然、目に見える光景を描き、下の句は人事、心の思いを描く。例えば、有名な子守歌「てぃんさぐぬ花」では、上の句では花の色で爪を染める遊びの光景を描き、下の句では、親の言葉を肝に銘ずるよう諭している。このとき、「染める」という語を共有しており、暗喩（アナロジー）の技法を使っている。

次の例(1)では、上の句で遠望する風景、下の句で女性または子供に寄せる思いを描いている。例(2)では、上の句で鳥の行動、下の句で惜別の思いを描いている。いずれも共通する語を使って関連づけている。例(3)では、花をモチーフに、上の句で春先の川の光景、下の句で恋人への思いを描いている。

(1) 凪(とぅり)ぬ伊平屋岳(いひゃだき)や　浮上(うちゃ)がてぃどぅ見ゆる　遊でぃ浮上がゆる　我玉黄金(わたまくがに)

静かな海に遠望する伊平屋島は鮮やかに際立って見える。
踊る様子が鮮やかに際立って見えるのは私の大切な人（子）だ。

(2) 干瀬(ひし)に居る鳥(びとぅい)や　満潮(みちしゅ)恨みゆる　我身(わみ)や暁ぬ　鳥どぅ恨む

珊瑚礁の干瀬に佇む鳥は、満ち潮を恨めしく思うだろう。
私は暁の時（別れの時）を告げる鳥を恨めしく思う。

(3) 白瀬(しらし)走川(はいかわ)に　流り寄る桜　掬てぃ思里(うみさとぅ)に　貫ちゃいはきら

白瀬川の流れの水面に桜の花びらが浮かんでいる。

それを掬って、糸で貫いて大切な男の人の首にかけてあげよう。

いずれも、上の句と下の句がそれぞれ独立した文になっており、両者のある種の対立・対比の関係を作ることによって、深みのある表現を作りだしている。琉歌形式は、八音の句が二つで一つのまとまりを形成しているので、古典曲においても、上の句と下の句とで同じ旋律を繰り返す形式になっている曲が少なくない。琉球の歌謡の形式は、対句の形成から始まった。対句の形式形成力はきわめて強力で、そのままの対句でなくても、何らかの対比関係で偶数句を形成する傾向が、様々な歌謡ジャンルに貫徹している。しかしながら、こうした古典的な「自然と人事」という暗喩による対比構造も、琉歌が音楽構造と密着した関係から脱して、説明的な琉歌に展開していくにつれ、文学面でも二元的表現は希薄になっていったと考えられる。

歌詞配分リズム[15]

さて、一般に、琉歌形式の歌曲においては、ひとつの楽曲に対する歌詞の取り替えが日常茶飯に行われる。もちろん、悲哀を詠んだ歌詞の曲に諧謔的な歌詞をあてるようなことはあまり見られないが、似た傾向の内容であれば、文脈上関係ない歌詞を連ねることも、通常に行われる。

このとき注目すべきことは、歌詞が替わっても、詩形（音数）が変わらない限り、旋律上の同じ位置に歌詞（字）があてられることである。言い換えれば、歌詞の字を発音するリズム上の位置は、別歌詞の場合でも同じであり、使用される語彙の違いによって変わったりしない。歌詞の一字一字をあてるリズム上の位置というものは、形式的に、もしくは類型的に決まっている。

では、歌詞の字が置かれる位置はどのように決まっているのだろうか。

まず、琉歌形式の一句八音は、旋律の一楽節に対応している。一つの楽節に歌詞八音（字）が配分される。通常の民謡や早間の古典曲であれば、一楽節が四小節八拍くらいの長さとなる。このうち前半二小節に五音が配分され、後半二小節に三音が配分される。この前半二小節を「前節片」、後半二小節を「後節片」と呼ぶ。そこで、前節片に五音、後節片に三音が配分されることになる。また、最後の楽節のみ、歌詞が六音で二つ少ないので、前節片に五音、後節片に一音となる。また、六音のフレーズは二音足りないので、その分は休符になったり、囃子詞やかけ声で充填されたりする。

ここで、再び有名な子守歌〈てぃんさぐぬ花〉を例に観てみよう。琉歌の句には、意味の区切れ（例えば文節）からみると「五・三」の組み合わせ（例：てぃんさぐぬ・はなや）の他に、「三・五」の組み合わせ（例：うやぬ・ゆしぐとぅや）となることもある。しかし、その場合でも、音楽の旋律に対する歌詞の配分は、前二小節に五音、後二小節に三音を置く。また、最後の句（六音）でも、意味の区切れは「三・三」となるが、やはり前節片に五音、そして後節片には残りの一音を置くことになる。

最も重要なことは、「前節片には五音を配分する」という原則が変化しないということである。

歌詞の切れ目（文節）	音楽上の切れ目（節片）	大意
第一句　てぃんさぐぬ／花や	てぃんさぐぬ／はなや	鳳仙花の花は
第二句　爪先に／染みてぃ	ちみさちに　／すみてぃ	爪先に染めて
第三句　親ぬ／寄し言や	うやぬゆし　／ぐとぅや	親の言う言葉は
第四句　肝に／染みり	ちむにすみ　／り	心に染めなさい

では、この節片のなかで、五音や三音の歌詞はどのようなリズムで配分されるのだろうか。前節片では四拍に五音（字）を配分するので、どこかの一拍を細分して二音を詰め込む必要がある。この細分する拍は必ず前小節に生じ、それが前拍か、後拍かによって甲乙二種類の歌詞配分リズムが認められる。このリズムは、前節の神歌で観察した型と全く同じである。

一方、後節片においては、配分される音数が少なくて二小節四拍の中に三音しかないので、今度は逆に必然的にどこかに一拍の間が生じる。この間がどの位置にあたるかによって、後節片では四種類の歌詞配分リズムが可能である。このうち、前小節に二音、後小節に一音が配される場合をA、逆に前小節に一音、後小節に二音が配される場合をBとすると、次のように整理できる。

2-16　前節片の歌詞配分

甲　♪♪♩　｜♩　♩　｜～
乙　♩　♪♪｜♩　♩　｜～

2-17　後節片の歌詞配分

A１～｜♩　♩　｜♩　𝄽　｜
（前拍終止）
A２～｜♩　♩　｜𝄽　♩　｜
（後拍終止）
B１～｜♩　𝄽　｜♩　♩　｜
（後拍終止）
B２～｜𝄽　♩　｜♩　♩　｜
（後拍終止）

2-18　変位の例

𝄾♪♪♪｜♩.　♪｜～

上記２－16・17のように、前節片の甲乙二種と、後節片のA１～B２の四種とが組み合わさったリズムが、琉歌形式の一句八音に対応する歌詞配分リズムの基本形である。

この歌詞配分リズムは、実際の歌の中では様々な変形を見せるが、最も重要な変形は、歌詞の位置が半拍後方へずれる「変位」である。例えば、前節片乙型の冒頭には変位が起きやすく、前節片の最後の音にも変位が起きやすい。その結果、譜2－18のように琉歌の一句八音のうちの第四音（字）が相対的に長くなる傾向にある。

三　琉歌の音楽構造の基本形

さて、琉歌形式は四句体であるから、音楽的にも楽節が四つ結合して一曲を成す。そこで、旋律一楽節に対する歌詞八音（字）の配分だけでなく、四つの楽節相互の関係にも注目していきたい。琉歌形式では一般に、はじめの二句（八八）あるいは後半の二句（八六）それぞれで意味上のまとまりがはっきりしており、上の句、下の句と呼び分けることができる。

まず、二つの楽節によるまとまりは、楽節よりも大きな単位となるので、「大楽節」と呼ぶことができる。大楽節は、前楽節と後楽節の二つで形成され、琉歌形式の上の句もしくは下の句に対応する。このうち上の句の旋律を「前大楽節」、下の句の旋律を「後大楽節」と呼ぶ。そして、この前後二つの大楽節によるまとまりが、琉歌一首に対応する。これを「楽段」（一曲）と呼ぶことにする。

このような楽節の結合は、詩形との対応において、次の図式にまとめることができる。括弧内が対応する歌詞の部分名称である。

琉歌を歌詞とする歌は、子守歌であろうと、軽快に歌われる民謡であろうと、また、古典音楽の端正な〈かぎやで風節〉であろうと、長大な大昔節の〈茶屋節〉であろうと、すべて同じ原則が貫かれており、一二九頁のとおりに歌詞が配分されている。歌詞・琉歌の構造と旋律の構造とが一致しているということは、おそ

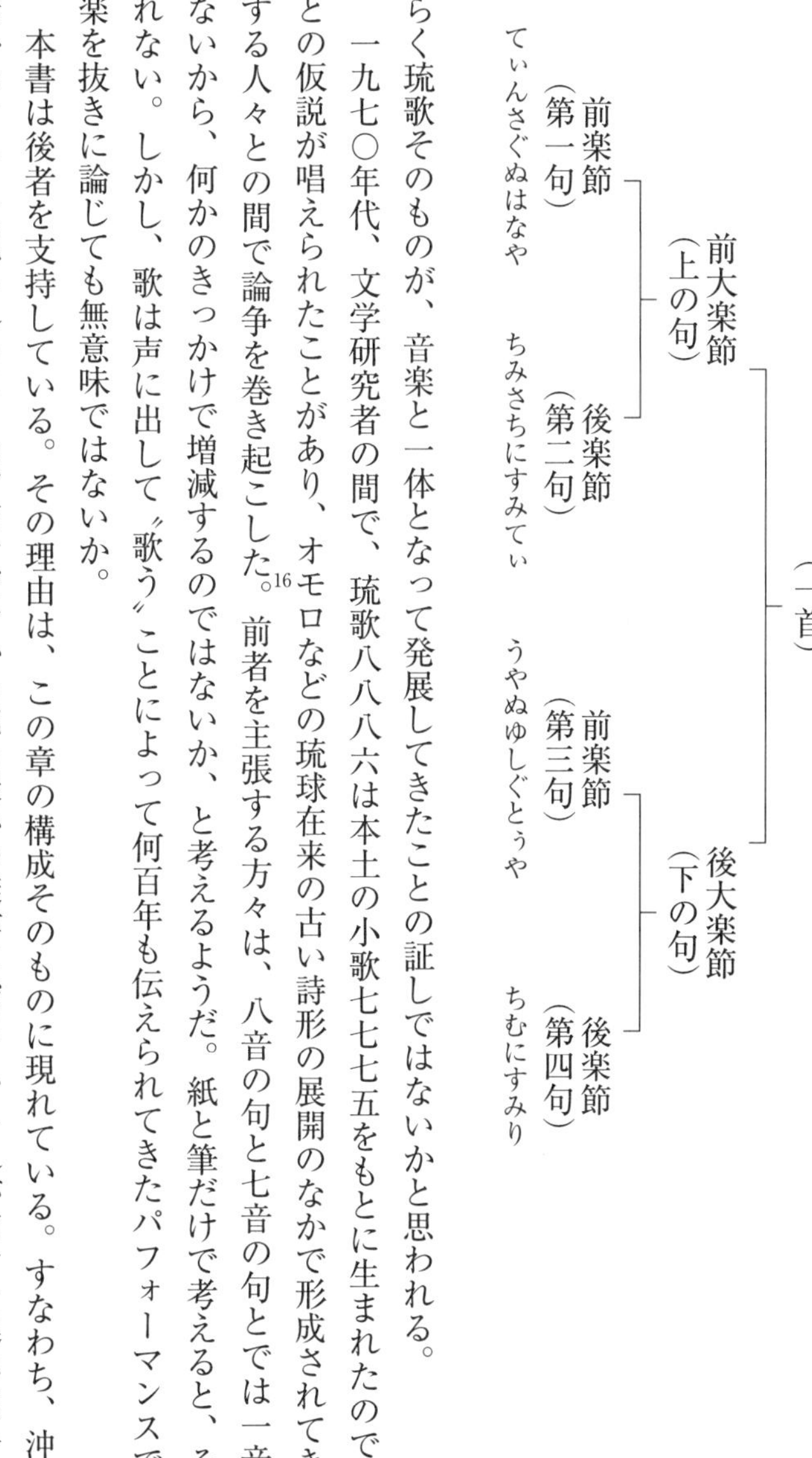

らく琉歌そのものが、音楽と一体となって発展してきたことの証しではないかと思われる。

一九七〇年代、文学研究者の間で、琉歌八八八六は本土の小歌七七七五をもとに生まれたのではないか、との仮説が唱えられたことがあり、オモロなどの琉球在来の古い詩形の展開のなかで形成されてきたと主張する人々との間で論争を巻き起こした。[16] 前者を主張する方々は、八音の句と七音の句とでは一音しか違わないから、何かのきっかけで増減するのではないか、と考えるようだ。紙と筆だけで考えると、そうかも知れない。しかし、歌は声に出して〝歌う〟ことによって何百年も伝えられてきたパフォーマンスである。音楽を抜きに論じても無意味ではないか。

本書は後者を支持している。その理由は、この章の構成そのものに現れている。すなわち、沖縄の歌は、素朴なウムイに見られるような、節片だけから成る最小の旋律に始まり、それが節片を連ねた五＋五音や五＋四音の楽節となり、さらに五＋三音の楽節となって、琉歌の八音のフレーズになった。ここまでの過程を通じて、後節片の音数は変化してきたが、前節片の五音だけは変わらず、歌詞配分のリズムパターンも基本原則から変化していない。つまり、琉歌の形式は沖縄の古来の詩形や旋律からの段階的な変化と洗練により生まれたものであり、また、民俗的な歌から古典的な大曲まで一貫した形成原理によっている。このことが、沖縄の音楽文化の大きな特徴と言える。

日本本土で生まれた小歌形式の形成原理は、これとは異なる。歌詞配分は、小泉文夫のリズム論で明示されたように、[17]七音を二つ連ねて一つの楽節を形成する。あえて言うならば、琉歌の八音のフレーズに対応するのは、小歌の七音ではなく、一四音のフレーズである。とても音数の増減で説明できるような近い関係ではない。

小歌形式は日本の歌謡史の流れの中で形成・洗練されてきた詩形であり、琉歌は沖縄の文学・音楽の流れの中で、歌われることによって形成・洗練されてきた詩形である。字数の類似をもって影響関係を云々することは、それぞれの過去の形成過程を無視することにつながる。

むしろ、現実の沖縄民謡などの歌唱の世界では、ヤマトの詩形を都合良く採り入れる遊び歌が作られてきた。例えば、琉歌の八音を歌う旋律に一四音前後の小歌調の歌詞をはめることが頻繁に行われている。よく馴染まれている民謡《唐船どーい》を見ると、上の句で、〽首里(すい)にとよまれる大村御殿(うふむらうどぅんぬ)の梅檀木(しんだんぎ)」という歌詞がよく使われている。「すいにとぅゆまりる」は旋律四拍に対して八音が配分されている琉歌調だが、「うふむらうどぅんぬ　しんだんぎ」は、口説調で、同じ旋律四拍に対して八＋五の一三音が配分されている。[18]限られた字数で叙述する韻文の表現世界で考えると、明らかに小歌・口説の七五調の方が情報量が多く、言語的に伝えやすいのは七五調の方である。その意味で、今後の沖縄の伝統音楽は、七五調の侵食に気をつけなければならない。

四　琉歌の音楽構造の変形

琉歌形式の歌詞が旋律にのせて歌われる時、基本的な配分方法のみで歌われている実例は多くない。むしろ、基本形とは異なる形で配分されている場合がほとんどであると言えよう。しかし、それは基本形という考え方が無意味なのではなく、基本形をもとに何らかの法則性を伴って変形した結果なのである。すべての芸術について言えることだが、基本から変化し、原則から逸脱することによって、表現は多様に、豊かになる。その変化の法則性を以下に整理する。

変位

旋律を拍よりもわずかに遅らせてることは、最も起こりやすい変位である。前小節では「・♪♪♪」というリズムも多く見られる。これは一三〇頁の乙の型の冒頭に半拍の間を入れて遅らせた形である。[19] 例えば、有名な子守歌〈てぃんさぐぬ花〉の冒頭は「てぃーんさぐーぬー」と最初の字を延ばして歌い出すこともあれば、最初に間をひとつ入れて「♪てぃんさぐーぬー」と詰めて歌い出すこともある。したがって、両者は同質なリズムと考えられる。後小節についても、前拍が伸びて、後拍が半拍遅れる型が頻繁に見られ、これも同類に含まれる。

部分的な縮小と短縮

後節片ではさらに、歌詞の三音を後節片の二小節全体に配分するのではなく、前小節だけに押し込めて、後小節全体を囃し言葉で埋めてしまう例も少なくない。

後節片の縮小はどの楽節でも起こりうるが、実際に多いのは後楽節、すなわち第二楽節と第四楽節である。ここは同時に上の句または下の句の末尾であって、ハヤシ言葉が添えられることが多い。ハヤシ言葉が存在することによって、その箇所での段落性、あるいは終止感が強められている。つまり、大楽節ごとに形式的なまとまりを形成する傾向が見て取れる。逆に言えば、大楽節は一曲としても完結しうる程度の終止感を備えたまとまりなのである。このことは、琉歌形式の歌曲の成立過程を考えるうえでも重要である。

また、縮小は楽節の両端で起こるという傾向が指摘できる。これはフレーズのまとまり感を強めるという効果を作り出すと考えられる。逆に、楽節の中央部では縮小が起きることは稀で、むしろ次項の伸長が起きる傾向がある。

2-19　縮小の歌詞配分

（a 1）　〜｜♪♪♩　｜＊＊＊＊｜
（a 2）　〜｜♪♩　♪｜＊＊＊＊｜
（b 1）　〜｜♩　♪♪｜＊＊＊＊｜
（b 2）　〜｜𝄾♪♪♪｜＊＊＊＊｜

脱落と短縮・伸長

日本の音楽において間（ま）が脱落しやすいことは小泉文夫の「日本のリズム」[20]で指摘されているところであるが、琉球音楽でも、楽節の両端、すなわち冒頭や末尾の間（ま）はしばしば脱落する。旋律の途中で拍が脱落する例も見られるが比較的少ない。その結果、八拍に満たない楽節が生まれることになる。

次に、特定の楽節（八音の句）が、やや長くなっていることがある。一部の字の音価が長く伸びる現象があり、「伸長」と呼ぶ。伸長はフレーズの中央部に起きる傾向がある。すなわち、楽節の中央寄りは拡大・伸長によって声を長く伸ばす長ブシのモメントが大きく、両端寄りは縮小・短縮のモメントが大きいという傾向がある。

前項の変化形と含めて、このようなフレーズの構造化は、小泉文夫が「日本のリズム」で指摘した、日本の追分様式のフレーズ構成の仕方に通ずるところがあり、比較してみると面白いだろう。[21]

拡大・縮小

ところが、部分的に長くなるのではなく、楽段全体が長大な規模になっていることがある。古典音楽の旋律は総じて長いが、民謡のなかにも長い曲は存在する。

沖縄本島北部の踊り歌「ウシデーク」の中でよく歌われる曲目に〈宇地泊節〉がある。この曲の旋律（譜2－20）は、長く延ばして歌うところに特徴の一つがある。この曲が採譜された楽譜の音価を示すと譜2－21のようになるが、このうち、第一小節を除く第二小節以下をすべて半分の音価に置き換えて示すと譜2－22のようになる。これは、基本の歌詞配分リズムである。ということは、譜2－20は基本の歌詞配分リズムをそのまま倍の音価に拡大したリズムということになる。このように、音価がおおむね相対的関係を守ったまま倍になることを「拡大」と呼ぶ。その反対に、半分の音価にして、快活なリズムの旋律にすることを「縮小」と呼ぶ。

基本的な歌詞配分リズムを倍に拡大した曲は、民謡の世界にもひじょうに多く見られる。宮古諸島に「長アーグ」と呼ばれる自由リズムに近い伸縮の激しい歌い方が伝えられているが、この歌の場合は、ゆったりと歌われるだけでなく、旋律のここかしこに「ヨー」などといった挿入音があって、旋律を複雑に楽しむ歌い方になっている。この長アーグの旋律から挿入句をすべて抜き去り、残された詞章部分のみを縮小してみると、やはりウシデークなどと同様に、基本的な歌詞配分リズムが変化してできた旋律であることがわか

2-20 〈宇地泊節〉 国頭村辺戸

♩= 56 ［実音］長２度低い
1. マ タ ー う ち ーどぅ ー ま ー ー ー ー い ま ー ーーーー さ ー ー［アラ
1R. ま ー ー ー ー じ ら ー ーーーー す ー ー［アラ
カケ声
ユイ サ ユイ サ］ ア ー ぐ ーーマーター てぃ ーー ー だ どぅ ー ま ー
ユイ サ ユイ サ］ ウ ー る ーーマーター は ーー ー ま ぬ ー ま ー
カケ声
まーじー らー ーー ー す ーーーーー る ［ユイサー］ 1R. う ーーー ち ちー
まーさー ぐー ウ ネー ヤ ラーチャンード ［ユイサー］
Fine
D.S.

2-21 楽譜通りの歌詞の音価

♪♪♪♪♩ 𝅗𝅥.　♪𝄾𝅗𝅥　♩.　𝄾𝄽　♩ ♩ ♪♪
マタうちどぅま　い ま　さ　ア グ マタ

𝅗𝅥 ♩ ♩ 𝅗𝅥　𝄾♪♩ 𝅗𝅥　𝅗𝅥　♩ 𝄽 𝄽
てぃ だ どぅま　まじ ら　す　る

𝅗𝅥 ♩ ♩ 𝅗𝅥.　♪𝄾𝅗𝅥　♩.　𝄾𝄽　♩ ♩ ♪♪
う ち ち ま　じ ら　す　ウ る マタ

𝅗𝅥 ♩ ♩ 𝅗𝅥　𝄾♪♩ ♩
は ま ぬ ま　まさ ぐ

2-22 音価を半分にして得られた歌詞配分リズム

♪♪♩ | ♩. 𝄾 | ♩ ♩ | — ♩ | 〈甲 +A2〉
うちどぅ ま い ま さ ー ぐ

♩ ♪♪ | ♩. 𝄾 | ♩ ♩ | ♩. 〈乙 +A1〉
てぃだどぅま じ ら す る

♩ ♪♪ | ♩. 𝄾 | ♩ ♩ | — ♩. | 〈乙 +A2〉
う ちち ま じ ら す ー る

♩ ♪♪ | ♩. 𝄾 | ♩ (16) 〈乙〉
は まぬ ま さ ぐ

る。[22]

琉球古典音楽には、拡大・縮小によって別曲を作り出す変奏法、あるいは作曲法がしばしば使われている。例えば、〈花風節〉の三線楽譜・工工四を二倍の音価に展開してみると、〈稲まづん節〉にほぼ一致する。[23] また、二揚げ曲の〈子持節〉には短いバージョン（特に〈遊び子持節〉ともいう）と、独唱曲として有名な長いバージョンとがあり、前者を二倍の音価に展開してみると、おおむね後者に対応する。[24] このように、旋律を変化させる技巧を用いて異なる楽曲を生み出す変奏法・作曲法は、近世琉球の音楽家たちによって知られていたと考えられ、「節変わり」と呼ばれていたことが、複数の史料に記されている。[25]

拡大・縮小は、沖縄の音楽をより豊にかするうえで、最も重要な技法であると言える。そして、この全体に拡大された歌詞配分リズムに加えて、伸長、脱落、縮小、短縮などの諸変化が重なっている形も数多く認められる。このようにして、基本的な構造の形式だけでなく、変形した楽曲がさまざまに生成されて、豊かな琉球音楽の世界を作り上げていると言えよう。

倒置

これまでに、琉歌形式の基本的な歌詞配分リズムと若干の変形を伴う曲をさまざまに観察してきたが、それらに含まれない曲の中に、奥間のウシデーク歌〈松田湖辺底〉や、エイサーでお馴染みの〈久高万寿主〉などがある。

この曲の第一楽節と第二楽節は、前節片の配分リズムと後節片の配分リズムが前後入れ替わっている。第一句の歌詞では「まつた　くひんずく」の後半「くひんずく」に対して、五音の歌詞配分リズム「♩　♪♪ —

♩　♩」が当てられ、これが後節片になっている。第三句「やまと　やくぬしま」もほぼ同様である。これは本来前節片であるリズム型を後側に入れ替えた形になっているので「倒置」と呼ぶ。

琉歌形式の八音は五＋三音の詩形が基本だが、意味上は三＋五音となる歌詞も少なくない。これに旋律を当てるために、前節片のリズムを後側に持ってくるリズムが生まれたのかもしれない。倒置の変化は全体から見れば少数派だが、倒置の現象を含む曲は、詩形が三＋五音となる歌詞が第一節に使われる場合が多い。どちらかと言えば、新しい変化ではないだろうか。

2-23　倒置の歌詞配分

〈松田湖辺底〉（国頭村奥間）

𝅗𝅥 | ♩ ♩ ⧺♩ ♪♪ | ♩ ♩ |
ま　つ　た　く　ひん　ず　く

♩ ♪♪ | ♩ ♩ | 𝅗𝅥 | ♩ ♩ |
ま　つた　てぃ　る　は　し　ら

× ♩ | ♩ ♩ ⧺♩ ♪♪ | ♩ ♩ |
や　ま　とぅ　や　くぬ　し　ま

𝅗𝅥 ♩♩ | ♩ ♩ | ♩
あてぃてぃは　ら　す

〈久高万寿主〉

× ♩ | ♩ ♩ ⧺♪♪♩ | ♩ ♩ |
く　だ　か　まんじゅ　す　や

三拍子

八重山諸島の民謡ユンタやアヨウの中に、三拍子の曲が少なくないが、宮古諸島でも沖縄諸島でも三拍子は見られる。神歌のウムイ、祝儀で歌われるクエーナや、子守歌やウシデーク歌の中など、散見する。古典音楽の中では〈子持節〉が三拍子である（へたるが……」の〈子持節〉は二倍に拡大された六拍子である）。

この場合でも、歌詞配分は原則通りである。八重山のアヨウによくある現象だが、三拍子は、元々二拍子の曲の前拍が長く伸ばされて歌われることで形成されたと考えられる。[26]〈子持節〉など三拍子の曲の前二拍の音価を半分に縮小すると、基本形の歌詞配分にごく近い形になる。

したがって、この三拍子風のリズムも、基本的な歌詞配分リズムからの変化形と考えることができる。

逸脱の法則性

本節で明らかになったことは、第一に、沖縄音楽の構造には琉歌のフレーズに対応した歌詞配分の基本形が見られることである。第二は、基本の形に対して、基本から逸脱しようとする方向性にも原則性が見られることである。その一つが拡大によって音楽構造の規模を大きくすることである。これは、同時に細かなフシの動きが増えて旋律を技巧的にしていく変化も伴っている。言い換えれば、長ブシの傾向を強めていく方向である。もう一つは伸長、短縮、脱落あるいは部分的縮小であり、構造の枠組みはそのままに、個々の音（字）の音価を長くしたり、端折って短くしたりして一見不規則な間合いの配分を作っていくことである。

このような基本形から逸脱する方向性においても、一つの楽節の中では両端が縮みがちで、中央よりが伸びるという原則性がはっきりしている。音楽表現の焦点はフレーズの中央部分にあると言って差し支えないだろう。

五　方法論のまとめ

琉球（沖縄）音楽の楽式や構造の原理は、歌詞との対応によって形成されている。歌詞との関係を抜きに音楽構造を云々しても、見えてくるものは少ないだろう。このことは、沖縄の音楽が本質的に「歌」であることに起因していると言える。従って、音楽構造の原理を明らかにするためには、素朴な構造の歌から始めて、言わば完成形である琉歌形式の歌曲の理解へ、段階を追って進めていくことによって初めて「基本原則」が明らかになる。

基本原則は常に破られるものである。表現を豊かにするために（それは島々の歌であっても、古典音楽であっても）、人は新しい表現を試みる。しかし、それが一時の気まぐれの即興歌でなく、土地の伝統の歌として歌い継がれている限り、その変化にも法則性があるだろうと考える。基本を押さえつつ、逸脱の仕方についても法則性を見いだして、基本形との関係を明らかにすることによって、民族音楽学的な構造研究は成り立つのだと考えている。

第九章　オフビートリズム論

一　わらべ歌のリズム

カルチャーギャップ

沖縄の音楽と本土の伝統音楽との違いはいろいろ挙げられるだろうが、最も異質なものと言えば、リズム感の違いだろう。ノリが違うと言ってもいいかもしれない。このリズム感の違いは、沖縄と本土のリズムのあいだで最も越えがたいギャップではないかと思う。

かつて筆者は、全員本土の生まれ育ち（沖縄方言でヤマトンチュという）だったゼミの仲間たちとともに、フィールドワークで撮影したビデオをもとに八重山の踊りを演じる試みに関わったことがある。その練習の冒頭、入場の歩みから足取りが合わなくて往生した。

拍子に合わせて一歩踏み進むごとに裏拍で重心を浮かせながら反対側の膝をやや高く引き上げるわけだが、この足を上げた瞬間に、踊り手自身が「ユイッ」とかけ声を掛ける。すると彼らはかけ声と同時に足を踏んでしまうのである。ヤマトンチュのリズム感としては、かけ声にアクセントを感じて思わず足に力が入って踏んでしまう。足を上げたところに、つまり重心を浮かせたところにアクセントをおくという感覚は、ウチナーンチュにとってはごく自然なノリなのだが、多くのヤマトンチュにはあり得ない感覚なのである。

この混乱は数回の練習でほどなく克服されたが、初練習の時のカルチャーショックは、本土と沖縄のリズム感が裏返しのように違うことを教えてくれた象徴的な事件であった。

リズム感の切り口

これほど明瞭な差異があると思われるのに、なぜか、沖縄のリズムについての研究はきわめて少ない。従来、沖縄の人々のもつ独特のリズム感について積極的に発言しているのは小島美子のみである。小島はカチャーシー[27]の足腰の動きや、かけ声での「ッサッサ」といった後打ちのリズムなどを例に挙げて、沖縄音楽のリズムが本土のそれとは違ったリズム感の上に成り立っていると述べている。さらに「これは船や波にのっているリズム感からきているのではないだろうか」と考えて、本土の人々の「農耕民のリズム感」に対する「海洋民的リズム感」という解釈を提唱している。[28]「浮き沈みする上下の揺れ」や「一種のスウィング感」の存在を指摘し、さらに「浮いたところに、そのビートがある感じ」という小島の指摘については全く共感するが、沖縄の女性は生業として船での漁撈・航海に従事することはないので、このリズム感の形成要因を船に乗る生活習慣に帰することには疑問がある。

もとよりリズムはきわめて多面的な事象であるので、簡単に解明できるものではない。しかし、ある側面に限定して分析すれば、その限りで何かを実証することは可能である。そこで、最初にわらべ歌を観察する。わらべ歌は遊びに付随する歌なので、音楽としての意識が最も希薄である。遊びが主たる目的であって、音楽は半ば無意識的に営まれるところが大きいので、わらべ歌の中に、当該文化の人々の音楽にとっての自然なリズム上の特徴を垣間

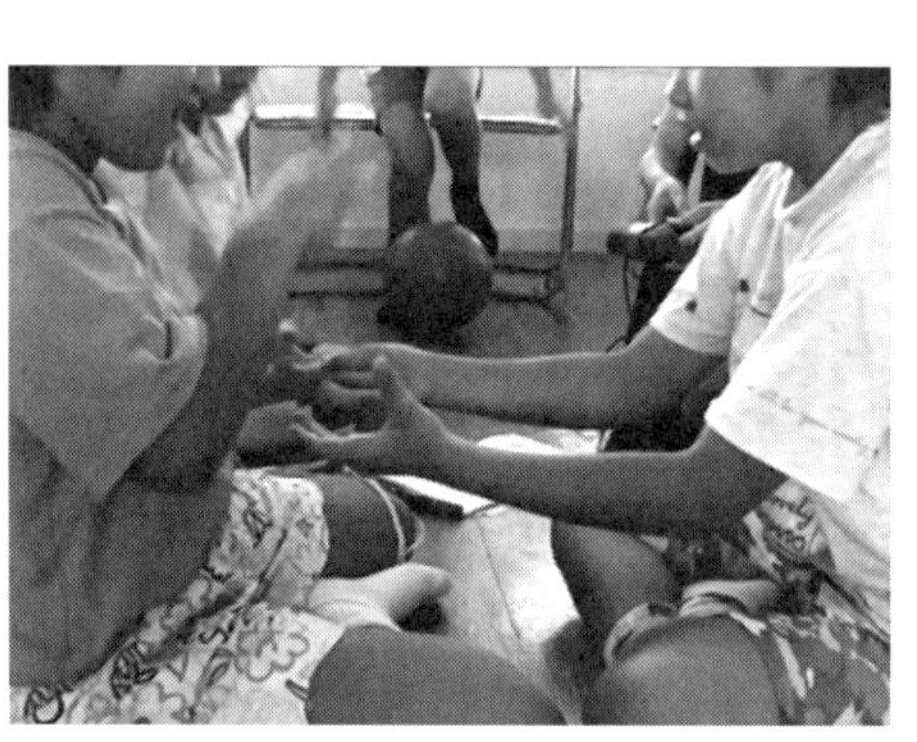

2-24　わらべ歌の収録風景

見ることができる。[29]

次に、リズムの特徴は、旋律の終止のしかたに観ることができる。ひとつのまとまった旋律は、開始・連続（維持）・終止の機能を持った三つの部分に分けることができるが、この中で、リズムに対する感覚、指向性を強く示すのは終止の部分である。旋律という時間的継起は、一定の安定がなければ途切れることができないからである。逆に言えば、当該文化の人々にとって安定が感じられるような音程やリズムがあってはじめて、旋律は終止することができる。しかも、終止に用いられる音程やリズムが所与の音楽様式全体の基本的な骨格を代表している場合も少なくない。

3　本土のわらべ歌のリズム

沖縄のリズム感を語る前に、本土の音楽のリズム感はどうのような現れ方をしているのか、その終止形にみられる諸傾向を確認しよう。

東京芸術大学民俗音楽ゼミナールによる『わらべうたの研究』によれば、歌詞が五音のときは。左図の①もしくは②のリズム型、七音のときはさらに二音足さねばならないから③のリズム型が圧倒的に多く用いられている。

同書をまとめた小泉文夫は、著書『日本のリズム』の中で、「終止感ないし段落感は、最後の音の大きな音価または休符を含めた空間によって表現されている」と指摘したうえで、「フレーズの最後の音を意識的に大切にしている」と述べている。また、段落感をもたらす条件として、第一に「最後の音が鳴り出してから、次のフレーズの第一拍が始まるまでの音価の大小によって決定され」、第二に仮にそのような空間がなくて

2-25　本土のわらべうたの終止リズム

① ♫♫ | 𝅗𝅥 | ② ♫♫ | ♩ 𝄽 | ③ ♫♫ | ♫♩ |
④ ♫♩ | ♩ 𝄽 | ⑤ ♩♩ | ♩ 𝄽 |

2-26　沖縄のわらべうたの終止リズム

A	♩ 𝄽 |	E	♪♪♩ |	
B	𝅗𝅥 |	F	♩ ♩ |	
C	♪♪𝄽 |	G	♪♪♪♪ |	
D	♪♩. |	H	♩ ♪♪ |	
		I	♩. ♪ |	または♪♩ ♪

次へ進む場合でも、「(最後の)音が決然と、しかるべく鳴り出すということの方が段落感にとっては重要である」としている。[30]

こうした諸特性によって、第一拍に終止音が来る①と②のリズム型が最も好まれると言えよう。

沖縄のわらべ歌のリズム

沖縄の伝統的なわらべ歌についてのまとまった楽譜集である『日本わらべ歌全集二六　鹿児島沖縄のわらべ歌』[31]によって、楽譜のはっきりしている二一七曲について終止部分のリズムを拾い出してみたところ、上のA~Iの九種類の型が認められ、その他Jを加えて都合一〇項目に分類できた。

このA~Iの九種のリズム型について、終止音がどのタイミングで発せられるかによって四つに大別する。前拍の初め(表：オンビート)で終止するAとBをⅠa類、前拍の後半(裏：オフビート)で終止するCとDをⅠb類、後拍の初め(表)で終止するEとFをⅡa類、後拍の後半(裏)で終止するG・H・IをⅡb類とする。ただし、この資料集には、本来はわらべ歌ではない子守歌が含まれているので、遊び歌と子守歌とに分けて集計する。

要するに、ａ類は表：オンビート、ｂ類は裏：オフビートで終止することを示している。もし、これが本土のわらべ歌の分類であれば、安定したフレーズの終わり方はオンビートが当たり前なので、おそらくⅠa類（ＡとＢ）が最も多く、次いでⅡa類（Ｅが多く、Ｆはわずか）という現れ方になるはずである。それ以外の型はほとんど出遇うことがない。

ところが、沖縄のわらべ歌ではⅠa類とⅡa類すべてを合計しても、せいぜい全体の六割ほどを占めるに過ぎない。逆に、本土ではまず用いられることのないオフビートのⅠb類とⅡb類が三分の一以上を占めている。さらに、子守歌を除いた遊び歌ではこの比率はより高まって、四割をも占めることに注目したい。

重視すべきことは、沖縄のわらべ歌には、本土のわらべ歌にないパターン、すなわちオフビートで終止するリズムが存在し、しかも半数近い、きわめて大きな勢力を占めていることである。さらに、採譜された譜面を細かく観察すると、オンビートの終止音の中に、その後方に装飾音のような軽い音を伴っている箇所がかなり見られる。決して「最後の音を決然と鳴らす」のではなく、柔らかく浮かすような志向が感じられる。

本土のリズム感に立てば、オフビートで終止する旋律は全く安定性に欠けている。そもそもこのリズムは旋律が次から次へと連続していくときのリズム型であって、およそフレーズを完結させるような働きは持っていないからである。しかし、本土のリズム感からすれば無理なリズム型であっても、沖縄のリズムとしては、決して例外的に、偶然に生じたのではない。むしろ沖縄のわらべ歌は終止にあたって必ずしも大きな音価（間）や決然とした音を必要とせず、オフビートの軽い音でも終止しうるような、あるいは、それで十分に安定していると感じるような、独特のリズム感を持っていると考えられる。

このように検討してくると、沖縄のわらべ歌の半数は、オフビートでの終止を好む特性がある、と断言してよさそうである。言い換えれば、オフビートへの積極的な選択が働いていると考えられる。このようなわらべ歌を歌いながら大人になっていく沖縄の人々のリズム感は、当然のことながら本土の人々とはひじょうに違ったノリになるのだろう。

なお、子守歌には遊び歌とはやや異なる傾向も見える。オンビート終止にきわめて偏っている。また、同じIa類でも、「遊び歌」では音を長く延ばすBは、音価が短いAよりはるかに少ないのに、子守歌では逆に

2-27　遊び歌の終止リズム傾向

類	Ia		IIa		Ib		IIb			その他	計
型	A	B	E	F	C	D	G	H	I	（J）	
曲数	51	15	23	9	19	0	37	12	1	6	173曲
小計	66		32		19		50				
合計	オンビート 98曲（57％）				オフビート 69曲（40％）						

2-28　子守歌の終止リズム傾向

類	Ia		IIa		Ib		IIb			その他	計
型	A	B	E	F	C	D	G	H	I	（J）	
曲数	11	14	3	1	4	3	4	2	1	2	45曲
小計	25		4		7		7				
合計	オンビート 29曲（64％）				オフビート 14曲（31％）						

長く伸ばすBの方が多い。Ib類でも、音を長く延ばすDのリズムが子守歌にだけ現れる。子守歌では終止音が長く延ばされがちだという傾向が認められる。

大人や年長の子供が歌う子守歌は、子供自身が身体動作とともに歌うわらべ歌とは異なり、一般に旋律を美しく滑らかに歌う工夫が進んでいる。旋律性が豊かになるにつれ、オフビートの終止が影を潜めるのだろうか。他の一般の民謡、沖縄諸島のウシデーク歌や八重山諸島のユンタ、ジラバなどをいくつか見てみても、主旋律は前拍の表で終止する曲が多いようだが、ハヤシの部分ではオフビートに終止する例がかなり多く見られるようである。

2-29　カチャーシー　大宜味村喜如嘉
大城弘明撮影

二　七五調のリズム

七五調による歌の種目

琉歌形式以外の詩形として最も多いのは七音のまとまりによる詩形である。七音と言えば口説の詩形でもある。口説は七音を基調とする音数律をもっていることが基本的な特徴で、七＋五音または七＋七音を連ね、数節あるいは数十節にわたる長詩形をなす歌謡である。これは本土の民謡の分野における「口説」の特徴とおおむね同様である。七七調や七五調は、言うまでもなく本土の和文学において近世以降に主流となっている音数律である。

沖縄の口説は本土の文学の一部を取り入れたり、その形式や修辞法を取り入れて作られた歌謡である。口説は、詩形の類似だけでなく、歌詞がほとんど和文学の表現に沿っているものが多い。《上り口説》のように、語彙はほとんど大和言葉で、発音だけが琉球方言に訛っている程度である。また本土の「御船歌」から取り入れられたと思われる言い回しもある。[32]

さらに、わらべ歌にも七五調の影響が見られる。わらべ歌は子供の遊びに付随するものであるから、歌詞や形式が自由に展開するという性質があり、一定した詩形は持たない曲がほとんどだが、部分的に七五調を含む曲が比較的多い。琉歌形式はまれである。おそらく、琉歌は〝大人のうた〟なのかもしれない。

本土の七＋七音または七＋五音の句における歌詞配分の原則は小泉文夫によって示されており、[33]これらは次の四項目にまとめられる。ただし、本書では同氏のいう「動機」を「節片」と呼んでいるので、琉歌形式等の構造と比較対照するため、次のように置き換えて定式化しておく。

本土の七五調の特徴

(1)七七音の句で旋律の一楽節をなす。最初の七音の歌詞は前節片、二番目の七音は後節片に配分される。

(2)フレーズのまとまり感は、フレーズの両端に相対的に大きな間（長い音価、または休符）を置くことによって得られる。

(3)その結果、前節片では三＋四の配分、後節片では四＋三の歌詞配分となる。

2-30　七五調の歌詞配分

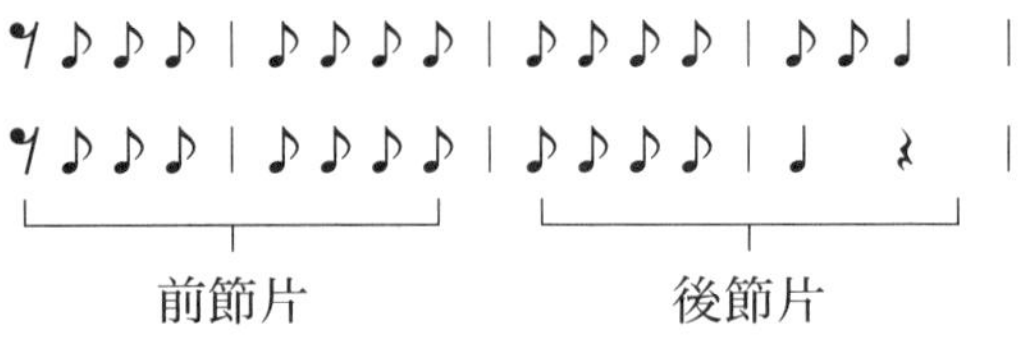

(4) 七五音の句は、後節片の五音が四＋一の配分となる。

2　口説の歌詞配分

口説の代表と言えば〈上り口説〉である。古典音楽・古典舞踊の主要演目となっているからだけではない。このメロディーは異なる歌詞をのせてさまざまな土地の「ご当地ソング」としても広く流通しているし、その他の即興的な替え歌を作り出す馴染みの旋律としても親しまれている。

〈上り口説〉の詩形はは七＋五音の連続で、七＋五音の句が三つで一節をなし、この一節で一つのまとまった場面を描くという組み立てになっている。

音楽的にも一節ごとに歌持ちが入って、節の独立性を明示している。もっとも、基本的には長詩形であって、主題の過程・推移を追って叙事をなしていくので、全体（ここでは八節）を通しで演奏してはじめて意味表現が完結する。

次の例は〈上り口説〉の歌詞配分である。これは事実上「一字＝一拍」の関係になっている。しかし、単なる棒読みにならないよう、単語や文節の切れ目の箇所のみ、やや間（ま）をあけてフレーズの頭を明瞭に

2-31　若衆踊「四季口説」　伊佐幸子、喜納かおり、伊良波さゆき
国立劇場おきなわ提供

している。

この配分を七五調の原則にあてはめれば、前半七拍が前節片、後半五拍が後節片となる。前節片の七音は前半三音、後半四音であるから、音の数だけで言えば原則に沿っている。しかし、本来なら間が必要なはずの楽節の両端が詰められている。後節片については、通常三拍分あるはずの末尾の間がない。（×印は間を詰めた拍を示す）

〈四季口説〉は、前曲〈上り口説〉とよく似た旋律を描く。後節片も七五調の原則通りの四＋一音の配分になっている。しかし、末尾に必要な間は、やはり脱落していて、次の楽節の冒頭が入り込んできている。同時に、後節片は前節片に比べて縮小されている。

この曲は若衆踊りの舞踊曲で、地謡が一節歌う毎に踊り手が長い口説囃子を唱えることで有名である。この口説囃子は旋律のない唱えで、そのリ

2-32　〈上り口説〉の歌詞配分（○印は間を示す）

× 𝄾♪ | ♩ ♩ | 𝄾♪♩ | ♩ ♩ | 𝄾♪♩ | ♩ ♩ | ♩ ××× |

○た　び　ぬ　○んぢ　た　ち　○くゎん　ぬ　ん　ど

○し　ん　てぃ　○くゎん　ぬ　ん　○ふし　う　が　でぃ

○く　が　に　○しゃく　とぅてぃ　○たち　わ　か　る

（旅の出で立ち、観音堂、千手観音、伏し拝み、黄金酌取り、立ち別る。）

2-33　〈四季口説〉の歌詞配分

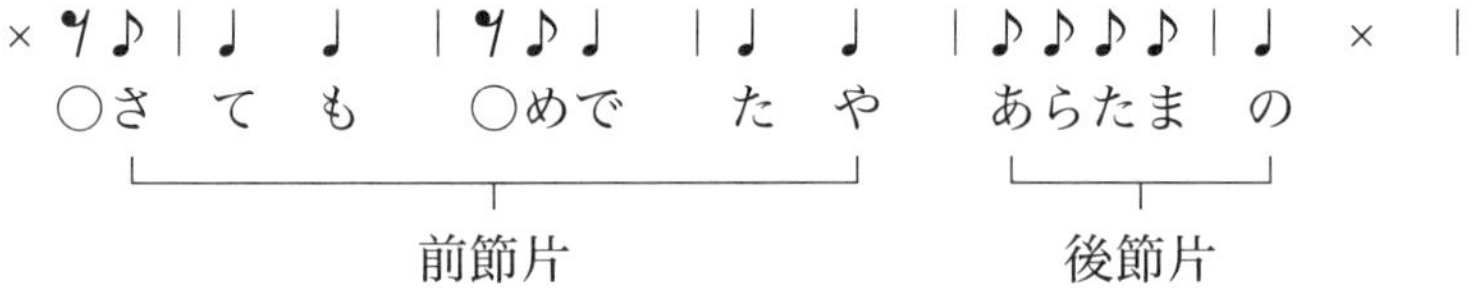

〈四季口説〉のハヤシ

𝄾♪♪♪ | ♪♪♪♪ | 𝄾♪♪♪ | ♪♪♪♪ | ～

○のどか　なるよの　○はるを　つげくる　～

（長閑なる世の、春を告げ来る）

ズムは前節片のリズムのみを何回も繰り返す。すなわち、最初に間のある三＋四音の節片のみを繰り返し、四＋三音の後節片がないまま、次の節へとつながる。

念仏の歌詞配分

念仏の詩形で注目されるのは、八＋五音の句がひじょうに多いことである。この八音は、言うまでもなく口説系の七音の字余りであって、琉歌の八音ではない。琉歌の八音は五＋三音、もしくは三＋五音に区切れなければならないが、口説系の八音は必ず四＋四音になる。冒頭の間すなわち休符に余分の一字が埋め込まれるからである。

〈道輪口説〉は傀儡師の歌であるが、沖縄に念仏を持ち込んだ遊行僧は同時に傀儡も持ち歩いたとされているので、〈道輪口説〉は詩形の面で念仏とつながりがあるとみてよいだろう。また、念仏歌の例として〈長者流れ〉を挙げるが、これも前節片が八音である。これはエイサーの中核演目とし

2-34　念仏歌の歌詞配分

〈道輪口説〉

♪♪♪♪｜♪♪♪♪｜♪♪♪♪｜♪♪♪♪｜
ひとたび　さかいば　ひとたび　うとるう

𝄾♪♪♪｜♪♪♪♪｜
○ゆぬな　かぬなれ

（一度栄えば、一度衰るる、世の中の習い）

〈長者流れ〉（糸満市国吉の念仏）

𝄾♩ ♪｜♩. ♪｜𝄽 ♪♪｜♩. ♪｜𝄾♩. ｜♩. ♪｜♩ ♩ ｜
○な な ち に ○ なた く とぅ ○う や とぅ め てぃ

〈七月念仏〉（国頭村与那のエイサー）

𝄾♩ ♪｜♩ ♩ ｜𝄾♩ ♪｜♩. ♪｜𝅗𝅥 ｜♩. ♪｜♩ ♩ ｜
○し ち が ち ○み ぐ ら ば さ き た ぼ り

て歌われる〈七月念仏〉念仏と同じ旋律である。

ところで〈長者流れ〉と〈七月念仏〉の二つの念仏歌の音価を半分にすると、上のように整理できる。なお、ここでは簡略化するため、十六分音符は八分音符にまとめた。

2-35　縮小した歌詞配分

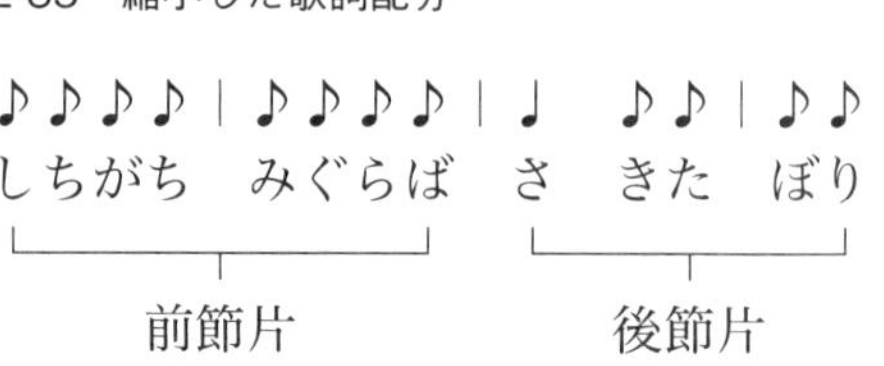

ここで新たに問題となるのは後節片のリズムである。「酒たぼり」の五音の配分法は、終止音の後ろに大きな間を置く四＋一の配分ではなくて、最後の小節がわざわざ縮小されていて、七五調の原則からすれば、あえて不安定なリズムが選択されているように見える。本土に由来する音楽においても、オフビートを志向する傾向が現れているのかもしれない。検討課題である。

4　まとめ

沖縄音楽には本土と同じ七五調の歌詞の歌が数多く見られるが、七音の歌詞の場合はほとんどすべてと言っていいほど、前節片型の三＋四音の歌詞配分リズムだけが連続する。五音の後節片は、本土の場合と異なり、必ずしも四＋一音になるとは限らない。わらべ歌では四＋一音の配分も見られるが、口説や念仏では末尾の間が詰められるなど、七五調の原則に矛盾するようなリズムの方が普通に用いられている。

この観察を通じて浮かび上がってきた問題は、前述のわらべ歌に見られる沖縄独特の終止の在り方が、七五調の歌詞配分にも影響しているのではないかという問題である。七音の配分では確かにオフビートに終止する配分法がきわめて多かったし、五音の場合でも、終止部分に間を作ることを極力避けようとする傾向が感じられる。あるときは間を詰め、あるときはそれまでと異なるリズムを使って、終止音が第一拍に来ないよう、恣意的に努めているようにさえ思える。

沖縄音楽における七五調は、歌詞の面では本土の七五調と変わりないが、音楽のリズムでは異質な側面もかなりある。この異質な側面こそ、沖縄の人々のもつ固有の音楽性、すなわちオフビートに対する独特な志向に起因すると思われる部分であり、沖縄音楽のリズムの理解において、見落としてはならない側面であろう。

【後注】

1 山内盛彬は、田邉尚雄に宛てた書簡の中で、安定するはずの第四度が高めになる現象を「動揺する音」と呼んで意見を乞うている。海野貴裕・金城厚「翻刻『琉球音楽家 山内盛彬氏ヨリノ書翰』」『ムーサ』九、二〇〇八年。

2 小泉文夫『日本伝統音楽の研究Ⅰ』音楽之友社、一九五八年。小泉文夫『合本 日本伝統音楽の研究』音楽之友社、二〇〇八年。

3 小泉が名付けたテトラコルドという用語は、古い西洋音楽の用語と紛らわしいので、いくつかの批判を受けてきた。柿木吾郎はこれを「四度核」と呼び替えることを提唱したが、残念ながら普及していない。

4 著者は一九六〇年と七〇年頃、墓参のために親に連れられて沖縄に渡航したが、パスポートを取得しなければならず、上陸に際しては入国審査や税関検査のため長時間船内に足止めされた思い出がある。

5 吉川英史『日本音楽の歴史』創元社、一九六五年。

6 小島美子「沖縄音楽の諸要素―ふたたび音階などについて」九学会連合沖縄調査委員会『沖縄―自然・文化・社会』弘文堂、一九七六年。「日本の音楽文化圏における奄美音楽の位置」九学会連合奄美調査委員会『奄美―自然・文化・社会』弘文堂、一九八二年。

7 『新沖縄文学』五八、一九八三年。

8 法政大学のシンポジウムの際、筆者は小泉に小島説について伝えて確認したが、小泉はそれを聞いてさらに強調して語ることにしたという。他人と異なる意見をあえて述べて議論を求めることが小泉の信条でもあったと感じている。

9 金城厚「琉球音階再考」『東洋音楽研究』第五五号、一九九〇年。

10 前掲注9。

11 小島は、当初テトラコルドの考え方を貫徹する立場から、ドレミソラドの音階については、「律の変種」と呼んでいたが、後年、呂音階の名称を受け入れた。

12 金城厚『沖縄音楽の構造—歌詞のリズムと楽式の理論』第一書房、二〇〇四年。

13 一九七九年の録音による。一九九〇年頃以降は歌い方が変わってしまった。

14 金城厚「琉球舞踊における『行く』と『戻る』の対立—音楽分析の視点から」『比較舞踊研究』二七、二〇二一年。

15 前掲注12。

16 外間守善「琉歌と近世小唄との関係—小野重朗説にこたえて—」『沖縄文化』四九、一九七八年。

小野重朗「琉歌の音数律—外間守善氏の批判に答えつつ—」『沖縄文化』五〇、一九七八年。

17 小泉文夫『日本伝統音楽の研究２リズム』音楽之友社、一九八四年。『合本　日本伝統音楽の研究』音楽之友社、二〇〇九年。

18 大村御殿ぬ（８）梅檀木（５）。前半の八音は、七音の字余りなので、七五調を基調としている。

19 ダッシュを付して「乙'」のように示す。第二小節以降の変位については、記号化しない。

20 前掲注17。

21 小泉によれば、追分様式の曲のフレーズは、最初に歌詞を発音する要素があり、中央部は声を引き延ばす要素があり、最後はメリスマ（細かい音符）を伴いながら次第に下降していくという構成になっている。

22 前掲注12。

23 金城厚「琉球古典音楽〈かぎやで風節〉〈花風節〉〈稲まづん節〉の放慢加花的関係」『東洋音楽研究』八九、二〇一九年。

24 本書「組踊の音楽」の章を参照のこと。

25 金城厚「近世琉球における音楽用語『節がわり』について」『伝統と創造』一〇、二〇二一年。

26 金城厚「八重山民謡ユンタ、アヨウの拍節—リズム測定の試み」『諸民族の音』音楽之友社、一九八六年。

27　自由な即興的乱舞。語義は「掻き合わせ」に由来すると考えられ、さまざまな踊りの手を即興的に組み合わせて、非常に速いテンポ（M.M.160～200くらい）の拍子にのせて踊る。喜びの極まったときの表現でもある。

28　小島美子「沖縄音楽の諸要素―とくに音階とリズムについて」『人類科学』二六、一九七四年。

29　ある民族の音楽の特徴を探る際に「わらべ歌」に着目するという方法は、小泉文夫の方法論である。前掲注2。

30　前掲注17。

31　久保けんお・杉本信夫・高江洲義寛『日本わらべ歌全集26鹿児島沖縄のわらべ歌』柳原書店、一九八〇年。

32　江戸幕府の「御船歌」の中に「船子勇みて帆を引けば」「船の艫綱とく解くと」などの語句が見える（芸能史研究会編『庶民生活史料集成』三一書房、一九七三年）。この句は《上り口説》の第五節に取り入れられている。

33　前掲注17。

第三部　島々の歌

第一〇章　新民謡と伝統民謡

一　ふたつの安里屋ユンタ

〈安里屋ユンタ〉

君は野中の　いばらの花か（七・七）

サーユイユイ

暮れて帰れば　ヤレホニ　引き留める（七・五）

マタハーリヌ　チンダラカヌシャマヨ

沖縄の民謡として日本じゅうでいちばん知られている曲といえば〈安里屋ユンタ〉だろう。観光みやげの置物やのれんにも歌詞が染めてある。戦前から全国的に広まって親しまれていたというから、歴史的にも先駆者である。[1]

ところで、この歌の歌詞はご覧の通りまったくの標準語で、沖縄の方言ではない。歌詞の字数も純日本風の七七七五調である。実は、この歌は土地の生活の中で古くから歌われてきたという意味での「民謡」ではない。

もともと〈安里屋ユンタ〉という民謡は、那覇から五百キロ近くも離れた八重山諸島に伝わる民謡である。もちろん、本来の歌詞は方言である。しかも沖縄の方言ともまた違った八重山地方の方言で歌われる民謡で、現在でも八重山諸島各地で伝承されている。

ところが、一九三四年、日本コロムビアの企画で、このメロディーに詩人の星克（ほしかつ）[2]が「君は野中の……」という標準語の歌詞を新しく作詞し、八重山出身の作曲家宮良長包（みやらちょうほう）[3]が前奏を加えて全体を編曲し、レコードとして発売した。これが全国的にヒットしたので、日本じゅうの人々に〝沖縄の民謡〟として知られるようになった。

折しも大正末期から昭和初期にかけての日本では「新民謡運動」がブームとなっていた。各レコード会社は作詞家、作曲家が創作した〝民謡スタイル〟の新曲を次々と発売していた。星克作詞の〈安里屋ユンタ〉はそうした流れの中にある「新民謡」だと言えよう。

では、八重山に古くから伝わる〝純正〟な〈安里屋ユンタ〉は、これとどのように違うのだろうか。

〈安里屋ユンタ〉（地元版）[4]（一八二頁の楽譜参照）

一、男　サー安里屋（あさどぅや）ぬ　くやまに　ヨ（五・四）　安里屋家のクヤマは、
　　女　サーユイユイ
　　男　あんちゅらさ　まりばし　ヨ（五・四）　あんなに美人だ
　　女　マタハーリヌ
　　男　ツィンダラ　カヌシャマ　ヨ

二、女　いみしゃから　あふぁりまりばし　小さい頃から
　　男　サーユイユイ
　　女　くゆさから　ちゅらさすでぃばし　とても可愛く育った

男　マタハーリヌ
女　ツィンダラ　カヌシャマ　ヨ
三、男　サー目差主ぬ　乞よたら　ヨ　　当親（高位の役人）が求婚したら
女　サーユイユイ
男　あたりょやぬ　望みょた　ヨ
女　マタハーリヌ
男　ツィンダラ　カヌシャマ　ヨ

まず、言葉が共通語と八重山方言とで異なっている。歌詞の形式を見ると、新民謡版は音数が七七七五調だが、地元版は八重山独特の五四調だから全く違う。内容を見ると、新民謡版は、男女の情のやりとりを軽妙に描いた内容である。歌詞の面から見れば、江戸末期から明治・大正期にはやった都々逸に近く、沖縄らしさは含まれていないように感じられる。仮に「お江戸節」と名付けても通用しそうなくらいだ（なお、〈沖縄良いとこ……」の歌詞は、後に観光用に加えられたものである）。これに対し、地元版の〈安里屋ユンタ〉は、八重山の具体的な人名や役職名などを挙げたストーリーが展開されており、首里王府が支配していた時代の社会習慣をふまえなければ、内容を理解することはできないだろう。

次に、音楽的構成が異なる。①地元版は三線を使わない。そもそも、庶民が生活の中で歌った歌には、三線は付かないものである。三線は士や富農だけが手にすることのできる高級な楽器で、農民が使うことはなかったからである。②地元版は交互唱で歌う。先に男が旋律を歌い出し、息の切れ目で女が「サーユイユイ」とかけ声をかける。ここでは男が主で女が従だ。しかし、第二節になると女が旋律を歌い、男がかけ声をか

けるので、主従の役割が逆転する。こうして、全体を通せば男女が対等に、交互に歌い継いでいる。

　広く知られた新民謡の〈安里屋ユンタ〉では、三線の伴奏があり、洋楽器も加わっている。歌い手一人が主要な部分をすべて歌ってしまい、繰り返し部分だけハヤシ手が加わる。また、前奏や間奏もあって、いかにも普通の歌曲である。

　両者に共通する部分もある。言うまでもなく旋律はほぼ同じである。地元版の〈安里屋ユンタ〉には「ドレミソラド」という呂音階が使われている。これは八重山諸島から宮古諸島にかけて、古くからの民謡に非常に多く使われてきた伝統的な音組織である。新民謡の〈安里屋ユンタ〉も同じメロディーだが、実はこの「ドレミソラド」は明治時代に新しい日本的歌曲を創作するために考え出され、新民謡運動のなかでも盛んに用いられたヨナ

3-1　〈安里屋ユンタ〉（地元版）　石垣市石垣
（三隅治雄監修『蘇る沖縄の歌ごえ—宮古・八重山諸島編』日本コロムビア、1993 年）

抜き音階と同一なのである。全く出自の異なる音階がたまたま同じだったのである。

このように、〈安里屋ユンタ〉は伝統的な地元版の歌と、レコード化されてヒットした新民謡版の歌とで、同じ音階、同じ旋律でありながら、歌詞や音楽のつくりの点では大きな違いがある。

二　新民謡と伝統民謡

ここで注目したいことは、なぜ新民謡〈安里屋ユンタ〉がかくもヒットしたか、である。新民謡〈安里屋ユンタ〉が本土でヒットした理由は三つくらい挙げられるだろう。第一は、歌詞が共通語で分かりやすく、さらに本土で当時流行していた都々逸のスタイルであったので、受け入れやすかったこと、第二は、当時のはやりでもあったヨナ抜き音階であったので、歌いやすかったこと、第三は、珍しい三線の音色と「チンダラ　カヌシャマヨ」といった意味不明のリフレインが異国情緒を醸し出して、見知らぬ南国沖縄の民謡らしいと感じさせたことなどが考えられよう。

さて、新民謡の〈安里屋ユンタ〉は早くから全国的に有名になったが、地元版の〈安里屋ユンタ〉はさっぱり知られていない。八重山の人でも、伝統的なユンタを知らない人は少なくない。まして、那覇市や沖縄市あたりでは、地元版を知る人はまず居ないだろう。

全国的に有名となる歌と、有名にならない歌とは何が違うのだろうか。キーワードは普遍性である。第一に、歌詞が分かりやすいかどうかである。方言の歌詞は意味が分からない。分かったとしても、「目差」とはどういう地位か、当時の結婚の概念はどうだったかなど、昔の八重山社会や民俗の知識が無ければ面白さは理解できない。当時の人々、あるいは当地の人々に喜ばれても、現代人、全国の人々に理解されなければ広まることはない。

第二に、きれいにメイクアップされている必要がある。地元の人々は、民謡を歌うとき、上手下手はどうでも良くて仲間うちで楽しんでいるが、レコードやＣＤで聴くには綺麗な声が好まれる。レコード化されている録音では、伴奏楽器もいろいろ加わって、色彩豊かなアレンジがほどこされている。

歌い方でとりわけ重要なことは、新民謡では三線を使うことによって交互唱をしなくなる（交互唱が不要になる）ことである。伝統的なユンタは、主たる歌い手が交代しながら歌う。これは仕事をしている間、ずっと歌い継ぎ、歌い続けることができるからである。みんなで楽しむための工夫である。また、主旋律の切れ目には息継ぎの空間が生じるが、そこへかけ声が重なると、音が途切れることがない。音楽的緊張が途切れることなく続くことによって、伴奏楽器がなくても、充実した音楽的時間が維持できる。しかし、三線伴奏が加われば、かけ声はいらない。息継ぎの間は三線の「手」が埋めてくれるからである。しかも、前奏や間奏があるので、次の歌詞を考え、曲想を考えることができる。そこで、三線の登場によって独唱者が中心の近代的な歌曲になっていく。

ここには、「みんなで歌う歌」「みんながいっしょに協力・分担してはじめて歌える歌」から、「ひとりだけがかっこよく歌う歌」への変化がある。庶民が生活の場で歌う民謡から、アーティストが舞台の上でスポットライトを浴びながら歌う大衆歌曲への変質がある。伝統的な八重山諸島のユンタが新民謡に変成していく過程には、こうした歌の音楽的発展とか社会的変質の問題が凝縮された形で現れている。

地域社会での生活の中にある民謡が全国的に有名になり、広く歌われるようになるには「普遍性」を獲得することが必要だと言えよう。しかし、そこには得るものと失うものとがあることに気をつけなければならない。普遍性のある歌でありたいか、それとも特定地域でだけ通用する歌でありたいか――どちらがいいかは、個人の好みかもしれない。あるいは、その歌を伝承している地元の人々の選択かも知れない。ただ、音楽を生み出す立場にある人には、両者をしっかりわきまえておいて欲しい。

第一一章　八重山諸島の歌

一　祈りの歌

生活と祈り

八重山諸島の祈りの儀礼では、アヨウと呼ばれる祈りの歌が歌われる。アヨウの語源はアヨ（肝＝心）に由来するとする説がある。[5]アヨは心に抱いていること、すなわち願いを意味していると思われる。つまり、願いを声に出し、フシづけて歌うのがアヨウだということになる。

昔の農村生活は、天候に依存していた。日照が少なければ実は熟さないが、日照り続きで雨が降らなければ作物は枯れてしまう。台風が来れば雨はたくさん降ってくれるけれども、強風で茎がみな倒れてだめになってしまうし、何よりも家屋が吹き飛ばされて人の命が危険にさらされる。大自然をコントロールできない昔の人々にとっては、豊かな稔りをめざすためには、天候が順調であることをひたすら祈るしかなかった。

この祈りを口から発するコトバにすると、自然を支配する神さまに伝えることができる、という信仰がある。そして、このコトバを強める霊的な力を持つ存在がフシであり、歌声なのである。だから、歌の力によって作物の生育の順調を祈り、人の命と暮らしの安全を祈ることは、人々が生きていくために欠かせない行為であった。アヨウにはそうした島に生きる人々の思いが込められている。

沖縄諸島も八重山諸島も温暖な地であるから、稲作のサイクルは本土とはかなり違う。日本各地一般に知られる稲作のサイクルは、春先に田を造り、籾を巻き、梅雨どきに田植えをし、夏に繁って秋風が吹く頃に収穫する。「秋の稔り」という言葉があるように、秋になれば各地で収穫を祝う祭りが開かれる。

ところが、沖縄や八重山の昔の農事暦はこれとは異なる。秋も深まった旧暦九、一〇月ごろから始まり、種を播く。冬に田植えをし、春には稲が育って、旧暦五月に穂が出て、旧暦六月ころには収穫となる。夏は台風が来るから、稲作はしない。農閑期なので、芸能を楽しむ季節でもある。「盆行事」や「村踊り」が続く旧暦の七月、八月は、人々の芸能エネルギーが最高に発揮される季節となる。

もっとも、現在の沖縄県の農業は商品作物であるサトウキビ栽培が主流で、稲作はきわめて限られている。その中で稲の二期作をしている地域もある。だから、現在は実際にこのような昔の農事暦で稲作をしている農村はないだろう。それでも、村々の祭りには昔の農事暦の記憶がしっかりと刻み込まれており、豊作への願いは、古くから伝わる歌の中に描かれている。

予祝のアヨウ・稲が種

稲作の始まりは、秋に種籾を選ぶことに始まる。次の稲作へ向けて田地を払い清め、充実した優れた種籾を選び出して苗代に蒔くことが、豊作に至る第一歩となる。そこで最初に執り行われる祭りが「種取祭：タニドゥル」である。「種取祭」では〈稲が種アヨウ〉と呼ばれる祈りの歌が歌われる。〈稲が種アヨウ〉はゆったりとした曲調で、村人たちの斉唱で歌われる。

〈稲が種アヨウ〉（石垣市白保）[6]

1　きゅーがひば　くがにひば　むとぅばし　　今日の日を、黄金の日を始まりと定め

2　いながだに　ゆすぶだに　うるしょーり　　稲の種を、見事な種を（倉から）降ろしまして

3 ぶなりてぃーし　かぬしゃてぃーし
　むみおーり
4 ひしらべー　してぃゆ　しらべおーり
5 なしるだに　ちぃむりだに　むちおーり
6 びきりゃてぃーし　かぬしゃてぃーし
　うるしょーり
7 まりかいしゃ　びりかいしゃ　ありおーり
8 したかいしゃ　しるにうれ　ういかいしゃ
ばがばとぅんでぃ　あらしょーり
9 いぬがきに　まやがきに　たらしょーり
10 つむりかいしゃ　みとぅみかいしゃ
　ありおーり
11 つきやざれ　ひむやざれ　あたりょーり
12 とぅりしきぬ　いびしきぬ　なりょーだら
13 ぶーましだ　ながましだ　むちょーり
14 ないぱかり　ぴまぱかり　いびとぅーし
15 したかいしゃ　しるにうれー
　ういかいしゃ　ばがばとぅんでぃ
16 いばんむとぅ　やまゆしきに

姉妹の手で、愛しい人の手で
　（粒選りして）揉みまして
吉日を調べ、節日（干支）を調べまして
苗代田に、見積もり田に持ち運びまして
兄弟の手で　愛しい人の手で、
　（苗代に）降ろしまして
発芽が良く、着床が良くありまして
下には白根が降り、上には
若葉が飛び出すようにあらせてください
犬の毛のように猫の毛のように、生え揃って
見積もりが良く、認めが良くありまして
月夜ごとに、昼日ごとに恵まれまして
採る月に、植える月になりましたので
大きな桝田に、長い桝田に持ち運びまして
長さを測り、幅を測り、植え通して
下には白根が降り、
　上には若葉が飛び出し
力草のように、山ススキのように

	むとぅさかいし	根元がたくさん栄えて
17	うるじぃんぬ　ばがなちぬ　なりょーたら	初夏に、若夏になりましたので
18	いるばくめ　ばがかいしゃ	（緑の）色が込められて、葉が見事に
	とぅんでぃおーり	飛び出しまして
19	ばがなちぬ　なりょーたら	若夏になりましたら、
	ぶーぷとぅんでぃ	大きな穂が飛び出して
20	いしぬぐぬ　かにぬぐに　なりょーり	石のように、鉄のように（固く）稔りまして
21	とぅりしきぬ　かりじぶんぬ　なりょーたら	取り入れ月に、刈り入れ時分になりましたので
22	ばがむぬぬ　びらむぬぬ　かりとぅーし	若者が、立派な男たちが刈り通して
23	ぶーひん　とーらん　んちゃしょーり	大家も、台所も満たしまして
24	かんくむち　うしゅじょーな　うさまおーり	神の供物を　お上への上納を納めまして

〈稲が種アヨウ〉は八重山諸島のさまざまな地で歌われている。歌詞は概ねよく似ており、いずれも稲の生産過程を描いているが、土地によって少しずつ語句のバリエーションがあり、句の欠落や句数の多少もある。いくつかの伝承例を総合すると、次のような稲作のプロセスに沿った内容になる。

今日の吉日に、村人が寄り集まり（日選り）、
種を水に浸け、固く充実した種を選び出し（種取り）、
苗代田を作り、種を手に取って撒き散らし（播種）、

種から根が伸び、双葉が出て、犬猫の毛並みのように生え揃う（発芽）
大きな本田を整地し、田植えして（田植え）、
若夏になると、うりずんの季節になると、
根株が幾つにも分かれ、ススキのように丈夫に育ち（分けつと成長）、
初穂が出て、熟すると穂が垂れ下がるほどだ（初穂〜受粉〜実入り〜稔り）、
刈り入れて蔵に積み上げ、庭に積み上げ（収穫・収納）、
米でお酒を造り、神に感謝する（感謝の祭祀）。

〈稲が種アヨウ〉の歌詞の特徴は、こうした一連の稲作の過程をていねいに描写していくことにある。また、〽犬の毛に、猫の毛に」というように、同じような意味、または対応する意味の語句を並列させて対句を作ることでシンメトリーな形式を生み出している。こうした、対句を延々と連ねた長詩形は、アヨウに限らず、琉球諸島全体の多くの祈りの歌に共通する詞の形式でもある。

〈稲が種アヨウ〉は、稲の理想的な生育過程を描いたコトバをフシにのせることによって、歌の霊力が働いて、コトバどおりの豊作が実現することを期待している。農事暦の最初に、一年の稲作を始めるにあたり、未だ農作業に着手していないにもかかわらず、あたかも今、農作業が進行しているように歌う、または豊作だったと感謝を歌う、これがフシとコトバの霊力への期待であり、祈りの歌の重要な特徴である。

〈稲が種アヨウ〉の旋律は、①大勢により、斉唱で歌われること、②歌う人に特別な資格は要しないこと、③ゆったりとしたテンポで、歌詞の字を引き延ばし気味に歌うこと、③緩やかな拍節があるが、拍の伸縮が激しいこと、などが音楽的特徴として挙げられるだろう。拍に伸縮がある歌い方は、八重山民謡の一部に顕

著に見られ、八重山民謡における大きなリズム的特色である。

音階は、琉球音階（ドミファソシド）のようにも聞こえるが、第4度（ファ）がしばしば高められるなど、特異な音階である。伝承地域により呂音階のように聞こえる場合がある。五度核系琉球音階ないしは五度核系の呂音階と考えられる。口述するその他のアヨウは拍節的なリズムで歌われる曲も多いが、その他の特徴はおおむね同様と言えよう。

予祝の舞台・種取祭

種取りは八重山諸島のどこの島でも重要な行事として、ムラをあげて取り組まれる大きな行事である。竹富島では「種取祭（タナドゥイ）」と呼ばれて有名だが、小浜島では「結願祭（キツガン）」と呼ばれている。いずれも、数日間にわたる行事で、祭祀の初めにはオンと呼ばれる聖所（沖縄本島地方では御嶽（うたき）という）などムラの数カ所で、女性の神役・ツカサが中心となって神に祈りを捧げる儀礼を行うが、この過程でアヨウが歌われる。次いで、ムラの人々の多くが関わって仮設の舞台を組み、その舞台上で、または所定の庭や道などの空間で、さまざまな芸能の演目が神に奉納される。

種取りの芸能には舞踊あり狂言（キョンギン：物語性のある仕草や寸劇のこと）ありとさまざまだが、重要な特徴は、予祝芸

3-2　竹富の種取祭　遠藤美奈提供

能がかなりを占めることである。「予祝」とは前祝いのことである。すなわち、これから農作業を始めようとしている段階なのに、もう豊かな収穫が出来たぞ！と宣言して喜び祝うことである。農耕や漁の理想的な状態をコトバに描き、フシに乗せ、仕草をして祭の場のパフォーマンスとして体現すると、その通りに豊作・豊漁が実現するという信仰がある。この考え方が基盤となって執り行われる芸能を予祝芸能と呼んでいる。

例えば、竹富の演目のひとつ「スル掬い狂言」では、小魚のスル（キビナゴ）が大量に浜に押し寄せてきて、これを採りに行って大漁となるという話題を歌三線の伴奏に合わせて演じる喜劇である。実演にあたっては、本来の筋に色々なエピソードが付加され、リアルにかつ滑稽に、生活感あふれる演技で面白く脚色してあるところが楽しめる。また、「世果報狂言」では、仙人をイメージした老人が子供や若者を伴って登場し、村人に稲や粟の穂を授ける芝居が演じられる。（ちなみに、このときに唱えられる口説囃子にシンセサイザの音を加えて編曲して大ヒットした沖縄ポップの代表曲が日出克の〈ミルクムナリ〉である）

これらの芸能はあたかも娯楽のように村の人々に鑑賞される一方、自ら参加して稽古を重ね、本番の舞台に臨むことが村人としての義務であり、一種の通過儀礼でもあり、ムラの一員としてアイデンティティを感じる機会でもある。したがって、種取り祭のアヨウと奉納芸能の数々は、ムラにとって一年で最大のエネルギーを投入する大事な行事であると言えよう。それゆえ、過疎化の進むムラであっても、こうした祭りのときには、遠く離れた都会に暮らす人々も郷里のムラに帰り、祭りに参加する。あるいは、都会で暮らす同郷者たちで作る「郷友会」の活動として、都会で日々歌舞の練習を重ねてから帰郷して、祭の舞台に出演する、といった事例もある。

感謝の祈り・ミシャグパース

稲作を締めくくる夏の豊年感謝の祭りには、〈ミシャグパース〉〈フミシャグ〉などのアヨウが歌われる。こちらは、旧暦六月（新暦の七月ごろ）、豊作を感謝する祭り「プール」（近年は豊年祭と呼ぶ）で歌われる。プールは、その年の稲や粟などの豊作を感謝すると同時に、来年の豊作を祈念する行事である。

プールは二日間にわたって行われるが、第一日は「オンプール」と呼ばれ、ムラの聖所であるオンに人々が集まり、神事を司る女性・ツカサが取り仕切って神事が執り行われる。村の重役たちが居並ぶなか、ツカサたちが厳かな祈りを捧げる。そしてツカサによって聖化された神酒を給仕役の男が参列している重役たちの持つ酒器に注ぐ。神酒を受けた人々は、酒器を揺らしながら神酒を讃える内容の〈ミシャグパース〉または〈フミシャグ〉を歌い、神酒をいただく。始めの一～二節は素朴でリズミカルな歌だが、後半には〈かぎやで風節〉を彷彿とさせる厳かな歌が続く。

ミシャグは神酒、パースは囃子の意味で、ミシャグパースとは神酒を囃す歌、すなわち神酒を賛美する歌のことである。プールの酒は収穫物の象徴でもある。稲を収穫して得られた米の一部を神酒にするわけだから、「神酒が豊かにある」と歌うことは、稲が豊作であったことを宣言することなのである。日照りや台風、飢饉に見舞われることなく、毎年順調に稔りの季節を迎えられるよう祈る人々の切なる願いは、この神酒を賛美するアヨウに凝縮されている。

うみしゃぐ（石垣市登野城）[7]

一、うぶおんぬ　かんむとぅぬ　　ウブ御嶽という神元の
うみしゃぐ　　御神酒である

二、神(かん)とぅーます　上(うぃ)とぅーます　　　神を讃えるお祝いである
うゆわい
三、中皿(なかざら)ぬ　うみしゃぐ　　　酒器に入れた御神酒を
囃しばどぅ　世(ゆ)ばなうれ　　　囃せば世は栄える
うやきなかざ　　　尊い酒器を
なゆ　囃しばどぅ　世ばなうれ　　　もっと囃せば世は栄える
四、みゆさいぬ　うみしゃぐ　　　粟の御神酒を
囃しばどぅ　世ばなうれ　　　囃せば世は栄える
うやきみゆさ　　　尊い粟を、
なゆ　囃しばどぅ　世ばなうれ　　　もっと囃せば世は栄える
ウヤキユヌ　ホーナカ
アマイユヌ　ホーナカ　ナユホーナカ
五、うむいすいすいぬ　　　尊い神酒の
んまさかばさ　サーヨンナ　　　うまさよ、芳しさよ
イラヨ　んまさかばさ　サーヨンナ

プールの第二日はムラプールと呼ばれ、一転して賑やかになる。ムラごとに独自のデザインで仕立てた大きな旗頭を押し立て、集落の中を練り歩いたり、巻踊(まきぶどぅる)を踊ったりする。巻踊はムラじゅうの男女が参加する輪踊りで、そこでもプールの巻踊りのアヨウがさまざまに歌われる。綱引きをする地域も多い。綱は収

3-3　登野城のオンプール（ミシャグパース）
大城弘明撮影

穫した後の稲藁を綯って作るので、豊作の象徴という意味がある。豊作であればあるほど、大きな綱が作れることになる。村の人々ができるだけ大きな綱を作って誇るのは、綱が太いほど、稲が豊作だったことを象徴するからである。綱引きも豊作の実現を図るパフォーマンスだと言えよう。

さらに、船漕ぎ競争が行われる地域もある。琉球の船漕ぎ行事は、元来、航海の安全を祈る神事だったが、付随して行われていた競漕の方が面白いので主役になったものと考えられる。また、一部のシマの豊年祭では、変装によって、異界から来訪したとする神が登場する秘祭を行なう地域もある。川平のマユンガナシ、新城島のアカマタ・クロマタなどの来訪神が知られる。

3-4　石垣四箇村のムラプール（旗頭行列）
大城弘明撮影

まとめ

種取り（タナドゥル）は、稲作の開始にあたって予祝をすることが目的であり、豊年祭（プール）は稲作の完了にあたって感謝（次年へむけての予祝）をすることが目的である。季節に対応してその役割は区別されるが、共通して重要なことは、歌声や所作による願いの実現である。豊作の理想を描いたコトバをフシにのせて歌うこと、あるいは所作を伴って演ずることが、祈りの歌としてのアヨウの音楽的・芸能的本質と言える。

祈りの歌・アヨウが歌われる機会は共同体の行事だけではない。家の行事でも歌われる。例えば、船旅に出かける家人の旅路の平安を祈るアヨウもある。家族が旅に出る時に、順風を受けて船が走るようにと歌われる。八重山に限らず、沖縄じゅうの島に暮らす人々にとって、航海の安全を祈ることは、何にも増して、大切なことだったのである。

旅栄えアヨウ（竹富町黒島）8

一、旅ばいや　かぬしゃまに　うさいらり
二、道ばいや　びきれーまに　うさいらり
三、上るてぃ　まぱいかじに　うさいらり
四、浮きるてぃ　ましるかじに　うさいらり
五、うぬかふどぅ　くぬにがいどぅ　にがよーる

旅に出るのは　姉妹に見送られ
道行きは　兄弟に見送られ
沖縄へ上る時は南風に押しやられ
船を浮かべると、追い風に押しやられ
この果報を、この願いを、願います。

二、暮らしの歌

おしゃべりの歌

八重山の人々が日々の生活の営みの場で歌ったのは、主にユンタあるいはジラバと呼ばれる歌だった。例えば、〈うねぬ屋ユンタ〉とか、先に紹介した〈安里屋ユンタ〉などがその代表である。

ユンタの語源として「誦（よ）み歌」説や「結（ゆ）い歌」からの転訛とする説が流布しているが、いずれも言

語的根拠や社会的根拠に欠けるようだ（「ウタ」は琉球弧の古語ではないので）。興味深い説は、琉球文学者の外間守善氏の「ユンタクと関係がある」という説である。[9]「ユンタク」とはおしゃべりという意味だが、ユンタはまさしく歌でおしゃべりをしているのである。

なお、ジラバと呼ばれる歌も数多いが、ユンタとほぼ同じ使い方をされており、文学研究からは祭祀的要素の有無などの差異が指摘されているが、[10]音楽的には両者の区別は見られない。地域によっても、使い分けがあったり無かったりしている。そこで、本書では両者を区別せずに解説する。

ユンタやジラバは、五音の語句に四音の語句を組み合わせた五・四調の句を単位とし、同じ意味や対応する意味の句を二句ずつ対にして、あたかも確認し合うかのように、何十節にも及ぶ長い物語歌を歌い重ねていくという特徴がある。ごく普通の日常生活のなかで、とりわけ共同作業をしながらよく歌われていた。しばしば、五・五・四という変化形の句もある。

〈うねぬやーユンタ〉は、ウネヌヤーという家の夫婦のエピソードである。「ウネヌヤー（船の親）」とは船主の意味で、転じて、代々船主をしてきた家の屋号となっている。……波照間島の名石集落に住むウネヌヤー氏は、幼なじみの許嫁がありながら、結婚したら若妻と喧嘩をしたようだ。怒った彼女は実家に帰ってしまった。しかし、若妻は実家にも居辛く、季節が変わると気持ちも新たに、ウネヌヤーの好物を料理して戻ってみたら、彼氏は喜んで食べてくれた……という、井戸端会議の話題にありげな、夫婦喧嘩の顛末である。

〈うねぬやーユンタ〉（石垣市宮良）[11]

一、名石村（なしなむら）　うねぬやー　　名石村のウネヌヤー

ばがかぬし　船(ふな)しどぅ
二、うねぬやーとぅ　ばぬとぅや
船しどぅとぅ　此(くり)とぅや
三、いみしゃから　夫婦(みゆとぅ)ぬ
くゆさから　打(う)ち組(く)ぬ
四、成(なら)ふどぅぬ　いるだら
丈(たき)ふどぅぬ　なるだら
五、ばぬゆ捨(し)とぅでぃ　思(うむ)いそ
此(くり)ゆまた　投(な)ぎるそ
六、捨(し)とぅばみしゃ　ゆむみしゃ
投(な)ぐばみしゃ　あてぃみしゃ
七、親(うや)ぬ家(やー)でぃん　ありどぅる
父(あぶ)が家(やー)でぃん　ありどぅる
八、親(うや)ぬ家(やー)ぬ　かんどぅに
父(あぶ)が家(やー)ぬ　ゆすばに
九、とぅゆりみーば　明(あ)けとーし
かぶしみーば　着(ち)きとーし
一〇、とぅゆりみーぬ　辺(あた)りょに
かぶしみーぬ　近(ちか)りょに

私のいとしい船主
ウネヌヤーと私とは
船主と私とは
幼い頃から夫婦で
小さい頃から一緒で
大きくなって成人したら
私を捨てようと思っているよ
捨てるなら捨てればいいさ
実家だってあるのだ
(と言って家出した)
実家の客間に、離れ屋に
灯火をつけ放して
灯火の近くで

3-5　宮良のユンタ・地搗き作業の再現

一一、しくい取(とぅ)り　居(び)りょりば
ゆべぬ抱(だ)ぎ　居(び)りょりば
一二、苧(ぶー)むとぅ取(とぅ)り　居(び)りょりば
さばに裂(さ)き　居(び)りょりば
一三、苧(ぶー)　績(う)む肝(ちむ)　にやぬそ
さばに裂(さ)く　なかねーぬ
一四、何故(なゆ)ばしどぅ　なかねーぬ
如何(いきゃ)ばしどぅ　なかねーぬ
一五、うりじんぬ　立(た)ちゅだら
若夏(ばがなち)ぬ　なりゅだら
一六、うねぬやぬ　くとぅ思(うむ)い
船(ふな)しどぅぬ　なかしゅむい
一七、三日(みが)みしば　作(しく)りょり
すないずば　賄(まか)しょり
一八、三日(みが)みしぬ　ふきばな
すないずぬ　しりばな
一九、三日(みが)みしや　ちぢかみ
すないずや　ぴじぬき
二〇、うねぬやぬ　にしゃいき

麻糸を入れる篭を抱いて
座っていると
麻の繊維を裂きながら
座っていると
麻の繊維を裂く仕事は
やる気がしない、
どうして、なぜ、
やる気がしないのか
初夏になったので

ウネヌヤーの気持ちを思いやり

ほどよく発酵した酒を作って
野菜の味噌和えを作って
飲みごろになった酒を
食べごろになった味噌和えを
酒は頭に載せて
味噌和えは肘に掛けて
ウネヌヤーのもとへ行き

船（ふな）しどぅぬ　かんどぅいき

話はさらに続くが、同地には伝承されていない。別の村の伝承では、ウネヌヤー氏はこの味噌和えをおいしいおいしいと言って食べたそうだ。つまり、仲直りは成功したという。

さきに紹介した伝統的な〈安里屋ユンタ〉もこれと同類の世間ばなしである。竹富島にある安里屋という農家の娘クヤマは、なかなかの器量良しだったので、目差（役人）が目をつけて、村役を仲介に立てて嫁にしようとしたが、クヤマは役人より島の青年がいいと断った。振られて失意の目差は、ならばと隣村へきびすを返し、道で出会った可愛い娘に声をかけてみたら、これがＯＫ。喜び勇んで抱きかかえて帰り、結婚して二児をもうけ、男子は村役人となり、女子は優れた織り子となった、という話である。

興味深いことは、〈安里屋ユンタ〉は歌い進むにつれて主題がずれていく。初めは農民の女性がお役人をやり込める話しのように見えるが、後半になると、そのお役人が別の女性を手に入れて幸せになるという話しで終わる。安里屋の女性はどうなったの？　と問いたくなる。こういう一貫性のない展開は、井戸端会議やうわさ話にありがちなパターンであり、ユンタにも珍しくない。

大体においてユンタやジラバは恋愛ばなし、成功ばなし、継子いじめといった、現代の週刊誌ネタのような世間ばなしが多く、最後はそれとなく教訓めいたオチとなる。いわば「ウワサ歌」である。[12] 井戸端会議で盛り上がる話題がそのまま歌になったようなものだと言えようか。

アヨウが、フシづけられたコトバの内容が実現するという、コトバの霊力に依拠する歌であるのに対し、ユンタはフシづけられたコトバを発することによるカタルシスに依拠する歌であるように思われる。しかし、アヨウもユンタもともに共同体性の特徴を備えた歌であり、後述するトゥバラーマが個人性の強い歌であるのとは対照的である。
ユンタの歌詞の形式と内容の特徴は、次のようにまとめられる。
①節数が数十節に及び、長いこと　……長詩形
②二句ずつ並列的に、同じことを異なる語彙で述べていること　……対句形式
③物事のプロセスを丁寧に追って、写実的に描写していること　……叙事・叙景

ユンタの音楽要素

①音組織（音階）

八重山諸島の音楽に特徴的な音組織は呂音階（ドレミソラド）である。これは明治時代に洋楽導入の目的で使われるようになった「ヨナ抜き音階」と同じ形態だが、偶然の一致であって、歴史的関係はない。

八重山では、アヨウも、ユンタも、トゥバラーマも、呂音階の旋律が多い。琉球音階のアヨウやユンタもあるが、興味深いことに、同じ歌が異なる地域では異なる音階――呂音階だったり琉球音階だったりする事例がある。

例えば、新築の祝儀に歌われる家造りのアヨウが、石垣島では呂音階（一一一頁、譜2－8）で歌われているのだが、波照間島では琉球音階で歌われている。呂音階ドレミソラのうちのドとソが半音高くなって（ド♯・レ・ミ・ソ♯・ラ）、ほぼ琉球音階（三度移調するとミ・ファ・ソ・シ・ド）になっているのである（一一一頁、譜2－6）。ただし、「ド♯・レ」の音程は実際には半音ではなく、半音のさらに半分くらい広い微妙な音程にシフトしていることに注意が必要である。この事実は、琉球文化圏において琉球音階と律音階または呂音階のいずれが古いかという一九八〇年代以来の論争にも関わる重要な問題につながっている。[13]

②リズム

ユンタには、ゆっくりと声を長く引いて朗々と歌う唱法と、早く拍節的（リズミカル）に歌う唱法の二つがある。多くは、歌詞の始めの方、数節（2〜4節）をゆっりと歌い、それに続けて早い唱法で最後まで歌う。前者をジラバ調、後者をユンタ調と呼び分ける地域や、全く逆の呼称の地域があり、後者をとくに「チラシ」と呼ぶ地域や、「二揚げ」と呼ぶ地域もある。また、宮良では、リズミカルな部分でさらに旋律を変え、最初のゆっくりした部分を「本声・ほんぐい」、早い部分を「中声・なかぐい」「裏声・うらぐい」と呼ぶ。

いずれにせよ、長いリズムと早いリズムを対置して表現していることは明らかであり、アヨウとは異なる音楽表現の意識、様式の意識が認められる。その意味で、ユンタは音楽的な意匠が凝らされたジャンルである。

③旋律法[14]

ユンタの旋律には共通の特徴があって、まず最初のフレーズで上行し、次のフレーズで下行する。この構造はごくわずかな例外があるだけで、ほとんどのユンタに共通している。たいていはそのあとにハヤシ言葉のフレーズも付くので三つの楽句で構成されることが多いが、重要なことは、はじめの二つの楽句が上行と下行とで向きが対称的な旋律になっていることである。これを「対楽句」と呼んでおく。

〈安里屋ユンタ〉は、一五九頁の譜例にあるように、第一句〜「サー安里屋ぬ……」のフレーズがF音から始まり、五度高いC音に終止する。第二句〜「あんちゅらさ……」のフレーズは高いC音から始まり、最初だけさらに上行する動きが見られるが、やがて下行し、五度低いF音に終止する。もちろん、途中に上がり下がりはあるものの、フレーズ全体としては、第一句が上行し第二句が下行する、という対称的な動きとなっている。これが対楽句である。

〈うねぬやーユンタ〉も同様に、第一句は低めの音から始まり、高い音に終止する。第二句は高い音から始まり、最後は低い音に終止する。そして第三句は〈安里屋ユンタ〉も〈うねぬやーユンタ〉も、開始音と終止音は同じであり、終止感を強めている。これがユンタの基本的な旋律構造であり、ほとんどのユンタはこのような上行＋下行の対楽句に囃子句が付加されるという三楽句構造をもっている。曲によっては、第一句の上行が最終的に二度上がるだけの場合もあるが、それでも第二句は四度程度の下行となる。

一般に八重山の歌は親しみやすいと言われ、沖縄本島でもとても好まれているが、その秘密はこうしたわかりやすい音楽構造にもありそうだ。

④演唱法

ユンタの面白さ、楽しさは交互唱にある。第一節を男が歌えば、第二節は女が歌う。〈安里屋ユンタ〉の石垣での演唱例（一五九頁、譜3－1）を挙げると、男が〽安里屋ぬくやまにヨ」と歌うと、女が〽サーユイユイ」と囃す。また男が〽あんちゅらさ生りばしヨ」と第二句を歌うと女が〽マタハーリヌ」と囃す。最後に男が〽チンダラカヌイシャマヨ」と囃子を歌う。ここまでは男が主唱者である。ところが、第二節になると女が〽いみしゃからあふぁり生りばし」と歌うと、男が〽サーユイユイ」と囃す。以下同様で、第二節では女が主唱者となり、男は囃子手となる。このように、男女が入り替わりながら交互に歌い進めることにより、男女が全く対等に交互唱を繰り広げていく。

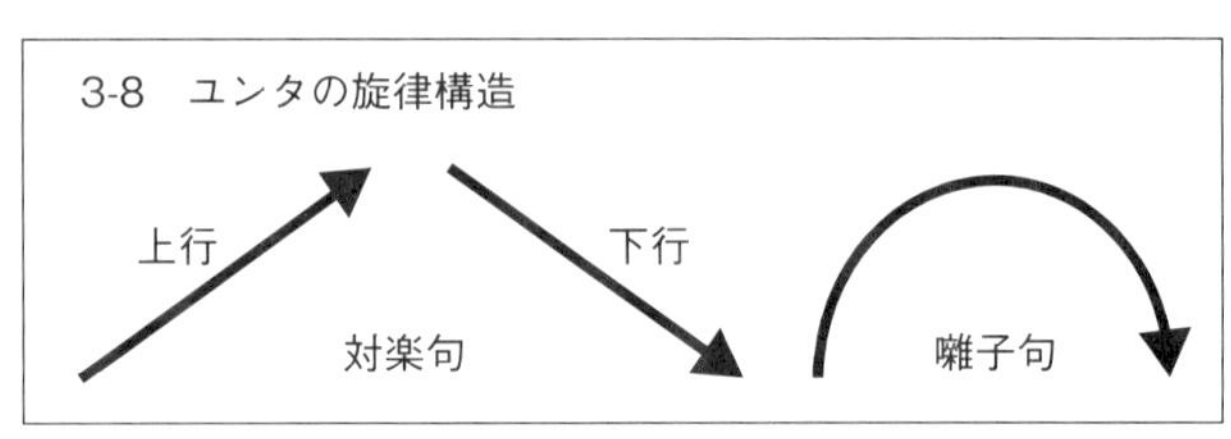

3-8　ユンタの旋律構造

ユンタの交互唱は、男女間のみではない。その場に男だけが居れば男同士で二手に分かれて交互唱をするし、女だけが居れば女同士で交互唱をする。双方が男女混成ということもある。要は、二人もしくは二グループで対等に交互に歌い継いでいく唱法がユンタの特徴なのである。実際に歌ってみると、切迫感があって結構楽しい。ユンタは、パフォーマンスにおいても対称性の原理が支配している。

以上を通じて、ユンタの形式構造を考えると、歌詞においては対句、旋律においては対楽句、唱法においては交互唱という、いずれも対称性による形式構造が見られる。すなわち、八重山音楽の中核には二元的対称性の原理があり、これが文学・音楽・パフォーマンスの三つの側面で具現されていると言えよう。

仕事歌を考える

八重山民謡の世界には、仕事歌というジャンルがない。これがもし本土の農村社会だったら、土地の民謡は間違いなく、仕事歌の数々がまっ先に挙げられることだろう。田植えの歌、草取りの歌、麦打（脱穀）の歌、臼引きの歌、そして、茶摘み、酒作り、木挽き、地固め作業、さらには馬子歌や船頭歌などなど。実にさまざまな作物について、さまざまな作業や職業について歌われてきた。さらに、そうした仕事歌の一部が現実の仕事を離れて、宴席などで仕事を回顧し、誇るための歌として洗練され、近代以降、「民謡」として広く知られるようになっていった。〈ソーラン節〉とか〈稗つき節〉といった有名な民謡のほとんどがそれである。

たしかに、八重山の人々も、半世紀くらい前には（農作業が機械化されるまでは）、農作業などをしながら歌を歌っていたという。〈うねぬやーユンタ〉は、地搗き作業をしながら歌っていたし、草刈りをしながらも歌ったりしたらしい。〈朝端ジラバ〉とか、〈まへらつユンタ〉も同様であったという。

ところが、曲名や歌う場面の関係などを詳しく尋ねてみると、どうも本土の場合とは違うのである。草刈をしながらユンタを歌ったというけれども、「草刈歌」とか「草刈りユンタ」というものはない。家を建てるための地固め作業のときにみんなで声を揃えて歌ったけれども、「地固めユンタ」という歌は存在しない。つまり、特定の産物や特定の作業形態と結びついた歌はない。また、仕事をするためだけの歌でもない。

アジアを広く眺めると、仕事歌のない文化というのは、決して珍しくない。北日本のアイヌの人々、あるいは南太平洋の島々に住む人々の間では、仕事歌というべき歌のジャンルがないそうである。これに対して日本本土や韓国の民謡では、仕事歌は重要な分類となっている。

日本や韓国のように、封建社会を経て社会の分化——身分、職業、生産作物や生産過程の分化が進んだ社会になって初めて専用の仕事歌を生むのかも知れない。「馬子唄」は馬子、「木遣り」は鳶という職業人の誇りの表現と分かちがたく結びついているし、「茶摘み歌」も「麦打歌」も、茶や麦が地域の主産物となって作業形態が特化していくことによって、歌も固有の歌詞や演唱形態をとるようになったのだろう。

王府時代の八重山の社会は、支配階級による統治の体制はあったけれども、農村は自給自足が精一杯で、特段の商品作物もなく、社会・経済の分業はまだ十分でない社会だった。こうした社会的条件が、仕事歌の成立に影響を与えたとしても不思議ではない。

三、心の歌

トゥバラーマの文学

トゥバラーマと呼ばれる歌がある。ゆったりとしたテンポで、朗々と、大きな弧を描くように歌う。八重山の歌のなかでもいちばん美しく、しみじみとした旋律である。

　トゥバラーマは、自分の心の内なる思いを表現するための歌である。喜びや悲しみ、とりわけ親子や男女の情愛、友や故郷への思いを歌い上げた抒情的な歌詞が多い。その昔は、恋人へ思慕の気持ちを伝え、またその相手に応えるには、トゥバラーマをいかに上手に歌えるかにかかっていたとも言われる。

　一般によく歌われているトゥバラーマの旋律はほんの数種類しかない。しかし、歌詞は無限にある。というのは、トゥバラーマの歌詞は即興で選択したり創作したりして歌われるからである。たくさんの歌詞のなかから、いま自分の気持ちを代弁するのに最もふさわしい歌詞を即興的に繰り出して、フシにのせて歌う。ある場合には、歌詞の一部を作り替えて歌ったり、あるいは、まったく新しく自分が創り出した歌詞を歌うこともある。その伝統は、民謡の多くが衰微しつつある現在でも守られているようだ。毎年九月には、石垣市で「トゥバラーマ大会」が開かれ、多くの人々が満月の下で自慢の喉とオリジナルの歌詞を競っている。

とぅばらーま（石垣島全域）[15]

一、紺染（くんず）みや　藍（あい）しどぅ染（す）みる（男）
　チンダサーヨー　チンダサー（女）
　かなしゃとぅばんとぅや　肝（ちむ）しどぅ染（す）みる（男）
　マクトゥニ　チンダサー（女）
　ンゾシヌ　カヌシャマヨー（男）
　　紺染めの布は藍で染める。いとしい人と私とは心で染める。

二、染（す）みてぃ染（す）みらば　花ぬ紺染（くんず）み（女）

チンダサーヨー　チンダサー（男）
浅染（あさず）みや　許（ゆる）ちたぼり（女）
マクトゥニ　チンダサー（男）
ンゾシヌ　トゥバラマヨー（女）

何度も染めれば美しい藍染めになります。浅染めのような浅い想いならごめんですよ

トゥバラーマの歌詞は、音数が比較的自由である。これまで紹介してきた八重山に古くから伝わってきた歌であるアヨウ、ユンタ、ジラバなどは、いずれも五音と四音から成る合計九音を基本として一句が出来上がっていた。例えば、「安里屋ぬ（五）くやまに（四）」「あんちゅらさ（五）まりばし（四）」といった具合である。ところが、トゥバラーマの場合は「紺染みや（五）　藍しどぅ染みる（七）　かなしゃとぅばんとぅや（八）　肝しどぅ染みる（七）」というように、琉歌の音数でもなく、和歌の音数でもなく、固まった形式がない。音数に関する限り、自由律と言ってもいい。とは言え、形式が何もないかというと、そうでもなくて、歌詞をよく見ると、第一句と第二句とはキーワードが対応している。明らかに対句のような類比的表現が見てとれる。一節にたった二句しかない短い詩形だが、凝縮された深い表現が伝わってくる。冗長な長詩形を特徴とするユンタとは異なる、表現世界の大きな飛躍が感じられる。

3-7　トゥバラーマ大会

トゥバラーマの音楽

一方、演唱法や音楽面では、むしろユンタとの同質性が際立っている。トゥバラーマはしばしばユンタと同じように交互唱によって歌われる。最初の一句を男が歌うと、女がハヤシを返し、次の一句を男が歌うとまた女がハヤシを返す。最後の反復句を男が歌い終えると次は女が引き取って、第二節の最初の句を歌い、男がハヤシを返す……というやり方だ。

旋律もユンタの形が元になっている。最初の句「紺染み……」はゆったりと上行していく旋律、次の「かなしゃ……」は高いところから始まって次第に下行していく旋律で、最後にハヤシの反復句「ンゾシヌ……」が付け加わって三楽句で構成されている。もちろん、音数の型は崩れていて、自由な音数で歌詞が当てられているけれども、大きな枠組みとしての三楽句構成は変わっていない。

では、なぜ文学面での音数律が壊されてしまったか。それは、型にはまったような言葉遣いではなく、文字どおり自由に、歌い手の心を表現できる言葉を求めたからに他ならないだろう。トゥバラーマは、短歌、つまり短い字数のなかに深い意味内容を凝縮して表現する琉歌の世界に大きく近づいている。が、しかし、形式を作りそうで作らない、音数の自由を守っているところが大きな魅力と言えよう。

音楽面でも自由な表現がトゥバラーマの特徴である。旋律は種類が少なくてたいてい同じような形だけれども、歌い出しの高さや、節回しの間合いの取り方が比較的自由で、歌い手の声の美しさと技巧をたっぷりと堪能させてくれる。と同時に、心のアヤというか、陰影をも表現することができる。昔の共同体社会に生きた人々は、祈るためと仕事の辛さを紛らわすためだけに歌を歌ってきたわけではない。昔からいつの世も、人々は自由な心の発露を歌声に託してきたことを、トゥバラーマは教えてくれる。

四、歌曲への道

三線の導入

八重山地方にも、三線の音楽がある。〈鷲の鳥節・ばしぬとぅりぶし〉〈蔵ぬ花節・うらぬぱなぶし〉〈安里屋節〉などである。いずれも「○○節」という節名がついているので、「節歌」と呼ばれている。節歌は純粋な意味での民謡ではない。農民たちが生活（祈りや仕事）の中から生みだしたものではなく、八重山の支配層である士たちが、沖縄の首里文化の影響を受けて創り出した三線歌曲である。

節歌は近年「八重山古典民謡」とも呼ばれている。一九七〇年代から使われ始めたようだ。しかし、この名称には大きな自己矛盾がある。古典とは、古くからしっかりした規範、すなわち、楽譜や技法を伴って伝えられてきた芸術（芸能）に対する呼び名だが、民謡とは、常に民衆の生活と共にあり、規範が緩く、変形や異体を含む自由な演唱によって伝えられているものを指す。つまり、正反対の用語なのである。だから「古典民謡」という語は、相反する意味の語句を連結した造語となっている。ところが、沖縄県教委が一九八三年に沖縄県指定の無形文化財の名称として使ったために、一定の市民権を得てしまっている。この用語のゆえに、八重山独自の三線音楽である節歌が、今後どのような在り方を希求していくかという大事な側面が曖昧になっている。今からでも、誤りは思い切って直すべきだと思うが。

近世琉球の時代、八重山諸島は首里の王府の支配下にあった。もちろん、八重山にも士（さむらい）階級があって、農民を支配し年貢を取り立て、蔵元という役所を置いて政治・行政を取り仕切っていたが、そこにお目付け役として首里から在番と呼ばれる行政長官が派遣され、八重山の士に命令を伝えると同時に、年貢やさまざまな貢納物を首里に送っていた。こうした支配階級内部の階層的な上下関係の中で、八重山には首里の士たちの文化、首里の儀礼的な音楽や御冠船舞踊の様式が影響を与えたり、演目が移植されたりもした。

八重山の士は、首里の士とのつきあいのなかで、欠かせぬ教養として三線を学んだと思われる。当初はそうして学んだ首里伝来の歌三線音楽を嗜んでいたのだろうが、やがて彼らは、身につけた三線の技術を在来の歌――八重山民謡に応用して、三線で伴奏する新しい八重山の音楽ジャンルを創り上げていった。

節歌が創作されていった経緯は史料上曖昧だが、〈赤馬節〉の作者として一八世紀前半の人物を挙げる説や、一八四二年に大宜味信智が〈鷲の鳥節〉を作曲したとする説もある。一九世紀半ばまでにかなりの節歌が作られていたと想像できる。楽譜は一八八四年から八八年ころに製作された『八重山歌工工四』が嚆矢となるが、その作者は、安室孫師とする説、喜舎場英整とする説があり、決定的ではない。

節歌の多くは、八重山の在来の歌であるユンタに三線の手付けをしたものである。例えば、〈鷲の鳥節〉という節歌は、あたかも〈かぎやで風節〉のように、めでたい席で演奏され、また、座開きの曲として演目の先頭に立つなど、八重山の節歌の代表曲のひとつである。曲調はまさしく御前風のような中庸なテンポの長ブシで、声をいくぶん伸ばして荘重かつ明朗に歌われる。

〈鷲の鳥節〉

一、綾羽ば（あやぱに）　まらしょり　　美しい羽の雛が孵って
　　びる羽ば　しだしょり
　　鷲ヌ鳥ヨ（ばしとぅり）　ニガユナバス（反復句・以下略）
二、正月ぬ（しょんぐぁち）　しとぅむでぃ　　正月、元旦の朝早く

元日（ぐゎんにつ）ぬ　朝（あさ）ぱな

三、あがるかい　飛（とぅ）びつけ　　東へ、太陽へ向かって飛んで行き

てぃだばかい　舞いつけ

現在、〈鷲の鳥節〉の演奏は、ここに挙げた三節の歌詞を続けて歌うのが通例だが、歌詞の内容が中途半端で意味がまとまっていないのが不思議である。この歌詞は三線にのせて歌われるが、琉歌の詩形とはかなり違う。音数が「5＋4、5＋4、反復句」の3フレーズからなっており、むしろ八重山の在来の歌であるユンタと全く同じである。

実は、〈鷲の鳥節〉は、かつて伝わっていた〈鷲ユンタ〉を改作したものだと言われている。〈鷲ユンタ〉では、次のような少なくとも一〇節から成る一連のストーリーがあった。

〈鷲ユンタ〉[16]

一、大山（ふうやま）ぬ内（うつ）なか　長山（なあやま）ぬ側（しゅば）なか　　大山の内に、長山の側に

二、大（ふう）アコウぬ萌（むよ）おり　実（な）るアコウぬ差（さし）おり　　大きな成長したアコウの木が生えていて

三、大（ふう）アコウぬ根差（にざ）しに実（な）るアコウぬ本張（むとぅばい）に　　大きなアコウの根っこに

四、五（いつ）ぬ枝踏（ゆだふ）み上（ぬぶ）り　七（なな）ぬ枝踏み上り　　五つ（七つ）の枝を上り

五、五ぴさい巣（す）ば掛（か）き　七ぴさい巣ば掛き　　五つ（七つ）の巣を架け

六、五ぴさい卵成（くがな）し　七ぴさい卵成し　　五個（七個）の卵を生み

七、五ぴさい卵から　七ぴさい卵から　　五個（七個）の卵から

八、綾羽ばまらしょり　びる羽ばしだしょり　　美しい羽の雛が孵って
九、正月ぬしとぅむでぃ　元日ぬ朝ぱな　　正月、元旦の朝早く
一〇、東かい飛びつけ　太陽ばかい　舞いつけ　　東へ、太陽へ向けて飛んで行き

節歌の音楽

ユンタは一般に長詩形で、旋律を何回も繰り返しながら、ひとつのストーリーを長々と物語っていく。〈鷲ユンタ〉の場合は、鷲の親が巣をかけたアコウの木の存在から説き起こして、最後は見事に巣立っていくところまでを延々と物語っている。ところが、現在の節歌〈鷲の鳥節〉はたった三節しか歌わない。物語としてはまったく中途半端だ。しかし、歌詞の字を長く伸ばして節付けるので、音楽的には荘重で堂々とした楽曲として十分に味わえる。しかも、歌詞は長いユンタの中から、若鷲が太陽に向かって飛び立っていくという、いちばん絵になる部分を取りだして歌っている。めでたい席で歌うには、確かにこの三節だけでも十分だと言えよう。

節歌の中には、独自に歌詞が作られた曲もあるが、多くはユンタの一部分、特徴的な数節を取りだして歌ったものである。おそらく一八世紀から一九世紀にかけてのことと思われる。八重山の士たちは、昔から楽器を伴わずに歌われていたユンタの旋律に、外来の楽器三線の手付けをすることによって、新たな芸術歌曲としての節歌を生み出したのである。

ところで、ユンタが節歌に変身したとき、音楽や歌詞、歌い方はどう変わっただろうか。

①まず、交互唱の相手からの掛け声がなくなった。理由は、三線が掛け声の代わりをするからである。そもそも掛け声の存在意義は、主唱者が一フレーズ歌って息継ぎをする時に、音楽的な時間の流れを断ち切ら

ないように、また、次のフレーズの音程をうまく導くためにある。三線を使うようになると、三線の間の手（間奏）がこの役割を果たしてくれるから、掛け声が不要になった。

②また、交互唱そのものも無くなった。これもひとつには、掛け声の場合と同じ理由からである。一節歌い終わって次の節に移るまでの三線の間奏、これを歌持ち（ウタムチ）と呼ぶが、これが奏されることによって歌い手は声を休め、次の歌詞を考え、気持ちを立て直す十分な余裕が与えられるようになった。交互に歌わずに、自分ひとりで続けて歌える技術的保証は、三線の伴奏によって与えられたのである。

③もうひとつ重要なことは、交互唱＝集団の音楽から、独唱＝個人の音楽への変化が見られる。協同による楽しみの表現ではなく、演奏者個人の技芸の表現という要素が、明らかに前面に出てくる。

④総じて、旋律はゆったりと長く、歌詞は断片的で短くなった。節歌の多くは、歌詞のことばそのものの表現よりは、歌詞の意味内容を表現する方向へ傾いている。だから、ユンタのような冗長な物語よりは短く、しかし意味的には凝縮して表現しようとする。

このような「民謡の三線音楽化」のプロセスは、沖縄や八重山といった地域の特徴では無く、普遍的な文化変容のプロセスとして理解することが出来る。八重山の音楽の諸相は、ある文化に楽器が入ってきた時に音楽がどう変わっていくかを考える上でも重要なヒントを提供してくれる。その意味で、八重山の音楽は、ひとつの音楽文化のミクロコスモスである。

第一二章　祈りの歌・ウムイとクェーナ

一　ウムイの担い手

沖縄諸島の島々に古くから伝わる歌のなかで最も素朴な歌は、共同体祭祀に伴って秘儀的に伝承されてきたウムイと呼ばれる祈りの歌である。ウムイとは「思い」のことである。「思い」は沖縄方言では「ウムイ」と発音される。心の中の思いや願いを声に出したものがウムイである。ウムイの他に、クェーナと呼ばれる歌もある。クェーナもまた共同体祭祀の時に歌われるが、「祝い歌」として家庭行事に歌われるクェーナもあるなど、ウムイよりもクェーナの方が概念の範囲が広い。

祈りの歌は、歌うべき、または歌うことのできる時や場所や人が限定されていることが多い。歌を歌う人には資格があり、誰でも勝手に歌って良いとは限らない。歌う場所は聖なる場所など決まっていて、どこでも歌えるわけではない。歌う時も決まっていて、行事の日やその練習の集まり以外で歌うと咎められることもある。また、祝いの時など、情況によって歌う機会が決まることもある。

ウムイはたいていの場合、女性たちによって歌われる。沖縄では一般に、女性は男性に比べて霊力が高いとされ、家庭のなかでも共同体のなかでも、祭祀は女性の手によって司られる。また、しかるべき血筋の女性たちはノロ、カミンチュ、クディングァなどと呼ばれる神役を務めることになっている。彼女らは、あるときは神との媒介者となり、あるときは神が宿る人と見なされる。このようにして、家庭や共同体の主要な祭祀は基本的に女性の神役たちの手で執り行われるから、祭祀の場での祈りの歌も当然ほとんど女性が歌うことになるのである。

祭祀における女性の役割は、「家―集落・共同体―（地域小国家）―王国」を通じて共通している。各家庭では、竈の神さまである「火の神（ひぬかん）」が祀られており、その祈りを取り仕切るのは主婦である。また、集落では数十家族を束ねる一門ごとに、それを代表する地位にいる女性が「神人：カミンチュ、クディングヮ」と呼ばれ、集落の祭祀に参加して定められた役割を担う。とくに集落の起源を興した家を「根屋（にーや）」といい、根屋を代表する女性は「根神（にーがん）」と呼ばれ、集落行事の中心を担う。

さらにいくつかの集落を束ねた地域単位で行う祭りを主宰するのが「祝女：ノロ、ヌール」と呼ばれる女性である。祝女は他の神人と同様に、しかるべき血筋にあたる地元の女性なのだが、他と異なるのは、琉球王国の時代には首里の王府から辞令書をもって任命された「公務員」であったという側面である。祝女は地域の祭祀を行う任務を与えられ、首里の王府から辞令書とともに小さな領地（祝女くもい地）と屋敷（祝女殿内（ぬるどぅんち））を与えられた。また、祝女の権威を象徴する〝物〟として、日輪の両側に鳳凰を描いた扇と、曲玉などを連ねた首飾り、金の簪などが下賜された。

3-8　祝女の神事正装（鎌倉芳太郎写真資料）　沖縄県立芸術大学附属図書・芸術資料館蔵

祝女は、おそらく古来琉球の基層文化にあったであろうムラの信仰に根ざしつつも、国家が誕生して後には、王国の指示によって、ムラの祈りを通して国王の長寿と豊作による国家の繁栄を祈ることが任務となったと言えよう。このように、琉球では家庭の祈りと、地域共同体の祈りと、国家の祈りとが階層的に重なり合う関係にあった。このことは、沖縄の島々で歌われる民謡や民俗芸能と、三線で演奏する古典音楽とが、内容的にも、構造的にもパラレルな関係にあることの要因となっているると言えよう。

二　ウムイの場

さて、沖縄諸島の神歌が営まれる場として、「アサギ」および「アサギ庭（まー）」に注目する。現代、沖縄本島をドライブで一周すると、海沿いの平地に集落が次々と現れる。しかし、古い集落は、実は現在地ではなく、山や丘の中腹に立地していた場合が多い。そこは水の出るところで、台風や水害の危険から守られる場所なので、最初の祖先が村立てをした場所だと言われる。

ムラを営む人々は、集落の背後にある山の頂上付近を「御嶽（うたき）」と呼んで、ムラを創建した祖先が神々となって鎮座する聖地と見なした。祖先の神々は普段は御嶽に居られるが、祭りの時になると人々が住んでいる集落に降りて来るとされる。

一方で、沖縄では、豊穣をもたらす神々は、海の彼方にある楽土「ニライ、カナイ」から旅をしてやって来るとも信じられている。人々は祭りにあたって遠来の神々を迎え、ともに交歓して祭りの時を過ごし、終わると神々をまた海へ送り出す。このようなプロセスがしばしば歌の中にも描かれている。

このとき、御嶽から降りてきた神々、あるいは海の彼方からやって来た神々を歓待する場所が「神アサギ、神アシャギ」と呼ばれる建物である。その特徴は、壁が無く、柱と屋根だけの東屋のような建物である。今でも茅葺きのままのムラ、コンクリート造りにしてしまったムラなどさまざまだが、壁が無い点はおおむね共通している。元来、「アサギ」とは来客用の離れ家をいう。神様を迎えて泊まっていただくので「神アサギ」

ともいう。

アサギの前には多くの場合、庭や広場がある。「アサギナー」または「アサギマー」という。これらは祭祀にあたって神との交歓の所作や踊り（「神遊び」という）を演ずる場であり、民俗芸能にとってきわめて重要な場でもある。神事に関わる場所なので、集落の中でも最も重要な場所にある。もっとも、ムラによっては集落から外れた藪の中にあったりもするが、これは数百年の時の経過の中で、集落の方が移動してしまった結果と考えられる。ムラが発展し、水田などの農耕が盛んになるにつれて、山の中腹よりも、海に近い平地の方が都合が良いからである。

古来の形態を現在に伝えるアサギは少なくなっている。アサギとアサギナーは、ウムイをはじめとする重要な神歌・神行事の場であるから、敬意をもって守り、維持していけるとよいのだが、難しい問題があるのかも知れない。

3-9　伊是名島の神アサギ　大城弘明撮影

三　海神祭の神遊び

さて、沖縄の村々では一年を通してさまざまな祭祀が行われ、その都度さまざまなウムイが歌われてきたが、音楽的にとくに注目したいのは、海神祭（うんがみ）とウマチー（稲穂祭・稲大祭）で歌われるウムイの数々である。

沖縄の島々に暮らす人々にとって、海は生活の場の一部である。人々は海の幸のめぐみを受け、海を通り道として利用してきた。だから、海の彼方にニライ・カナイと呼ぶ楽土を想像し、祭の時にはそこから神を招来して、豊饒と安寧を願った。

旧暦六月の下旬、ヤンバルの森に近い東村の平良と川田では「大折目（うふうぃみ）」という行事が行われる。この祭は前半と後半とに分かれており、前半はウマチーの特色を備え、後半は海神祭の特徴を備えている。ここではその後半に注目する。

そこで歌われるウムイのひとつ、〈すくしきウムイ〉はスクという小魚を話題とした歌である。スクは和名アイゴという魚の稚魚で、珊瑚礁の周辺で棲息し、毎年旧暦の六月、ちょうどこの行事の時期になると、潮に乗って岸近くに大量に押し寄せる。季節的に獲れる魚なので、塩漬けにして保存食にする。現代でもスク辛子（がらす）という料理が有名だ。

このウムイを歌うとき、二、三名の子供を控えさせ、ウムイを歌い終わると、カミンチュが用意していた漁網を子供たちにかぶせるというパフォーマンスをする。

〈すくしきウムイ〉[17]

一、すくし　来んり　　スクが来たというので
　ヘイ　ヘイ　ヒルマ　ヒルマ　　（反復句：以下、各節略）
二、うり見ゆんでぃ　　それを見に行くというので
三、わが主に　　私の亭主に
四、捨てぃらりてぃ　　置き去りにされて

五、道迷てぃ　　　　　　　道に迷って
六、求めてぃくりば　　　　夫を捜して（浜に）来てみれば
七、ゆいなびてぃ　　　　　スクを耳にも掛け
八、耳に掛き　　　　　　　鼻にも掛けて
九、鼻に掛き

スクの大群が寄ってきたぞーという知らせで、村じゅうの人々がどっと浜辺へ駆けつける。わが亭主も奥さんを放ったらかして駆けて行った。奥さんは亭主がどこまで行ったのかと捜して浜に出て来てみれば、居た居た！夫はスクを抱えられるだけ抱えて。両手がふさがっているので、スクを耳にまで掛け、鼻にまで掛けて……という歌である。

持ちきれなくなって耳に掛けるのはいいとして、はたして鼻にも掛けられたかどうか……。ともあれ何ともユーモラスだ。それに、ちょっととぼけたような旋律もいい。こんなドタバタをえがいたような歌詞を歌って、神様にお願いができるのだろうかと心配してしまう。

しかし、この歌詞には理由がある。人々の信仰の中に、歌ったこと、演じたことは実現するという考え方がある。これは、コトバには霊が宿っており、口から明確に発したコトバは実現する力をもつという、日本古来の「言霊・ことだま」の信仰とも関係がある。〈すくしきウムイ〉は、スクがたくさん押し寄せてきて村人が大騒ぎするさまを描いた歌詞を誇張した表現でフシづけて歌うことによって、コトバの通りの状態が実

3-10　川田の〈舟ウムイ〉　大城弘明撮影

現することを期待している。

子供たちに網をかぶせる行為についても同様で、ここでは子供たちを魚に見たてている。魚を採るさまを「演じる」ことによって、そのコトバの通り豊漁が実現することを期待している。それほど豊漁でありますように、と祈願しているのである。

〈すくしきウムイ〉に引き続いて、〈舟ウムイ〉が歌われる。この歌詞は、舟を造る工程から始まる。立派な素材を歌い上げることによって、舟がそれほどに優れていることを言い、これで海に乗り出したら、豊かな幸のある楽土と往来ができるよ、と賛美している。

〈舟ウムイ〉＊

一、ヘイヘー　黄金舟（くがにぶに）　求（むとぅ）みてぃ　　黄金の舟を手に入れて
二、ヘイヘー　黄金柱（ぱら）　求みてぃ　　黄金の帆柱を手に入れて
三、ヘイヘー　黄金帆（ふー）　求みてぃ　　黄金の帆を手に入れて
四、ヘイヘー　黄金梶（かじ）　求みてぃ　　黄金の梶を手に入れて
五、ヘイヘー　黄金綱（づな）　求みてぃ　　黄金の帆綱を手に入れて
六、ヘイヘー　黄金金具　求みてぃ　　黄金の金具を手に入れて
七、ヘイヘー　きしが外（ふか）　乗出（ぬんじ）てぃ　　外海に乗り出して
八、ヘイヘー　いくさ舟（ぶに）　いかすな
九、ヘイヘー　わざ舟　いかすな
一〇、ヘイヘー　かなや渡（る）ん　走（は）らす　　ニライカナイの海を走らせ

一一、ヘイヘー　綾（あや）ちぬぶ　拝（うが）まりん　　綾の垣根を拝見できるよ
一二、ヘイヘー　玉簾（たましだい）　拝まりん　　美しい簾を拝見できるよ
一三、ヘイヘー　黄金灯篭（くがにどぅる）　拝まりん　　黄金の灯篭を拝見できるよ

カミンチュがこれを歌っている間、男二人が身の丈ほどの竿を船に見たて、それぞれ前（先）と後（艫）を持って、前後に揺らしながら、船を漕ぎ進めているさまを演じる。「エーハイ、エーハイ」とかけ声をかけながら、ときどき、一方の舟子が相棒に向かって土地の方言で「おい、気を抜かずに、しっかり漕がないか！」といったような意味の言葉をかける。すると、祭の参列者一同がどっと沸いて、端から声援が飛んだりもする。これはアドリブなのだが、毎年似たような言い方をするから、恒例化しているようだ。

沖縄の人々は海を生活の場としてきた。昔は遠い町との行き来はもちろんのこと、近隣の村どうしの往き来も舟に頼ることが主であった。だから、性能の良い舟を造り、順調に航海できるということが、人々の生活と繁栄にとって最も切実な願いであった。〈舟ウムイ〉のフシにあわせて即興的に演じられる男たちの演技も、物まねに託した祈願のかたちであり、航海の順調なことを祈る儀礼なのである。

海神祭の神遊びは、各地に独特な演技が伝承されている。国頭村比地では旧盆後の亥の日に海神祭が行われ、「クェーナ」を歌う。女性の神

3-11　比地の海神祭　大城弘明撮影

人たちが祝女の曲玉を讃えるクェーナを歌っている最中、イノシシ狩りを模倣した神遊びに男たちが参加する。一人の男がイノシシ役となり、バーキと呼ばれる籠を頭にかぶって身をかがめてアサギ庭を走りまわると、数名のイヌ役の男たちが四つ足になってこれを追いかけ回す。彼らがイノシシを追い詰めたところで、海神に扮した神人の女性が弓を射て仕留める、という次第である。

大宜味村謝名城は、芭蕉布で有名な喜如嘉の里を奥の方まで進んだところにある。謝名城の海神祭は、小高い森を登っていった先にあるアサギで執り行われる。アサギ庭での神との交歓、すなわち神遊びの後に神送りの儀礼に移るが、神遊びの締めくくりが「縄遊び」である。アサギ庭に一本の棒を立て、アサギの柱との間に二本の綱を張り渡し、三、四名のカミンチュがその中に立って左右の綱を持つと、〈縄遊びぬウムイ〉を歌いながら、両手で綱を交互に上下にゆっくりと揺らす。あたかも航行する船が揺れているように演じる。この後、ノロ、カミンチュ以下の参列者たちは、丘を下りながら道行きのウムイを歌い（昔はノロを馬に乗せて行ったという）、喜如嘉の浜に至って、海の彼方のニライへ向けて神を送り出す。

縄遊びのウムイ（大宜味村謝名城）[18]

一　ニレーから上がてぃもーち　　ニライの楽土からいらっしゃって
二　遊びならてぃ　　遊びを習い
三　踊いならてぃ　　踊りを習うが

3-12　謝名城の海神祭〈縄遊びのウムイ〉

四　かたすべーくじまや　　辺鄙な村だから
五　遊ばらん　　遊べない
六　踊らん　　踊れない
七　遊び足らじ　　遊び足りないでしょう
八　踊い足らじ　　踊り足りないでしょう

海神祭の行事を通して、人々は海の彼方から神を招来し、アサギ庭で神と共に歌い踊る「神遊び」を行い、その中でウムイの歌声にのせたコトバの実現を願うと同時に、「模倣儀礼」すなわちものまねの演技を通して、思いをさらに強く実現させようと努めるのである。

四　ウマチーの声

海神祭とまったく対照的な性格の祭が、米や麦の豊作を祈り、感謝するウマチーである。ウマチーの主役は穀物なので、米を三宝にのせて供えたり、神酒を供えて献杯する儀礼が中心となる。ウムイの曲調も、極端なくらい海神祭とは異なり、厳かな雰囲気の中で執り行われる。

沖縄の伝統的な農事暦では、種を蒔くのが旧暦の九月から一〇月、田植えを

3-13　稲の花

するのが春先、旧暦の一、二月ごろとなる。三月から四月、うりずんの季節になると稲は大きく成長し、やがて本土よりも一足早い梅雨の季節となる。旧暦の五月になると梅雨が明け、夏の日射しのなかで稲の穂が出始める。ここから約一カ月くらいの間、稲の穂が出て花が咲き、受粉したのち、実がしっかりと熟するまでの間は、稲作にとっての正念場である。日照や気温の状況が実の生育を左右するいちばんデリケートな時期だからである。いわんや台風などが来たらおしまいである。人々は祈るような気持ちで実の熟するのを待ったであろう。まさしく息をひそめて……。

というわけで、沖縄では旧暦五月の吉日に稲穂祭を執り行う。多くは五月一五日で、「五月（ぐんぐわち）ウマチー」ともいう。稲穂祭は、稲の初穂を神前に捧げて神を讃えるウムイを歌い、豊かな実入りを願う行事で、この日を含む旧暦四月から二カ月ほどの間は、物忌みとして太鼓などの鳴り物を避け、静かに稲の実入りを見守る。大きな物音をたてると稲霊（いなだま）が驚いて逃げてしまうかも知れないからだという。もっとも、現在では実生活で物忌みをしているという話は聞かない。

続いて六月になると、稲は稔って穂を垂れ、いよいよ収穫が行われる。旧暦六月の吉日に行われる稲大祭は「六月（るくぐわち）ウマチー」と呼ばれ、稲が収穫できたことを喜び感謝するので盛大な祭となる。旗頭行列や綱引き、相撲などが加わる地域もある。六月ウマチーのときも、カミンチュらが拝所でウムイを歌うが、時に、鼓を打ちながら歌うことがある。

那覇の西方約百キロメートルにある久米島の儀間（ぎま）と嘉手苅では、稲の収穫を終えて神に感謝する稲大祭の儀礼「六月ウマチー」が行われる。祝女以下、大勢のカミンチュたちは朝早く、祝女の屋敷（祝女殿内）に集まり、祈りを捧げてから出発する。このとき、子どもたち（慣例では小学五年生と決まっているという）五、六人が大団扇を掲げてノロ一行を先導する。一行は、最初にムラの守り神が鎮座する御嶽を訪れる。古来はノロは馬に乗って御嶽に登ったというが、農耕馬のいなくなった現代では、乗用車等に分乗して丘を登っていく。

御嶽は集落の背後にある小高い丘にあり、そこに登ると、海へ向かって集落の広がりを一望できる。御嶽に祀られているのは、ムラを愛護するとされる祖霊神、すなわち村立てをした遠い祖先たちである。神となった祖先たちの霊はムラを背後から守ってくださっていると信じられている。御嶽の小さな広場には、ムラの重役たち、区長、議員、大きな家の当主、その他の長老たちが参列しており、祝女一行を迎える。祝女たちは、広場の一隅にある拝所に米と神酒を供え、恭しく祈りのことばを口の中でつぶやくように唱え、御嶽の神々に祈りを捧げ、ウムイを歌う。このとき、列席するムラの重役たちとも神酒の杯をやりとりして、神々からの祝福を分かち与える。

3-14　阿嘉島のウマチー

御嶽での儀礼を終えると、ノロたちの一行は御嶽を降りて集落に戻り、定められた道順に従って、ムラを構成する三つの家系（マキョという）の本家を訪れて、同様の杯事とウムイ演唱の儀礼を繰り返し行う。

この日の儀礼で繰り返し歌われる神歌の一つを紹介しよう。座ったままで、声をゆったりと長く伸ばして歌う。身振りはない。

〈お崇べ・うたかび〉（久米島町嘉手苅）

一、エーーイ　今日（きゆ）ぬ時（とぅち） イーヘーイ　イナーオー	今日という吉日に
二、エーーイ　あまぬうぃーか　いめてぃ イナーオー	祖先の英雄がいらして
三、エーーイ　まつがにに　いめてぃ イナーオー	まつがに様がいらして
四、エーーイ　杜（むい）ぐしく　降（う）りてぃ イナーオー	この御嶽に降臨なさって
五、エーーイ　降りてぃ　誇（ふく）てぃ居（う）り イナーオー	降臨なさって喜んでいるよ
六、エーーイ　誰（たる）が居てぃ　じりが居てぃ イ栄（ふ）さ	誰が居て栄える
七、エーーイ　とぅふぇーく　押（う）し連（ち）りて イ栄さ	家元の当主を連れて栄える
八、エーーイ　按司添（あじすい）が　うゆな アウェーオー	按司（領主）様のために
九、エーーイ　いし清（つ）らが　うゆな アウェーオー	いし清ら様のために

3-15　久米島西銘のウマチー　大城弘明撮影

（中略）

一三、エーーイ　あみ誇いみそり　　（神は）お喜びください。
イナーオー

旋律はゆっくりとしたテンポで、歌詞の一字一字を長く伸ばし、さらに「へー」などの意味のない発音をあれこれ挿入してフレーズをふくらませている。だから、よけいに長々しく感じられる。

もともと、ウムイの歌詞に使われている語はいわば古い雅語だから、現地の人でも意味のわからない語が多いが、一字一字をこんなにバラバラにされたら、到底聞き取れるものではない。しかし、祝女たちはむしろ、歌詞がどうであるかよりも、長々しくて難しいフシをいかに歌いきるかに注意が向いているように感じられる。

他の土地の事例だが、伝承の過程で祝女たちも意味がわからなくなって、発音がさらに変化したまま伝え、今ではまったく意味不明となった歌詞をそのまま歌っている例が少なくない。それでも彼女らは歌い続け、伝え続ける。もちろん、歌っているコトバは元々は意味があり、その意味するところが実現する霊力を持つから歌うのであるが、たとえそれが客観的には意味不明になっていようと、彼女たちは頓着していない。それは、実際に発せられたコトバに意味があるからではなく、コトバをのせた声とフシが祭の場に流れることに意味があるからである。

延々と長く伸ばした声には、発声するときの緊張感があり、冗長な音響の中から生まれるある種の恍惚がある。それが信仰する人々を宗教的感動に導いてくれるのかも知れない。ある集落でのことだったが、長々しいウムイの声に、カミンチュの一人がこみあげる涙をハンカチでそっと押さえながら唱和していた光景がとても印象的だった。

ここに挙げた二つの祭、海神祭とウマチーは、儀礼としても音楽としても、まったく対照的である。この対照の中に、沖縄の祈り歌の両極を見ることができる。まず、海神祭系のウムイの特徴は、狩猟・漁撈や航海の順調を描写的に歌ったり、物まね的に演技をすることである。したがって、ここで歌われるウムイは早ブシで、歌詞が聞き取りやすく、リズミカルな旋律となるし、狂言的な物まねが伴うことで、儀礼全体にとてもおおらかな楽しい雰囲気さえ感じられる。

一方、ウマチー系のウムイの特徴は、神を直接賛美して、豊年と繁栄とを願う歌詞を祈祷文的に歌うことであり、演技的な要素はほとんどない。ここで歌われるウムイは長ブシで、声を長く伸ばし、産み字をたくさん付け加えた旋律で、歌詞はむしろ聞き取りにくいほどである。儀礼全体にとても厳かな雰囲気が感じられる。

五　クェーナの広がり

聞得大君（きこえおおきみ）のクェーナ

クェーナは歴史上にも登場する。とくに、首里城の中で歌われたクェーナ、王国を守る祭事を司る聞得大君を中心とした君々（きみぎみ）（女性の神官たち）が伝承していたクェーナは、もしかすると、地方のノロたちのウムイと関係があるかも知れない。残念なことに、聞得大君のクェーナの伝承は、明治時代に絶えてしまった。しかし、山内盛彬（やまのうちせいひん）が聞き取って採譜したクェーナ数曲の資料が残されている。[19] 近年、これの一部を復活させるプロジェクトが試みられ、その成果の一部は、毎年首里城のイベントで公開されている。

聞得大君のクェーナは、対句を連ねて長々と叙事的に歌い進める歌詞と、比較的単純素朴な旋律が特徴であり、地方のノロたちによるウムイと同様である。琉球音階よりは呂音階の傾向が強い。

首里（しゅり）の旅グェーナ

現在も伝承されているクェーナの代表例は、首里の旅グェーナである。近世において、首里の士（さむらい）の家庭では、女性たちによる「踊合（うどぅうぇー）」という集会がしばしば行われた。これは、家人が旅行中の家庭（旅衆（たびす）と呼ばれた）において、その旅にある家族の安全を祈念するために、親戚縁者の女性たちが集まって旅グェーナを斉唱する集まりである。[20]

一般に、沖縄の女性は血縁の男性に対して守り神となると信じられてきた。これを「おなり神（うないがみ）」という。とりわけ、嵐の危険と隣り合わせの船旅においては、姉妹（うない）の祈りが力をもつと信じられていた。王府の御用のために薩摩や先島、さらには中国へ長旅をすることがあった士の家庭では、いったん旅に出てしまうと数ヶ月もの間、安否もわからぬまま不安な日々を送らなければならなかった。そういう時に近親の女性たちが寄り集まって、ともに航海安全を祈り、慰め励まし合って歌ったのが旅グェーナであった。

旅グェーナの歌詞は、琉歌が多く見られるのが特徴である。とりわけ、第一曲に歌われる〈旅歌〉は、古典音楽の〈かぎやで風節〉と同じく、独特な下句反復の形式をもっている。踊合では、これを三節続けて歌う。

〈旅歌〉（那覇市首里）

だんじゅかりゆしや　選でさし召しぇる
　船の綱取わ　風や真艫
　　まことにめでたいことである。良い日を選びなさったものだ。船の係留綱を外すと、追い風を
　　受けて（順調に出発するよ）

「踊合」で歌われるクェーナには、〈旅歌〉のような琉歌形式の歌詞の曲と、対句を長々と連ねた長詩形のクェーナの両方が含まれている。第二曲の〈旅グェーナ〉は、五＋五音の句を一二〇節余りも歌い連ねる長大なクェーナである。歌詞は、ヤマト旅を拝命してから祈りの儀式、派遣の儀式から出航、薩摩への到着、そして帰路にわたる長い過程を丁寧に歌い重ねていく。旋律は素朴で単純だが、ゆっくりとしたテンポで厳かに進行する。一同は輪になって、一歩一歩、合掌しながら輪を進める。

一方、第三曲の〈ヤラシー〉はさらに長大で二百数十節に及ぶが、きわめて早いテンポで唱えるように歌われ、所作も速足を踏みながらを轟かせながら巡っていく。第四曲の〈だんじゅかりゆし〉は、航海安全を祈る琉歌を何節も歌い連ねているが、美しい旋律が印象的な曲である。その次には再び〈ヤラシー〉が歌われる。〈ヤラシー〉は一曲おきに、つなぎのように組まれている。

3-16　首里の踊合　『山内盛彬著作集』より転載

踊合のプログラムには任意に組み込まれる曲もある。そのひとつ〈うりずんグェーナ〉は、男性の衣服作りの過程を丹念に描写することによって、男性の航海安全を祈るための歌である。歌は苧麻の繊維を取り出すところから始まり、糸に紡ぎ、機に掛け、布に織り、これを裁断して着物に仕立て、これを大切な人（兄弟など）に着せて、身の安全と長寿を祈るまでを歌っている。このクェーナの内容は、現在の琉球舞踊「綛掛け」の信仰的基盤になっていると考えられる。

ただし、残念なことに、琉球舞踊関係者の間では、旅グェーナやその信仰について、もはや認識されておらず、現在の琉球舞踊「綛掛け」は、すでに旅に出た夫が帰るまでに着物を作っている場面を描いていると解釈されている。

〈うりずんグェーナ〉（那覇市首里）

歌詞	訳
うりじみが初が苧　若夏が真肌苧	初夏にできた柔らかな糸芭蕉の繊維を
真竹管作やい　真竹いぇーじ作やい	竹の管を作って、エージを作って
尾花形引き出し　ばらん形抜ち出し	真白い繊維を掻き出して
（中略）	
十尋綛掛けて　八尋綛掛けて	長い糸を綛に掛けて
（中略）	
姉妹達揃てぃ　親がなし御前なち	姉妹達が揃って、母上の御前で
かしちから身丈取てぃ　真中や御袖裁ち	織り始めから見頃を、真中から袖を取り
○○（人名）里之子ぬ　大和かいぬ公事御衣	里之子の大和行ご公務の着物にする

うり召しょち里之子　百二十歳御願　　それを着て里之子様は長寿であらせられる

（後略）

首里の旅グェーナは伊江島にも伝わって「あやめ歌」と呼ばれ、[21] 五曲ほど伝承されている。その他にも、少数だが沖縄本島各地に単独の旅歌が伝わっている。

祝儀歌のクェーナ

慶良間諸島には、祝儀の時に女性たちが歌うクェーナが数曲確認されている。

〈慶良間グェーナ〉（座間味村阿嘉）[22]

慶良間渡ぬ寄い木　風ままどぅ寄ゆる　寄てぃく玉黄金　抱ちょてぃ話さ

慶良間の海に漂っている木は、風の吹くままに寄ってくる
近寄っておいで大事な人よ、抱いて話をしよう

何時やりばどぅし衆　寄らてぃ遊ばりが　今日やちょん寄らてぃ　遊でぃ別ら

仲間の皆さん、何時だったら歌い踊ることができようか
今日は少しばかり立ち寄って、歌い踊ってから帰ろうよ

歌詞は琉歌形式の短歌で、遊びや恋の暗喩などを内容としている。伝承地の阿嘉島では、正月の宴席など祝儀の場で歌われるという。渡嘉敷島には、〈座間味グェーナ〉という琉歌形式の遊び歌があり、祝儀に際

して歌われたという。このほかに、粟国(あぐに)島にも〈正月グェーナ〉と呼ばれる五＋四の句を対句にした歌が伝わっている。

稲作のクェーナ

クェーナは女だけが歌うのではない。南城市（旧玉城(たまぐすく)村）仲村渠(なかんだかり)にアマウェーダと呼ばれる歌が伝わっている。「アマウェーダのクェーナ」と呼ぶこともある。

浦添市の西原には文字記録だけが残されているが、同市沢岻(たくし)には、歌を記憶している古老が一九七〇年代に残した録音がある。仲村渠のアマウェーダとも似た、しかし独自のフシ回しが印象的な旋律である。残念ながら伝承が絶えたが、現在、地元の方々が復活をめざして努力を重ねておられる。

〈アマウェーダ〉南城市玉城仲村渠[23]

1　あまみちゅが　はじみぬ　　　アマミ人（祖先神）が初めた
（以下、反復句）イェー　アマウェーダヨ　米(くみ)ぬ湧上(わちゃ)がゆい
2　浦田原(うらたばる)　巡(みぐ)やい　　　畑地を巡り巡って
3　泉口(いじゅんぐち)　悟(さとぅ)やい　　　泉の口を見つけて
4　湧(わ)くぬ口(くち)　悟やい　　　水の湧く口を見つけて
（以下略：演唱録音なし）

3-17　仲村渠のアマウェーダ　大城弘明撮影

伊平屋島、伊是名島にはテルクグチというクェーナが伝わっている。伊是名村の幾つかのムラ（字）では、旧暦八月一一日の「世願い」という行事で、ムラの男たちの交互唱によってテルクグチが歌われる。五〇節余りに及ぶ長い歌詞で、シラビックで素朴な旋律の早ブシだが、音取りの歌った句を一同が反復する。八割ほど歌い進んだところで別の旋律に変化する。

〈テルクグチ〉（伊是名村諸見）[24]

	歌詞	訳
1	くぬ殿内　主がなし	このお屋敷のご主人に
2	果報なくとぅ　うぬきら	めでたいことを申し上げよう
3	くぬ殿内　あんし前	このお屋敷の奥様に
4	果報なくとぅ　したりら	めでたいことを為しましょう
	（中略）	
7	てぃるくみが　降りよてぃ	テルコ神が降臨しているので
8	なりくみが　居るぐとぅ	ナルコ神が降臨しているので
	（中略）	
22	九月がなりばよ	九月になったら
23	角高わ　たるない	牛を使って
24	足四ちゃわ　たるない	同
25	新田けじょ　けじょけし	新たに田を耕し

26　底田けじょ　けじょけし　　広い田を耕し

（中略）

62　御蔵までぃ　積みちてぃ　　御蔵にも積み満ちて

63　八尋屋んたしみてぃ　　大きな蔵に貯めて

（中略）

67　くん酒に　あやびん　　酒盛りでございます。

68　飲ぬりどぅん　干ならん　　飲んでも無くなりません。

歌詞は、音数律が五＋四の句ふたつを対句にして延々と述べていく長詩形で、始めに家主を誉め、神々を讃え、次いで秋から始まる稲作の過程を順次描写し、最後は収穫した稲を収めて神酒を供えるまでを歌っている。八重山の〈稲が種アヨウ〉や沖縄本島の〈アマウェーダ〉などと同様な稲作の予祝歌である。

クェーナは、秘儀的な歌から祝儀歌、娯楽性を帯びた歌まで、また、女性だけでなく男性が歌う稲作の豊作祈願の歌まで、実に幅広い局面を包み込んでいる歌であるが、これらに唯一共通していることは、三線を使わないことである。いずれも歌声だけで（多くはチヂン＝鼓や太鼓を打ちながら）演唱される。このことから考えると、秘儀的なウムイだけでなく、クェーナもまた、三線音楽が広まる以前の、琉球の古い歌の伝統を伝えているのではないかと思われる。

3-18　田名のテルクグチ

第一三章　旋律の源泉・ウスデーク

フィールドワークはまず人探しであるが、「昔の歌を録音するなら、まず、おばあさん！」――沖縄の島々をまわっているうちに、これが私の経験則となった。村の教育委員会の担当者から始まって、集落の区長さん、老人会長さん、そして古い歌を知っている人と、順ぐりに紹介してもらっていくと、なぜか、最後に行き着く先はおじいさんであるよりは、おばあさんであることが多い。女性の方が歌がうまいし、歌をよく覚えている。しかし、それ以前に、沖縄諸島では、その村にしかない固有の楽曲を探していくと、結局は女性が担っている歌のジャンルに行き着くのである。

沖縄諸島で最も重要な、そして沖縄音楽全体の根幹と関わる音楽、それが女性たちによる踊り歌、ウスデーク（臼太鼓）歌である。ウスデークは、ムラじゅうの女性たちが輪になって踊る芸能であり、男性が加わることはない。輪の中の数人が鼓（ちぢん）（直径三〇センチくらいの鋲打ち太鼓）を打ちながら地謡（じうてー）（主旋律の歌い手）をつとめ、他の一同がゆるやかな所作の手踊りをしながら囃し返す。この踊りは組曲となっていて、少ないムラで五、六曲、多いムラでは一四、五曲くらいを歌いながら踊り連ねる。

なお、琉球王府時代の歴史書『球陽』などには那覇の士（さむらい）たちが三線を手に「舂（うす）太鼓」を演じる様子が記述されているが、その内容は今日のエイサーに相当すると考えられる。また、九州南部には「臼太鼓踊」という芸能が広まっているが、これは男性がやや大きな締め太鼓を腹にくくりつけて踊る。いずれも男性の芸能なので、沖縄諸島のウスデークと名称は似ているが、芸能の系譜としては関係が薄いと思われる。

一　安田のウシンデーク

国頭村の東側の海岸に面した安田（あだ）の集落は、山深い国頭村のいちばん奥まったところにある。那覇からバスに乗って西海岸を国道五八号線でずっと北上し、終点の名護でまた乗り換え、国頭村役場のある辺土名まで来ると、路線バスはそこでおしまいとなる。そして、一日に二往復しかない村営のマイクロバスに乗って標高四百メートル近い峠を越えて、やっとこさ安田にたどり着く。

安田では、毎年旧暦七月の前半にシヌグという祭があり、その一部として神事の後でウスデークを踊る。とくに、二年に一度は「大（うふ）シヌグ」といって、格別盛大な祭となる。ムラに住んでいる人々はもとより、故郷を出て遠く離れた那覇に住んでいる人々も、この日だけは一二〇キロの道のりを、車をとばして駆けつけ、過疎の集落の人口は、二、三倍にふくれあがる。

大シヌグの時は、昼ごろから「山登（ぬぶ）い」の行事を行う。ムラじゅうの男が（老人も子供も）背後の聖地の山に上り、草や蔓、木の枝を身にまとって集落へ下りて来るという独特の行事である。この男たちの異装は、神に変身したことを意味している。集落に下りた男たちは手にした木枝で待ちうけていた女たちを祓い、集落の中を練り歩いてムラを祝福する。男

3-19　安田のシヌグ　大城弘明撮影

たちは最後に浜へ出て海に入り、身にまとってきた草や蔓を海水に流して「人間」に戻り、「山登い」は終了する。

夕方、神人たちが神アサギに集まってムラの重役らと杯事を行った後、人々もあらためてアサギ庭に集まってくる。ここではムラの男女によって田草取りや舟の進水などの模倣儀礼を行うが、これは海神祭の一種でもある。

祭事が終わり、背後の山に夕日が沈みかけると、今度は女性中心のウシンデークが始まる。広場を取り囲むように見物の男性たちが座り、まん中にたいまつが焚かれて、あかあかと人々の顔を照らし出す。紺地の絣を着た女性たちが、広場のわきに参集し、互いに帯やはちまきの形を直しながら、始まりを待っている。

参加者の多くは中高年の女性だが、三〇才前後とおぼしき若い女性も少なくない。その中には今年初めてウシンデークの輪に加わるという人もいる。他村の出身だが、那覇で安田出身の男性と結婚して家庭を持った女性だという。那覇にある安田出身者の集まり「郷友会」で毎週練習をかさね、今日いよいよ初めての晴舞台をふむ。安田に生まれた人々も、その家族となった人々も、皆このシヌグとウシンデークの行事に参加できることを誇りにしているようだ。安田のウシンデークは、外部者を排除しない、縁ある人々をどんどん包み込んでいくところが、盛んになった原因のひとつだろうと思う。

3-20　安田のウシンデーク　大城弘明撮影

そして、もうひとつ初参加のグループがいる。紺地の絣のなかで、四、五人だけ白っぽい上下の衣（胴衣・下裳という）を着た少女たちが参加している。彼女たちは中学生である。この衣裳は、昔は未婚の娘たちが着たものだそうだ。安田には学校が中学までしかなく、[25]高校に進むときはムラを出て、町に下宿して通学しなければならない。そうして若者は村を離れていく。卒業後、農業を継ぐ者は戻ってくるだろうが、多くは就職してそのまま都会に出て働くことになる。何年か経って結婚して子供ができた頃になって、一部はシヌグのために帰省する人もいる。だから、中学生の女の子たちは、もしかすると、これがウシンデークを踊る最初で最後の機会かも知れない。それとも、彼女らは一〇年余りのブランクを経て、またこのアサギ庭に戻って来るだろうか。

ウシンデークの演技は、まずアサギ庭に輪を描くことから始まる。五、六人の地謡が先頭にたって、鼓を打って拍子をとりながら入場の歌を歌い、広場いっぱいに輪をつくる。

〈入り羽〉[26]
仲前大主　ちょうふっす　鼓借らち給ぼり　　仲前家の伯父様、太鼓を貸してください。
夜ね夜ね遊でぃ　してぃみてぃ返さびら　　夜通し歌い踊って明け方お返ししましょう。

さあ、これから一晩じゅう踊り明かそうという意気込みを歌った歌詞である。ゆっくりと一歩一歩進みながら全員が輪を描き終えるまで、一〇節くらい歌っただろうか。輪が出来たところで第一曲〈うちづまー〉となる。これを皮切りに、以下さまざまな曲が歌われるが、どこの土地のウシンデークでも、初めの一～二曲は必ず土地誉めの歌が歌われる。

〈うちづまー〉28
うちづまい真砂(まさぐ)　てぃらどぅ紛(まぢ)らする
御月(うちち)紛らす　西銘女童(にしみみやるび)

うちづま（地名）の浜の砂は太陽に照り輝いている。
夜、月の光に照り輝いている、西銘村の娘たちよ。

〈恩納節〉29
恩納岳登(うんなだきぬぶ)てぃ　押(う)し下(くだ)い見りば
恩納女童(みやらび)女童ぬ　手振(てぃふ)い清(ぢゅ)らさ

恩納岳に登って、上から遥かに見おろせば、
恩納村の娘たちの、踊る手振りの美しいことよ。

この二曲の歌詞はどちらも共通して、土地の女性たちを美しいとか、踊りが上手だとか誉め讃えている。しかし、ほんとうの意味は、それほどに豊かな良いムラですよ、と土地を誉め讃えているのである。

歌は琉歌で、三〇字ほどの短い歌詞だが、ゆっくりしたテンポ（例えばM.M.44前後）で、音を伸ばして細かくフシを付けながら歌う。手踊りは、ゆるやかに片手を押し上げたり下したり、沖縄独特の手首をまわしてこねる動作や、胸の前で手を合わす動作など、簡素で素朴な動きの組み合わせであるが、いずれも琉球舞踊の基本動作に似たところがある。若い頃から生活の場でこうした動作を身につけることが、洗練された芸術

3-21　安田のウシンデーク　大城弘明撮影

舞踊を踊る素地となるのだろう。

第三曲以降はややテンポが上がり、中庸なテンポ（M.M.60前後）の曲がいくつか続く。曲順が進むになるにつれて、旋律も踊りの動きもだんだん大きくなっていく。歌詞の内容は、土地誉めも歌われるが、むしろ踊りの遊びや恋歌の方が多い。

第一〇曲〈浦々節〉は、踊り手が囃すハヤシことばの部分がひじょうに長くなって、一節の長さのほとんど半分を占める。「地謡」対「踊り手」間での歌掛けのような形式となっている点が興味深い。地謡の歌う主旋律の歌詞が幸せいっぱいの女の恋心を歌っているのに対して、踊り手一同が囃す歌詞は冷や水を浴びせかけるようなからかいの歌となっている。

〈浦々節〉[30]

〈地謡〉浦々(うらうら)ぬ波や　重(かさ)び波打(う)つい　（上の句）

浜に寄せる波は、次々と重なって打ち寄せて来る。

さとぅとぅ吾(わ)が仲や　潮(しお)ぬ重び　（下の句）

彼と私の仲は、波が重なるように心も重なっている。

〈踊手〉なまでぃ　夫持(うとぅむ)つんなー子産(くゎな)ち遊(あし)ばりみ

そんなに早く夫を持つと　すぐに子供が産まれて遊べないじゃない。

あしけな人(つー)や　酒(さき)ぬ紹(まん)くぇ

たくさんの人が　酒宴をしているのに。

（注）実際の歌い方は、地謡が歌詞の上の句を歌ったら踊り手が囃し、下の句を歌ったらまた同じ囃子詞を歌う。

最後の数曲は「ちらし」といって、テンポの速い軽快な曲を添えて締めくくる。そして、ひじょうに速いテンポの（M.M.150前後）〈高離節（たかはなりぶし）〉で駆けるように踊りながら輪を解いて退場していく。

二　ウスデークの時・場・機会

ウスデークの日程は、他の行事や芸能と異なり、ムラによって一定していない。一般に、年中行事というものは、その目的によって日取りが決まっている。正月の行事、盆の行事、農耕開始の行事、収穫感謝の行事……というふうに。ところが、ウスデークの場合は、これがバラバラなのだ。もちろん、あるムラにとっての日程は明確に決まっていることがほとんどだが、沖縄諸島全域を見ると、早いところでは旧暦六月から、遅いところでは旧暦九月まで散らばっている。このような芸能ジャンルは珍しいのではないだろうか。

ただし、ある程度の傾向は窺える。沖縄本島北部の国頭村、大宜味村では旧暦七月の海神祭の日、もしくは翌日、本部町では同月下旬のシヌグ行事の終わり頃に行われる傾向がある。中南部では、旧盆のウークイ（送り）の翌日や八月十五夜の日のいずれかが多い。その他、最も早くは旧六月二五日のカシチー（雑穀類の豊作祈願の日）、また旧八月一〇日の柴差し前後、遅い方では旧九月の重陽の節句のあたりに行うムラもある。

注目すべきは、複数の祭日に行ったり、「特に決まっていない」と答えるムラがあることだ。大宜味村喜如嘉では「大正時代に集落に水道が引かれた時にやった」という証言があった。玉城村（南城市）奥武では、観音堂祭というムラ独自の祭日に最も盛大に行うという。

これらの事例を見渡してわかることは、ウスデークはそれ自体の目的をもった行事ではなく、何かに付随して行う祝いの芸能だということである。海神祭にせよ、シヌグにせよ、盆にせよ、当該のムラにとっては年間を通して最も盛大な行事として行っている。ムラを離れて都会に出た人も、その行事の時には帰って来る。そのような重要な行事が無事執り行われたことを祝して最後に踊られるのがウスデークなのである。「水道が引かれた」ことも、ムラにとっては念願が叶った大きな喜びであり、そういう慶事にふさわしい祝賀の表現がウスデークだったのだろう。したがって、行事の日程から窺えるウスデークの本義は、ムラ全体を祝福し、祝いと喜びを共有することそのものにあると考えられる。

ウスデークの場は、アサギ庭を基本とする。実際は、最初に演奏者だけが祝女殿内に集まって、ウスデーク挙行の祈りを捧げてから祝女(ぬる)殿内(どぅんちまー)庭でひと踊りしてから、集落内の重要な本家や拝所など数カ所を巡って、それぞれの前庭で踊る。このときは全曲目の一部、主要な数曲のみを歌い踊る。その後、アサギ庭に至って、全曲目を演じる。そこにはムラじゅうの老若男女が待ち受け、ウスデークの歌と踊りを皆で楽しむのである。

ただし、ウスデークは舞台で演じることはない。八月十五夜は多くのムラで「ムラ踊り」が行われ、仮設舞台を組んで、さまざまな舞踊や組踊がムラの人々によって供されるが、この舞台にウスデークが上がることはない。ウスデークは必ず「庭」で演じられる。もっとも、

3-22　備瀬のウシデーク

現代は行政によって無形文化財に指定されるケースも散見され、広く市民・県民に披露するために、市民会館などの舞台に呼ばれることもあるが。

ウスデークの担い手は女性である。信仰の行事ではないから、特段の資格要件はない。中学生くらいの少女から、歩き踊れる限りの老女まで、皆が参加することができる。もっとも、現実には若者の関心が薄く、子育て世代は夜間の練習に参加できないとか、働き盛りはムラを離れて都会に出るとかいった事情で、つまるところ老人だけの踊りになっっているムラがひじょうに多い。

しかし、過疎化の一方で、小中学生を参加させるように努めているムラもある。都会に出た人々が、互いの絆と出身のムラとのつながりを守っていくため、郷友会を結成して独自に練習を重ね、ウスデーク当日に帰省して、歌と踊りを支えているムラもある。ムラとは無関係の人でも、女性であれば受け入れて踊の輪に加えて盛り上げようとしているムラもある。

いずれにせよ、ウスデークの輪に男性を加えることはない。その理由は不明であるが、芸態がよく似た宮廷芸能である御冠船の入子踊りは、若衆（少年）を中心に男性に限られている。琉球芸能におけるジェンダー研究の観点からも、担い手の性別の問題は今後研究していく必要があるだろう。

三　歌詞と旋律

ウスデークの歌詞はほとんどが琉歌である。内容は、安田の例に見るように、冒頭の一、二曲は必ず誉める歌である。土地を誉めた歌詞、領主を誉めた歌詞が歌われる。いずれも、比較的長く伸ばした旋律で歌われる。中南部の一部のムラでは、あまりに重々し過ぎて、歌詞と産み時の区別が分からなくなり、意味が理解できなくなった歌もある。この厳かさは、ウスデーク歌の来歴が何かしらの権威と結びついていることを想像させる。

誉め歌の次には恋歌となる。自慢のような恋歌もあれば、男女のやりとりを比喩した歌、冷やかす歌もある。自嘲的な歌詞もあるし、素朴な娘心を歌った歌詞もある。総じて悲恋や別離のような苦しい恋を描いた歌詞は少ない。また、歌い踊る楽しさを謳歌した歌詞も多い。その一方で、歌詞の節を繰り返す中で、土地誉めの歌詞もしばしば挿入される。

こうした第三、四節以降に歌われることの多い歌詞の例を紹介しよう。

〈散山節〉（国頭村安波）[31]

染み（すみ）てぃ染みゆらば浅染（あさず）みやんぱでむぬ
烏（がらし）あか羽（ばに）ぬぐとぅに染みり

藍を染めるなら、浅染めはいやですよ
烏の黒光りする羽のように、濃く染めてください

〈辺野喜節〉（国頭村与那）[32]

伊集（んじゅ）ぬ木（き）ぬ花や　真白花（ましらばなさ）咲つぃ
我身（わみ）んイジュやとて真白花咲かな

イジュの花はあんなに真白に咲いている

3-23　米須のウシデーク　大城弘明撮影

　私もイジュのように真白に咲きたいなあ

〈沈仁屋久節〉（うるま市勝連平安名）
薬師堂のぬ坂（ひら）や腰（くし）る擦（し）てぃ上（ぬぶ）る
やしやしとぅ上る　んぞが真胸（まんに）
　薬師堂の坂は腰を擦りながら上る
　やすやすと上るのは、彼女の胸だ

〈シタリ節〉（八重瀬町世名城）[33]
大人（うどな）なたんてー遊（あし）び忘（わし）りゆみ
遊（あし）びぬかた　うまが渡さ
　大人になっても歌踊りを忘れるものか
　歌踊りの型を孫に伝えよう

　ウスデークの歌の大半は琉球音階の旋律で琉歌の歌詞を歌っている。だが、律音階の旋律を耳にすることもあり、七五調のヤマト風の歌詞だったりする。まれには呂音階の旋律も聞こえる。このことは、ウスデークがいろいろな方面から伝わった歌を包み込んでいることを物語っている。

　ウスデークの旋律が何に由来するのかを考える上でもっとも重要なことは、古典音楽の旋律と同系と見なすことの出来る旋律の曲がかなり存在することである。前述の〈恩納節〉も〈散山節〉も、いずれも同名の曲が古典の歌三線曲の中にある。もっとも、歌三線ではテンポがずっとゆっくりだったり、拍が二倍、四倍に伸ばされていたり、さらには細かいフシの動きに差異があったりで、ちょっと聴いただけでは違うように感じられるが、そういった伸び縮みや細かい動きを別にすると、旋律の上げ下げはほぼ一致する。このことは、古典の歌三線曲の旋律とウスデーク歌の旋律とが、伝承上のルーツを共有する親戚だということを示している。

〈恩納節〉を例にとれば、ずっと昔に〈恩納節〉の元の旋律があり、それが伝承されるうちに、人によって節まわしが変わっていくつかの節まわしが生まれる。そのひとつに三線の手が付けられて楽譜化され、歌三線のレパートリーに定着して古典音楽の〈恩納節〉となったが、他のいくつかは地方に広まってさらに枝分かれして、現在のさまざまなウスデーク歌〈恩納節〉となった、という図式が考えられる。

3-24　旋律の変形モデル

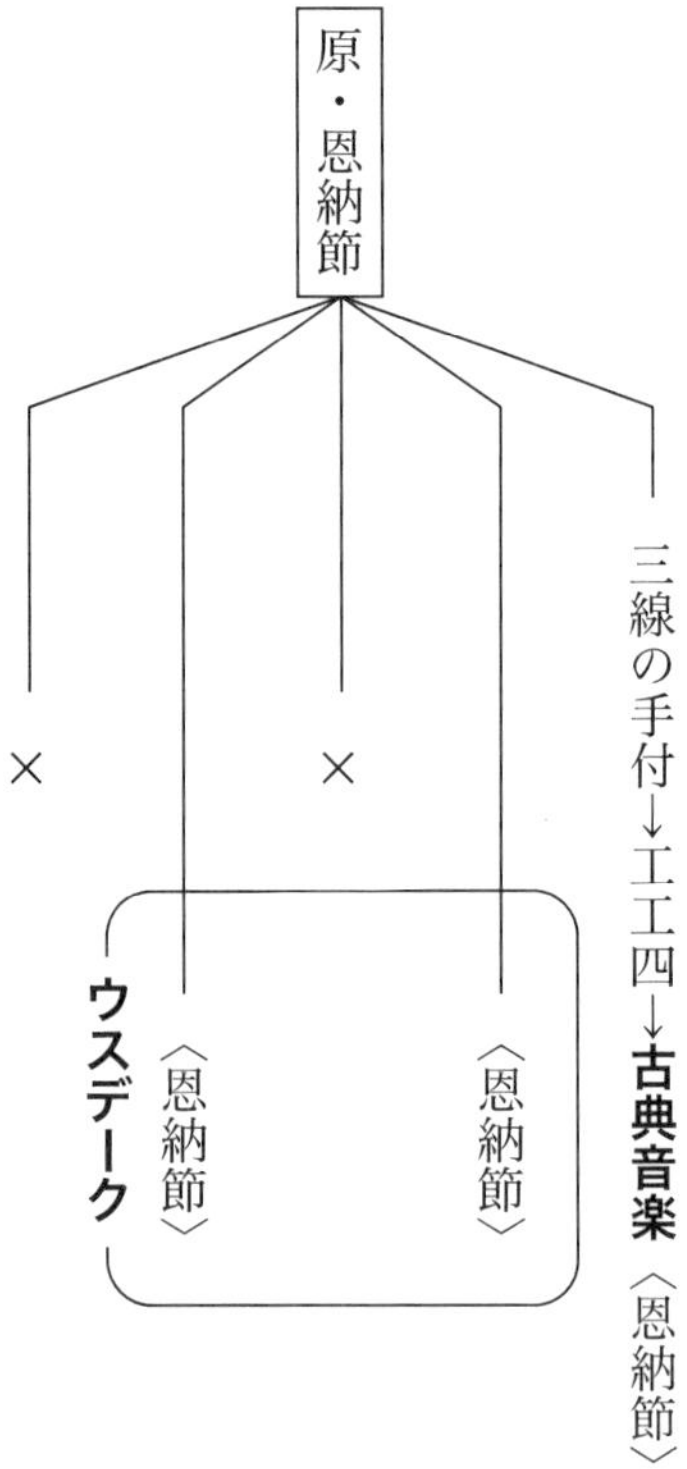

四　踊りと隊形

ウスデークの踊りは非常に単純な動きの組み合わせから成る。片手や両手を右や左に押す動作、こねる動作、祈るように両手を合わせる動作をはじめ、いくつかの動作を連ねて数拍から十数拍のパターンを構成し、これを繰り返していく。興味深いことに、大半のウスデーク曲では、音楽と踊の手との間に対応関係が見られない。例えば国頭村奥間の〈北谷真牛〉[34]は、三五拍で一節の旋律を歌い進めていくが、躍りの手は一四拍のパターンを繰り返す。その結果、歌詞と歌との関係は節が進むにつれてずれていく。さらに、歌の一節が奇数拍で、踊りのパターンが偶数拍なので、第二節になると前拍と後拍が逆転してしまう。

本島北部の村々では手踊りが多いが、中南部はほとんどが扇、または四ツ竹を採り物とする。また、頭に鉢巻きをするが、前結びと後ろ結びがある。地謡と踊りの役割分担や服装との関係がありそうだが、興味深い課題である。

ウスデークは輪踊りで、多くの場合、二重の円陣を組む。ただし、人数の少ないムラでは一重の輪がやっとだったり、大勢が参加するムラでは三重、四重となる。内側の円に地謡の女性たち、外側の円に踊り手となる場合が多いが、まれには逆の場合もある。南部には、八重瀬町の安里などに、潮巻き（スーマチ）をするムラがある。踊りの最後に渦巻き状の隊形になって中心部に集まり、その後、渦をほどいていくという演出である。これは男性の棒踊りを採り入れたものかも知れない。[35]

以上のようなウスデークの演出のさまざまは、諸芸能との関係として広く比較して考えていく必要がある。とりわけ、宮廷芸能である入子踊との関係について検討することはきわめて重要な研究課題であると思う。

五　まとめ

最初に女性たちによるウスデーク歌が沖縄諸島で最も重要な音楽だと述べたのにはいくつか理由がある。第一に、特定の村にだけ伝わっている珍しい芸能ではなく、かつては沖縄諸島全域にわたって広く行われていたからである。たしかに現在は北部や離島の一部のムラに偏って残っており、中南部にはきわめて少ない。しかし、中南部では戦争の破壊と米軍基地による土地取り上げ、あるいは都市化などの影響で共同体が解体されたために古来の芸能伝承が失われたのであって、かつてはどこにでもウスデークは見られたと思われる。現在でもウスデークを伝承しているムラは約六〇カ所くらいあると見られる。

第二に、旋律がそれぞれ個性的であって、ムラごとの独特の曲、独特の旋律を伝えていることが貴重である。例えば、〈恩納節〉は二〇カ所くらいのムラに伝わっているが、同じ旋律は二つとない。歌詞も囃しことばの入れ方もフシまわしも少しづつ違っている。さらに、独自の曲も数多い。〈浦々節〉は安田集落にだけ伝わっている曲目で、他所にはまったく無いオリジナルな旋律である。

一般に沖縄民謡と言われる数多くの曲、例えば次章で紹介するエイサーでおなじみの〈海やからー〉や〈三村(みむら)節〉などは、沖縄じゅうどこへ行っても同じ旋律で歌われている。いわば旋律が均質化された民謡である。しかし、ウスデーク歌はそのムラにしかない曲、そのムラにしかない節まわしであるという意味で、真に「ふるさとの民謡」と言えるジャンルなのである。

第三に、各地のウスデークは、だいたい一〇曲前後のレパートリーを持つが、この中でのスタイルの広がりが大きい。中には、旋律の動きが単純で、あたかもウムイを思わせる曲もあれば、後述のエイサーとも共通する軽やかで楽しげな曲もある。概して、はじめの方の数曲はゆったりとしたテンポで、旋律の技巧的な曲、後の方の曲はやや早間の軽い、楽しめる旋律の曲で構成されている。これだけの多様な様式の楽曲を十数曲も集めて、緩から急への見事な組曲構成を作る芸能は、古典音楽の世界にもない。

第四に、とりわけ重要なことは、旋律が古典曲のレパートリーと共通する曲が多いことだ。古典の歌三線曲の旋律とウスデーク歌の旋律とは、ルーツを共有する親戚だと言える。琉球古典音楽の各曲目のルーツや成立過程を考えるためには、ウスデークを知ることが不可欠なのである

このように、ウスデーク歌は量的にも質的にも、沖縄諸島の音楽を代表するジャンルであり、踊り方や隊形、服装など、さまざまな点で他の島々（奄美、宮古など）との関係や宮廷芸能（御冠船踊り）との関係が興味深いジャンルである。

しかしながら、ウスデークという音楽ジャンルについて沖縄の人に尋ねたとしたら、一〇人中九人までが「知らない」と言うに違いない。ウスデークはそれほどに知られていない。その理由はいろいろ考えられる。都市部にはほとんど無いから、大半の人が見たことがない。歌詞がありきたりの琉歌の形式であるから、文学者の関心が向かない。三線を使わないから、音楽家たちが興味を持たない。女性のみの伝承であるから、男中心社会からは無視される等々だ。しかし、旋律の意匠にこれほど凝った音楽も少ない。私はとても魅力的で飽きない音楽だと思うのだけれど……。

第一四章　現代を生きるエイサー

エイサーはすでにかなりの方々がご存じかも知れない。一九七〇年代の終わり頃のことだったと思うが、新宿で在京の沖縄出身の若者たちがエイサーに取り組んだあたりから本土でも知られるようになって、今ではすでに全国各地に広まり、「沖縄出身者の芸能」ではなく、沖縄に行ったことのない人でも参加する「日本の芸能」のひとつとなっている。さらに、ご当地沖縄では、エイサーを超えた新しいエイサー、大きな身振りで大太鼓を打ちながら群舞する太鼓パフォーマンス・グループがいくつも活躍し、これも本土に、また海外にも進出している。エイサーをめぐる状況は大きく変化した。

一　エイサーの源流

エイサーは沖縄風の盆踊りである。だからそのルーツは日本本土にある。本土の多くの地域では、新暦の八月に「盆」を行う。[36] 七日の七夕から準備を始め、仏壇を整え提灯などを飾る。一三日に祖霊を自宅に迎え、供物によって接待して家族と時を過ごしたあと、一五日に祖霊は送られて彼岸に帰って行く。そのあと、人々はムラの辻や広場に参集し、祖霊を供養して歌い踊る。

沖縄の生活のなかでは、古来、御嶽（うたき）の神が拝まれることが多く、宗教としての仏教はあまり浸透していない。しかし、祖先の霊を弔う局面では、仏教の影響が色濃く見られる。古琉球の時代、王家・王族が帰依するイデオロギーとして仏教が採り入れられ、首里を中心にいくつかの寺院が建立されたが、民衆に信仰される宗教にはなりえなかた。近世琉球の時代に至り、九州との人々の往来が盛んになるにつれて、民衆を救済する教えとしての仏教の布教が始まり、九州から渡ってきた遊行・行脚の僧たちが念仏を歌い広めたと言われる。僧たちは家々を訪れては念仏を唱え、教えを説いて托鉢して回ったと思われる。沖縄では彼らをニンブチャー（念仏者）と呼んだ。このとき歌われたと思われる念仏口説が地域の人々にも歌い覚えられ、後述のような念仏口説が近年まで沖縄各地に伝わっていた。

なお、これらの遊行僧とともに、僧形に身をやつした傀儡師・春駒などの芸能者も沖縄を訪れて活動し、鳥刺し舞などを伝え、チョンダラー（京太郎）と呼ばれていた。いずれも本土から渡ってきたこと、門付けをして回ること、乞食のように賤民視されたことなどが似ているので、ニンブチャーとチョンダラーを混用する地域も多い。

このような背景のもとに、先祖を大事にする精神風土に支えられて、先祖を供養する念仏口説と、沖縄風盆踊りとしてのエイサーが形成されていったと思われる。近世琉球時代の中頃の『琉球国由来記』によれば、盆の時期に下級士族らによって那覇の町中で「春（うす）太鼓」[37]と称する集団舞踊が踊られて賑わっていたという。あまりの賑わいに、禁止されたとの記録もある。エイサーにつながる芸能の初出記事と言えよう。

念仏口説は、沖縄各地で伝承され、かつては家庭の仏前で歌われていたが、今日、仏前で念仏口説を歌う習慣はほとんど見られない。[38] 次に紹介するのは、南城（なんじょう）市具志頭安里（ぐしかみあさと）で採集された念仏口説である。[39] 口説は一般に七五調の句を連ねて叙事的に語っていく形式が多いが、念仏口説は、なぜか句の始めが字余りとなる八五調が多い。

〈継母念仏〉（南城市具志頭安里）

我るよ　三ちつに親参らん
五つよ成たくとぅ　物思みてぃ
七つよ成たくとぅ　親思むてぃ
国ぬさまざまま　巡りわん
我親似る人　一人参らん
此りから戻ゆる　道中に
仲順大主　はい行ち会てぃ
仲順大主　我が止しむ
何がし童　我が止しむ
仲順大主　言らば聞ち
我るよ三ちに親参らん
五ちに成たくとぅ　物思むてぃ
七ちに成たくとぅ　親思むてぃ
国ぬさまざまま　巡りわん
我親に似る人　一人参らん
仲順大主よ　見してぃ呉り
汝が親只にゃ　拝まらん

私は三歳で母親が居なくなった
五歳になったのでものごころがついて
七歳になったので母親を慕って
国中をさまざま探したけれど
私の母親らしい人は居なかった
これで戻る途中で
仲順大主に出会ったので
仲順大主を呼び止めた
何で子供が私を呼び止めるのか？
仲順大主よ、どうか聞いてください
私は三歳で母親が居なくなった
五歳になったのでものごころがついて
七歳になったので母親を慕って
国中をさまざま探したけれど
私の母親らしい人は居なかった
どうか、仲順大主よ、母に会わせてください
おまえの母親には簡単には会えないぞ

後生ぬ一門に　葬られてぃ
七月七夕　中ぬ十日
後生の七門や　開きちゅこと
管串たくさん　切り集め
阿弥陀ぬ七門に　寄り掛かて
右りぬ袖さい　押し隠し
左ぬ袖さい　一目拝で
何がし阿母や　此処に居参る
何がし産子や　此処に来る
我んや阿母と　一道なら
何がし産子や　あん言ち呉る
汝一人　中串立ちえる
近頃父御が継母とめて
継母阿母に　誇られて
我や継母ひでならん
夏ぬ黒雲　雨と思れ
冬ぬ白雲　雪と思れ
此りど継母　ひでやくと
此りから我が家に　戻て行き

もう後生の世界に葬られているのだから
七月七夕から中旬の十日には
後生の七つの門が開くので
竹の管をたくさん集めておいて
阿弥陀の七門に寄りかかって
右の袖で顔を隠して
左の袖の下から管串を通して一目会って
どうして母さん、ここにいらっしゃるのか
どうして我が子よ、ここに来たのか
私は母さんと一緒に暮らしたい
どうして我が子よ、そんなことを言うのか
お前一人を形見として産んだのに
近頃父上が継母を連れてきて
私は継母にそしられて
私は継母とはつきあえません
夏の黒雲でも恵みの雨と思いなさい
冬の白雲でも美しい雪と思いなさい
これが継母とつきあう心がけだよ
これから我が家に戻って行って

村ぬ役人　なて呉れよ
七月七夕　中ぬ十日
御茶ぬ初々　ひち飾て
物ぬ初々　ひち飾て
切り甘蔗立て甘蔗　飾い物
生まれ清ら茄子ん　飾い物
生まれ清ら阿旦ん　飾い物
竜眼そん眼　ちざい物
蝶になて来ば　受け取らり
蜻蛉になて来ば　受け取らり
蝶になて来ば　親と思り
蜻蛉になて来ば　母と思り
南無阿弥陀仏や弥陀仏

村の役人になっておくれ
七月七夕から中旬の十日には
お茶のお初を仏壇に上げておくれ
作物のお初も飾っておくれ
切ったキビや立てたキビも飾っておくれ
きれいに実った茄子も飾っておくれ
きれいに実った阿旦の実も飾っておくれ
果物やそん眼の飾り物は、
蝶々になって来て受け取るよ
蜻蛉になって来て受け取るよ
蝶々になって来るので親と思いなさい
蜻蛉になって来るので母と思いなさい
ああ阿弥陀さま、阿弥陀さま。

3-25　平敷屋のエイサー　大城弘明撮影

二　エイサーの風景

沖縄のお盆は旧暦で行われる。エイサーの練習はたいてい旧盆の一カ月前あたりから始まる。夕食の終わった時分、家並みの向こうから低い太鼓の音が聞こえてきて、音のする方へ探していくと、村の公民館前の広場に青年たちが集まって、街灯の下で太鼓を打ちながら踊りの練習をしている。これが沖縄の夏の風物詩でもある。

エイサーは盆の送りの日にあたる旧暦七月一五日の夜から翌一六日までの間に演じられる。参加人数は集落の大小にもよるが、おおむね三、四人の地謡が三線を弾きながら歌い、これに合わせて数十人の男たちが掛け声を返しながら大きな身振りで太鼓を打ち鳴らし、同時に、数十人の男女が手踊りをする芸能である。エイサーの名称は、歌の途中、フレーズの切れ目などにこの太鼓や手踊りの若者たちが「エイサー、エイサー」と掛け声をかけることからきていると思われる。

エイサーは盆の行事であって、集落の辻や新盆の家々をまわって、祖霊を供養することを本旨としている。そこで、曲目の構成の最初は庭への練り込み（入場・入羽(いりは)[40]）の曲があり、続いて〈七月(しちぐぁち)エイサー〉または〈仲順流れ(ちゅんじゅんながり)〉などと呼ばれる親の供養を説いた念仏口説を歌う。その後、ムラによっては〈二合小(にんごーぐゎー)〉などの酒もらい歌が続くことも多い。しかし、その後に続く曲目には定めがなく、〈久高万寿主(くだかまんじゅーす)〉〈スリ東(あがり)〉種々の民謡や当世のはやり歌を歌う。〈砂辺の浜〉〈ヒヤミカチ節〉といった近代に創作された新民謡まで、実にさまざまな曲目が用いられる。もちろん、最後は三線の早弾きの曲で締めくくる（退羽(ひきは)という）のが定番である。

エイサーのやり方や曲目はムラによって異なるけれども、祖霊の供養という目的は共通している。もっとも、最近ではこうした行事についての古来の意味が次第に忘れられ、新たな方向に発展していることも少なくない。

エイサーを歌い踊ってまわるのはムラの青年会員である。太鼓や手踊りの面々に加えて酒樽や徳利、酒瓶を担いだ数人も混ざっている。伝統的なエイサーでは、彼らは村の家々を訪れては家人に一、二合の酒を乞い、酒が得られれば歌舞を奉じて退出する習慣であって、担いでいる酒樽は、もらった酒を貯めるための樽である……と言っても、現在は酒でなく、金一封をいただく。酒樽を持ち歩くのは往時の風習の名残りである。このようにしてエイサーで集められるお金は青年会の活動資金となるわけだが、これがけっこうな金額になって、青年会の年間予算のかなりを占める。

訪問する家の庭に入ってから最初に歌う曲は、エイサーでいちばん重要な本質をなす念仏口説である。

〈七月〉（うるま市屋慶名）

一、七月(しちぐゎち)　二才達(にせーたー)や　酒(さき)たぼり
巡(みぐ)らち巡りてぃ　遊(あし)びさびら
サーサーエイサー　七月エイサー　スリサーサー

七月エイサーの青年たちは酒をくださいと
巡ってまわって、歌い踊ろう

二、五(いち)ちぬ年(とぅし)うち　吾親(わやはな)離り
七(なな)ちになたくとぅ覚(う)び出(んぢゃ)し
サーサーエイサー　七月エイサー　スリサーサー

五歳の年に私の母と死に別れ
七歳のなったので思い出し

この曲は、第一節で酒を乞うことを述べた後、第二節以下で念仏口説を歌う。歌詞は沖縄でいちばんよくお目にかかる念仏口説「継親念仏」の断片である。継母にいじめられた子供が亡き母に巡り会いたいと放浪し、

3-26　園田のエイサー　園田青年会提供

ようやく出会った仙人に霊界を覗き見る方法を教わって母親に会うが、母親は子に、忍耐強く努力するよう諭し、現世に戻ってよく供養してくれと頼む、という内容である。

「継親念仏」は数十節に及ぶ長い長い物語なのだが、現行のほとんどのエイサーでは省略されて、一節か二節だけでおしまいである。ここに紹介した屋慶名の〈七月〉の第二節も、この物語のいちばん最初の部分である。

そして、念仏口説に代わって現代のエイサーの〝本体〟となっているのは、遊び歌を連ねる部分である。そこにおいては、時流に応じてレパートリーを入れ替えるのが特徴で、伝統芸能でありながら若い世代、青年たちから支持され続けている理由のひとつもそこにある。

エイサーの柔軟な革新性は、現代の流行歌さえ平気で取り込んでしまう。ある青年会は、ポップスの世界でヒットしたザ・ブームの〈島唄〉を三線にのせてエイサーに仕立てている。要するに、はやりの民謡をあれこれ取り入れて、太鼓踊りによる歌謡バラエティーに仕立てているのがエイサーだというべきだろう。

つまり、念仏口説によって祖霊を供養するという盆踊りの本旨が次第に脇に置かれて短縮され、第二曲以降で芸能として、ページェントとして楽しむ方向に展開している。しかし、重要なことは、節数が省略されて長さは短くなろうとも、念仏口説の曲そのものを外すことはない。この曲の存在こそが、地域の伝統芸能として青年会が行うエイサーのアイデンティティとなっているからである。これに対し、後述する創作エイサーでは盆行事という目的がないので、もはや念仏口説が歌われることはないのである。

三　手踊りから太鼓の踊りへ

今日ではエイサー＝太鼓パフォーマンスというのがなかば常識となっているが、どうも昔はそうではなかったらしい。エイサーにもいろいろあって、女性のみが演じるエイサー（北部の国頭（くにがみ）村や大宜味（おおぎみ）村）、青年男女の手踊り中心のエイサー（北部の本部（もとぶ）町や今帰仁（なきじん）村）、青年男子が念仏だけ、あるいは酒貰いの歌だけで踊るもの（北部の東（ひがし）村、南部の佐敷（さしき）町や久高（くだか）島）が残っている。[41]

〈仲順大主〉（国頭村辺土名）

一　仲順大主（ちゅんじゅんうふしゅ）よ物頼（むぬたぬ）ま　我親ぬ姿や有るか無んか

仲順大主よ頼みがあります。私の親の姿はあるのだろうか。

二　やが親（うや）まりにやが拝（うが）まらん　七月七夕中ぬ十日

おまえの親はいつもは拝めないのだ、七月七日と十日だけ

三　左（ひじゃい）ぬ袖（すり）から一目拝（ちゅみうが）でぃ　右（にじり）ぬ袖（すり）から二目拝（たみうが）でぃ

左の袖から一目拝んでみよ、右の袖から二目拝んでみよ

四　ありどぅやが親母（わがうや）とぅむり　泣（な）くなよ産（な）し子（ぐゎ）よ大主（うふしゅ）とぅむに

その人こそがおまえの母親だと思え。泣くな我が子よ、大主が共に居るから

国頭村、大宜味村で優勢な「女エイサー」は、女性だけによる輪踊りである。参加者は、女性であれば年代を問わない。なので、一見するとウス

3-27　喜如嘉の七月舞（女エイサー）

デークと間違えられるかもしれない。しかし、地謡は踊りの輪には加わらず、中央に陣取って、鼓(ちぢん)を打ちながら（三線なしで）エイサーの曲を歌う点が大きく異なる。また、輪を作る女性たちは太鼓や採り物は一切持たず、手踊りのみを行う。

国頭村辺土名(へんとな)の「七月舞」（女エイサー）では、四節にわたって念仏を歌うが、これは前記の安里の〈継母念仏〉の第一六節から二四節にあたる。同じく国頭村与那に伝わる〈七月念仏〉は十数節に及ぶが、その歌詞のストーリーは〈継母念仏〉のほぼ全体に近い。これら本島北部の女エイサー歌は、念仏口説の詞章を数多く伝えている。このことから、北部の女エイサーは、音楽面ではエイサーの古形をよく残していると言うことができる。

また、本部町・今帰仁村のエイサーは、広場の中央に櫓を組んで、そこに陣取った男性の地謡が三線を弾いて歌うが、踊り手は老若男女すべてを含み、周囲を取り囲んで輪になり、手踊りをする。[42]一見すると、日本本土風の盆踊りの光景かとも思うが、歌を聴けばエイサーの曲であることがわかるし、チョンダラー役の道化がウロウロしているなど、エイサーの特徴を備えている。

また、女エイサー、手踊りエイサーのいずれも、太鼓は拍子をとるための楽器に過ぎず、太鼓を振り回すことはない。あくまで中心になるのは手踊りである。手踊りという要素は、沖縄諸島のすべてのエイサーに共通している。

見すごされているかもしれないが、標準的と思われている中部のエイサーでも、手踊りをする男女がいる！ともすれば大音響のする太鼓にばかり目が向きがちだが、後ろの方に目を向けると、長い手足を持て余すかのように気恥ずかしげに女の子と対になって踊っている若者たちがいる。実はこの手踊り衆こそ、エイサーの本来の形なのである。ところが、沖縄の中部では第二次大戦後、なぜか太鼓打ちが増えて、しかも大きな太鼓も導入するようになり、さらに太鼓を振り回しながら、あるいはジャンプしながら打つようになって広く人気を呼び、ついにはこちらの方がエイサーの標準型のようになったのである。

こうした中部型エイサーが沖縄を代表する芸能にのし上がった要因は、何と言っても「エイサー大会」だろう。一九五六年、コザ市（今の沖縄市）で、市や観光協会などが主催して、「エイサー大会」が開かれ、大変な人気を博した。観光協会が主催となっていることからわかるように、「エイサー大会」は伝統芸能による地域興しを目的としており、近年国が進めている「文化財の活用」の先駆と言える。その後、この大会に各地の青年会が参加して、一時はコンクール形式で競ったので、ブームが始まったのである。

ところで、「エイサー大会」はエイサーの中身の変化にも大きな影響を与えた。その昔、狭い庭先や路地で踊っていた時代には踊ることが主目的で、太鼓は拍子を揃えるための音でしかなかったので、小さな太鼓が数個あれば十分だった。庭先で踊るには、大きな身振りなど邪魔なだけだったけれど、広い運動場や陸上競技場で演ずるようになると、百メートル離れて見ている観客にもアピールしなければならないから、広い会場で観客に「見せる」ための演出が考えられるようになった。具体的には、太鼓を増やして大音量にし、バチさばきを大きな身振りにした。また、マスゲームのように、整然とした隊形の美しさや、隊形変化の巧みさを重視するようになった。また、色鮮やかな衣裳が好まれるようになった。このように、庭や辻で踊る芸能から、広い場所でアピールする芸能に変化してきた。

3-28　エイサー大会　大城弘明撮影

四　甦るエイサー

地域の伝統芸能というのは、全国どこでも後継者不足で苦労しているが、沖縄のエイサーは数少ない例外のようだ。最近はずいぶんな人気で、いわゆる伝統芸能への関心は低いけれども、エイサーというと「やってみたい」という若者が集まってくる。日本本土の御輿人気をもしのいでいるかもしれない。

エイサーの魅力は何と言っても太鼓の力強い響きだろう。ひとりひとりの太鼓は小さくて（そうでないと踊れない）さほどの音ではないけれども、これが数十人から百人近く集まっていっせいに揃って打ち鳴らされると、広場の空間に満ちあふれるような大きな音響となる。最近は大型の太鼓を導入する傾向が強まっているから、太鼓の音の力強さが増して、音のエネルギーで空気が振動しているのが肌で感じられるくらいだ。それだけに、大太鼓を担当する役は、エイサーの花形として人気が高い。「太鼓がやりたくて」エイサーに参加している青年も多い。また、滑稽なパフォーマンスで沸かせる道化役のチョンダラーも、けっこう人気があって、役割分担の競争率が高いという。

現在、日本じゅうの数ある伝統芸能のなかで、エイサーは最も注目されている芸能のひとつと言えよう。その現れのひとつは、近年、古くからエイサーを伝えてきた地域だけでなく、これまでエイサーの伝統がなかった、あるいはとうの昔になくなってしまった村や町でも、新しくエイサーの伝統を興そうという動きが少なくないことである。その動きを浦添市に見てみる。

浦添市は那覇市の北に隣接する都市で、戦後急速に都市化が進んだ地域である。米軍基地としてかなりの土地を奪われたため、集落が移動や離散、消滅した一方、新興住宅地やマンション、商業ビルが立ち並ぶなどして、新しい住民がふえ、とりわけサラリーマンが多い。どうみても伝統的な農村共同体を伝承の基盤とする民俗芸能とは無縁に見える土地柄である。

この浦添市内に、一九八〇年代からエイサーを興そうとする動きが出てきた。地域のつながりが薄いはずの都市部なのにどうして、と思って訪ねてみたが、その理由がふるっている。青年会を作るため、というのだ。町の自治会などが青年会の結成を呼びかけても、辛気くさいというので集まらないが、エイサーをやろうというと集まってくる。そこで、エイサーの中心メンバーを核にして青年会の組織を作っていったという。青年会がエイサーを再興したのではない。エイサーが青年会を再興したのだ。

その青年たちにエイサーに取り組みたいと思った個人的動機をたずねてみると、「太鼓をたたくのが気持ちいい。」「勇壮で力強い。かっこいい。」といった芸能としての魅力に加えて、「同輩以外の世代と幅広い付き合いができる。」という理由を挙げる者もいた。若者たちの地域的なつながりの少ない都市部だからこそ、年代を超えた付き合いの機会を渇望する若者が潜在しているのだろう。

このようにして、エイサーはそれまで都市のサラリーマンとしてバラバラに勤労していた若者たちを地域の組織に組み込んだのである。エイサーには現代の地域社会を変えていく力があるようだ。エイサーは祖霊供養の芸能から、次第にかっこいい現代芸能へと変質してきた。

3-29　琉球國際太鼓　大城弘明撮影

さらに、ムラ共同体を基盤とするのではなく、住んでいる地域とは無関係に、同好者の自由な集まりによるエイサー団体が次々と生まれている。これを久万田晋は「クラブチーム型エイサー」と名付けた。[43] 先の浦添市でも、九〇年代にはすでに、再興された青年会とは別に、〝浦添市のエイサー〟グループが組織されていた。浦添市内のあちこちの町内に住む若者が、定期的に公民館施設に集まって活動しているのだという。

こうした「クラブチーム型エイサー」と、従来からの地域に根ざした「青年会エイサー」との明確な違いは、冒頭に念仏を歌うかどうかに現れている。青年会エイサーは地域共同体の盆行事における祖霊供養を目的としているので、必ず念仏口説を歌うが、クラブチーム型エイサーは、地域の盆行事とは無関係であり、純粋にエイサーを踊って楽しみたい青年が集っているので、念仏口説は必要でなく、民謡や流行歌を使って、太鼓パフォーマンスを楽しんでいる。

さらに、これらクラブチーム型エイサーの一部が、自分たちが楽しむための民俗芸能から離れて、観客に見せるための、楽しませるためのプロフェッショナルな芸能集団として発展しており、「琉球國祭太鼓」などの演奏団体が、沖縄県内に留まらず、全国、海外で公演活動をおこなっている。

エイサーを愛好する人々は、地域の青年の枠をはるかに越えて、日本全国、海外までも広がり始めている。二〇〇五年七月、ロンドン大学は音楽夏期講習の一種目に「エイサー」を取り上げた。英国の学生や市民が、本場エイサーの太鼓や手踊りのレッスンを受けたのである。これが出発点となって、

3-30　ロンドンでの園田エイサー
園田青年会提供

同年九月、ロンドン市の夏祭りに沖縄市園田（そんだ）青年会が招かれて参加し、園田エイサーがテムズ河畔を練り歩いて喝采を浴びた。沖縄出身者の移住地を除けば、エイサーが海外から招待されたのは初めての例だろう。エイサーの何が海外の人々まで魅了してしまうのだろうか。エイサーは、古い伝統をもつと同時に、現代的な適応能力をも備えている。不思議な魅力をもった芸能である。

後注

1 高橋美樹「《安里屋ユンタ》の伝播・普及プロセス：レコードの分析を中心として」高知大学教育学部研究報告、二〇一五年。
2 星克（一九〇五〜一〇七七）は戦前の石垣島の教育者で、戦後は沖縄の政治家として知られる。
3 宮良長包（一八八三〜一九三九）は戦前に活躍した作曲家。石垣島出身で、教育用を中心に多数の歌曲を作曲した。
4 CD『甦る沖縄の歌ごえ　宮古八重山諸島編』日本コロンビア、一九九三年。（原録音は一九六五年）
5 外間守善・宮良安彦編『南島歌謡大成4八重山編』角川書店、一九七九年。
6 CD『沖縄の古謡　八重山諸島編（上巻）—石垣島—』沖縄県文化振興会、二〇〇八年。
7 前掲注4。
8 CD『小泉文夫の遺産—民族音楽の礎—1616八重山の民謡』キングレコード、二〇〇二年。
9 日本放送協会『日本民謡大観（奄美沖縄）八重山諸島編』。
10 外間守善・宮良安彦編『南島歌謡大成4八重山編』角川書店、一九七九年。
11 前掲注4。
12 酒井正子『奄美歌掛けのディアローグ—あそび・ウワサ・死—』第一書房、一九九六年。
13 本書第七章「琉球音階とアジアの文化」参照。一九八四年、金城厚「琉球音階再考」『東洋音楽研究』五五、一九九〇年。
14 金城厚『沖縄音楽の構造—歌詞のリズムと楽式の理論—』第一書房、二〇〇四年。
15 前掲注8。
16 前掲注6。
17 日本放送協会編『日本民謡大観（沖縄奄美）沖縄諸島篇』日本放送出版協会、一九九一年。

18　前掲注17。
19　山内盛彬『山内盛彬著作集　第二巻』沖縄タイムス社、一九九三年。
20　見里春『踊合―首里の旅うた』LPレコードARM0001、私家版、一九七六年。
21　首里の方言で良家の婦人を「あやー」「あやー前」と呼ぶので、〈あやめ歌〉は、首里の士の家庭の女性たちが歌った歌が伝えられたものと考えられる。
22　前掲注17。
23　前掲注17【録音】『沖縄音楽総覧（上巻）』COCJ-34510コロンビア、二〇〇七年。
24　前掲注17。
※　楽曲の出典注のない曲は、採譜等が未発表である。
25　二〇〇四年から国頭村内の中学校はすべて統合され、安田に住む中学生は辺土名までスクールバスにより通っているという。
26　古典芸能の世界では、舞台に登場することを「出羽」、退場することを「入羽」というが、琉球各地の民俗芸能の世界では、逆に入場することを「いり羽」、退場することを「ひき羽」ということが多い。
27　前掲注17。
28　国頭村教育委員会『安田のシヌグ』一九八二年。
29　前掲注4。
30　前掲注4。
31　前掲注3。
32　前掲注3。

33　前掲注3。
34　前掲注3。
35　玉城美幸「琉球王府の「入子躍」と沖縄本島南部のウシデークとの芸態の比較」『ムーサ』一二、二〇一一年。
36　「盆」の日程は全国的に三種類ある。少数と思われるが関東地方を中心とした新盆（新暦七月一五日）、全国的に多くを占める月遅れ盆（新暦八月一五日）、沖縄など一部にある旧盆（旧暦七月一五日）。一八七三年に旧暦に代わって新暦が採用された際に、日本じゅうの年中行事が大混乱したと言われる。盆行事日程の多様性は、その混乱の名残りだと言えよう。ちなみに、沖縄は一八七三年当時、「日本」ではなかった。
37　「舂」は「臼」の異体字である。臼太鼓といえばウスデークを思い起こすが、ウスデークは念仏口説を含まず、女性のみによる輪踊りなので、別系統の芸能である。
38　一九七〇年代までは、那覇市内でも、念仏口説を記憶している古老がおられた。
39　宜保榮治郎『エイサー――沖縄の盆踊』那覇出版、一九九七年。
40　前掲注26。
41　小林幸男「エイサーの分類」沖縄市企画部平和文化振興課編『エイサー３６０。』沖縄全島エイサーまつり実行委員会、一九九八年。
42　前掲注41。
43　久万田晋『沖縄の民俗芸能論　神祭り、臼太鼓からエイサーまで』ボーダーインク、二〇一一年。

第四部　古典音楽

第一五章　御前風様式

一　琉球古典音楽の様式

歌三線を演奏し鑑賞する際には、音楽の様式を理解し、様式を表現し、様式を味わうことが、芸術として深い演奏・鑑賞をするために欠かせない。ここでいう音楽が様式を形成している、という意味は、ある程度の数の楽曲群において共通する音楽的特徴があり、かつ、それをもって他の楽曲群とは区別されることである。その区別をしっかり把握することが、様式理解の第一歩と言えよう。

琉球古典音楽は四つの様式に分けて理解することができる。その第一は御前風様式、第二は昔節様式、第三は二揚様式、第四は口説様式である。この四つの分類は現行の楽譜（工工四）の構成に現れている。工工四は上巻・中巻・下巻・拾遺（続巻）の四巻にまとめられているが、上巻に掲載してある曲のほとんどは御前風様式で、中巻に掲載してある曲のほとんどが昔節様式、そして二揚様式の曲はすべて下巻に掲載されている。拾遺（続巻）には口説様式の曲が数多く掲載されている。

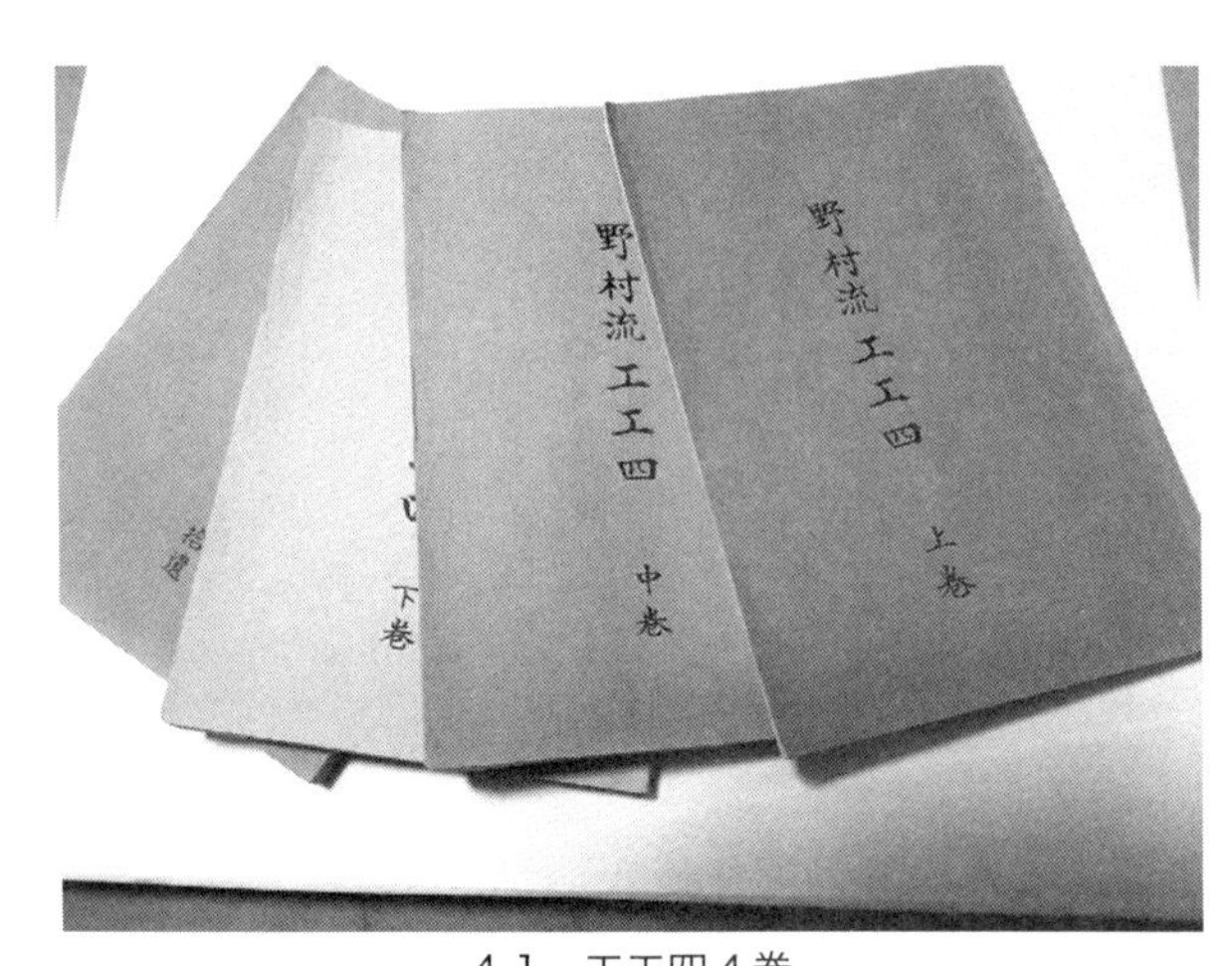

4-1　工工四４巻

現行の工工四の原典となっている楽譜は、野村安趙が監修して編纂された「工工四」である。王命が編纂の契機となったので「欽定工工四」とも、野村安趙が監修者なので「野村工工四」とも通称される。王府時代の末期、一八六九年に完成した。この四巻の構成を見れば、これを編纂した人々が四種類の音楽様式を区別して認識していたことがよくわかる。この事実は、王府時代の音楽家が歌三線を理論的に捉えていたことの現れでもある。

工工四の上巻に掲載されている楽曲のほとんどは、御前風様式である。御前風という語は御前、すなわち王様など高貴な人の前で演奏するスタイルという意味になる。つまり、御前風様式の楽曲は、晴れがましい場にふさわしい曲調であり、文学面でも音楽面でも、めでたく喜ばしい気分を表現している。そのため、祝儀の席によく歌われる。

二　御前風の文学

土地ほめ

御前風様式の曲の詞章は琉歌形式（音数が八・八・八・六）で、内容は基本的に予祝の性格を持つほめ歌である。例えば、御前風様式の代表曲である〈かぎやで風節〉の歌詞は、花がこれから開こうとする光景を描いている。この歌詞には、これから迎える時間に大いなる期待を寄せ、喜びを一座で分かち合う意味があるので、その歌唱行為には、場を祝福し、あるいは祝賀する機能がある。

今日の誇らしさやなをにぎやな譬る　莟で居る花の露受けやたごと

（今日の嬉しさは何にこそ譬えようか。花の莟が朝露を受けてまさに開こうとする時のようだ）

その他の御前風様式の楽曲も、やはり祝福を共有することをめざす歌詞内容が多くを占める。その中で、とりわけ多い歌詞は、地名を歌い込んだ歌である。代表的な歌詞は〈恩納節〉のようなほめ歌である。

恩納岳上て押し下り見れば（うんなだきぬぶてぃうしくだりみりば）　恩納松金の手振り清らさ（うんなまちがにめてぃふいぢゅらさ）

（恩納岳に登って遙かに見下ろすと、恩納村の高貴な子供の踊るさまが見事なことよ）

この歌は何を歌っているのだろうか。実際に恩納岳[1]に上ると、恩納村(むら)は遠くて、人の姿など、まして踊りの美しさまでは見分けられないはずである。この琉歌に描かれている「松がね」（伝承地によっては「女童(みやらび)」＝娘）は、特定の少年や娘をイメージしているのではない。その村の人々全体の象徴として踊りがきれいとか、表情が美しいと誉めているのであり、ひいてはその村が祝福された豊かな村であることを誉め讃えているのである。つまり、実際に目に見える光景を歌っているのではなく、きわめて観念的に誉め讃えている。これが土地誉めの琉歌である。

　誉め讃えることの背景には、「フシにのせて歌われたコトバには、実現する力が宿っている」という民俗的な考え方が横たわっている。村を誉め讃えるコトバを歌うと、その通り豊かな村になると期待できるのである。

4-2　「かぎやで風節」　島袋光裕
佐藤太圭子提供

歌三線の楽曲の由来は、節名すなわち歌曲のタイトルから読み解くことができる。琉歌の節名の過半は地名に由来する。〈恩納節〉〈謝敷節〉〈金武節〉〈坂本節〉などと、数えればきりがない。つまり、それぞれの土地にちなんだ歌、土地ほめの琉歌が基盤となっていると考えられる。

さまざまなほめ歌

御前風様式の曲には、土地以外にも、何かを誉め讃え、喜ぶ内容の琉歌が多く充てられている。上巻に載っている曲を見ると、以下のようにさまざまな誉め讃える対象がある。

・土地の情景を直接讃える……大兼久節　出砂節　坂本節
・村の女性（人々）が優れていることを讃える……恩納節、源河節
・季節の再生（若返り）を讃える……こてい節
・豊作の情景を讃える……早作田節
・航海の順調を讃える……つなぎ節、本田名節、花風節

讃える対象の多くは土地（ムラ）である。また、土地誉めは、ひいてはその地を統治する領主を讃えることにもなる。古代日本の習俗で、領主が高い丘に登って領地を見下ろす行為を「国見（くにみ）」と言って、支配者を祝福する儀礼とされていたが、とりわけ、〽恩納岳上て……」の〈恩納節〉の歌詞は「国見」を含意していると考えることができ、領主誉めの典型例とも言えよう。

一般的に、豊作や航海を讃える歌詞には、予祝の意味がある。豊作の情景を歌のフシにのせて声に出して歌えば、その通り見事な豊作が実現するだろうし、航海の順調を描いた歌詞を声に出してて歌えば、その通り安全に航海を過ごせるだろう。歌ごえの持つ霊力に依り頼んで国を、ムラを、暮らしを守ろうとした昔の

人々の思いを窺い知ることができる。

ほめ歌の変容

現在琉歌でよく詠まれている歌詞のうち、多くの数を占める内容は「恋」であろう。〈恩納節〉でも、土地誉めの歌詞よりも、むしろ恋歌の歌詞の方がよく歌われている。

恩納松下(うんなまつぃした)に禁止(ちじ)の牌(ぬふぇ)の立ちよす(ぬたちゅすぃ)　恋忍ぶまでの(くいしぬぶまでぃぬ)禁止やないさめ(ちじゃねさみ)

（恩納村の松の下に禁令の牌(ふだ)が立っているというが、私の恋まで止めることは出来ないでしょう。それほど私は恋しています。）

もっとも、現在「恋」を描く琉歌が多いからといって、歌三線が「恋」の歌からスタートしたわけではない。琉歌の世界の特徴は、替え歌によって楽しまれてきた、という習慣を知る必要がある。一八世紀末に成立した最古の琉歌集『琉歌百控』では、基本的に二首ずつ並べて記載してある。互いにキーワードを共有する歌を並べることが琉歌を楽しむ作法だったのだろう。この点は、奄美諸島の歌掛けの習慣とも関係があるかも知れない。

琉歌は替え歌によって、性格を変えていく。例えば〈諸鈍節〉の場合は、まず〽諸鈍長浜に……」という諸鈍村（奄美諸島の加計呂間島にある）

4-3　舞踊「伊野波節」の後半〈恩納節〉　東江裕吉
国立劇場おきなわ提供

の景色と村人を讃える土地誉め歌があり、これを本歌取りした〈諸鈍女童の……〉という諸鈍の美しい娘たちに想いを寄せる恋歌が生まれ、その後さらに〈枕並べたる……〉という愛人のことを夢見る歌に展開して、複雑な恋心を描く舞踊曲として広く親しまれている。

諸鈍長浜に打ちやり引く波の　諸鈍女童の目笑れ歯口
（しゅどぅんながはまに　うちゃいふぃくなみぬ　しゅどぅんみやらびぬ　みわれはぐち）
（諸鈍村の浜に寄せる白波のように、諸鈍村の娘たちの微笑んだ白い歯がきれいだ）

諸鈍女童の雪色の歯口　いつか夜の暮れて御口吸わな
（しゅどぅんみやらびぬ　ゆちいるぬはぐち　いつぃかゆぬくりてぃ　みくちすわな）
（諸鈍の娘の真白の口元は美しい。早く日が暮れてその口を吸いたいものだ。）

枕並べたる夢のつれなさよ　月や西下がて冬の夜半
（まくらならびたるゆみぬ　つぃりなさゆ　つぃちゃいりさがてぃ　ふゆぬやふぁん）
（枕を並べていた夢から覚めてしまった。月も沈もうとする冬の夜半のことだ。）

このように、現在伝わっている琉歌の詞章は無数の歌い替えの結果なので、恋に関する歌が大多数を占めているが、変わらない要素である節名を見ると、土地に絡めた歌詞となっている。このことは、恋の歌詞が、元は土地讃めの歌を歌い替えることによって生み出されてきたという経緯を暗示していると考えられる。つまり、土地ほめの歌↓土地にちなんだ恋歌↓一般的な恋歌、というように歌い替えられてきたと考えられる。

御前風様式では、あくまで「御前」すなわち国王など高貴な人物の臨席する場で歌われる様式であるので、悲恋や別離を歌った歌詞は使ってはならないとされていた。[2]そのため、御前風様式の歌詞は喜びや誉め讃えが中心であり、恋歌を歌う場合でも、悲恋ではなく、素直に恋心を謳歌する内容の歌詞となっていることが多いのである。

三　御前風の音楽

音階

御前風様式の楽曲で使われる音組織は、琉球音階である。琉球音階と言えば「ドミファソシド」という沖縄独特の音列で知られている。三線の記譜法工工四（くんくんしい）で表すと**合**・**老**・**四**・**上**・**尺**・**工**にあたる。御前風様式でよく使用されるこの音階は「琉球のテトラコルド」が二つ連結されて形成された音階である。ところが〈かぎやで風節〉の場合、三線の手の中に**乙**「レ」、**五**「高いレ」といった琉球音階の音列にはないはずの音が時々登場する。工工四の上巻掲載曲に限れば〈こてい節〉など数曲を除いてほとんどがこれにあたる。これはどのように理解すべきだろうか。[3]

乙、**五**は三線の勘所としてはよく登場するものの、歌の旋律にはきわめて稀にしか登場しないことにも注目しよう。琉球音階の旋律進行では、レの音は下降する音型でのみ用いられる。すなわち、レは必ずドへ向かって下行し、ミへ上行することはない。このような決まりに従って動く音のことを「限定進行音」という。[4]

一方、三線の手では、**乙**は**合**に進行する他に、**四**を経由して**合**へ向かう場合も少なくない。この他、**工**→**五**→**七**と進行するパターンがしばしば見られるし、まれに**乙**→**四**というパターンもある。こうした三線の進行は「律のテトラコルド」と呼ばれる音組織の特徴でもあるので、これらは「律のテトラコルド（または律音階）

の借用」と見なすことができる。

したがって、御前風様式の楽曲の音組織は、琉球音階（ドミファソシド）を基調としつつ、律音階からの借用レを含むことが多い、と説明することができる。この律音階の要素は、本土（ヤマト）系の音楽と関係の深い楽曲では色濃く表れる傾向がある。

速度

速度（テンポ）は音楽表現においてきわめて重要な要素である。同じ楽曲でも、速く弾くのと遅く弾くのとでは、表現される内容がガラリと変わる。しかし、洋の東西を問わず、昔からテンポは表現の機微に関わることとして、楽譜に明示されることはまれで、師から弟子への口頭伝承の世界の問題だったように思う。西洋では伝統的にAllegro、Moderatoといった用語で表現していたが、一九世紀初め頃、ベートーヴェンの時代からメトロノームが発明され、分速の数値で規定する方法も広まっている。

工工四では「分脈」という、脈拍の速さを基準とした速度の表示方法が使われている。これは一八六九年に野村安趙の監修によって編纂された「工工四」（欽定工工四）で採用された表示方法である。これを考案したのはこの工工四の実質的編纂者である松村真信と見られる。松村が書いた序文によると、全曲で二二五拍から成る〈かぎやで風節〉を演奏するのに一八三脈を要したので、183 ÷ 225 = 0.81333... という計算を行い、この0.81を「八分一厘脈」と表した。「八分一厘脈」とは、三線演奏の一拍の時間が人間の脈拍で一脈の八一％の長さである、という意味である。大まかに言えば、脈拍よりもやや速い

4-4　一般的な琉球音階

4-5　御前風様式の音組織

テンポで演奏すべし、ということになる。

松村真信は〈かぎやで風節〉については速度を実測したことを述べているが、他の曲については個別に実測しなかったと思われる。この序文には「余りはこれに倣え」と記されている。確かに、各曲を実測して計算したのであれば、0.81のように中途半端な数字が続出するはずであるが、他は「十分脈」「七分脈」「十二分五厘脈」というように、ある程度切りの良い数値となっている。逆に、上巻には「八分一厘」ばかりが多く並んでいる。松村は、個々に曲の速さを示すのではなく、実測した〈かぎやで風節〉を基準にして、それと同じか、それより速いか遅いかを示すことを意図したようである。

もっとも、この分脈の最大の問題点は、脈拍の速さそのものが人によって、あるいは心身の状態によって異なるために、明確な基準として使えないのではないか、という点である。このため、明治・大正期には分脈の表示をメトロノームなどの数値に置き換える計算を論じた論文などもいくつか発表されたが、結局決定打はなかった。[5] そのためだろうか、戦後の実演界では、むしろ工工四の速度記述を無視または軽視する風潮が続いている。

松村が意図したことは、テンポの相対的関係を正確に示そうとしたことと言えよう。つまり、「八分一厘脈」は速度様式として理解すべきだと考える。「八分一厘脈」は御前風様式、すなわち晴れがましい席にふさわしい端正で明るく、しかし落ち着いた中庸な速度なのである。したがって、古典の伝統を重視するならば、〈早作田節〉も〈花風節〉も、八分一厘脈の楽曲はすべて「端正」「中庸」の許容範囲の中で演奏されなければならない。

拍節

〈かぎやで風節〉には二拍ごとの拍節構造がある。左の楽譜工工四は縦書きであるが、ここで敢えて横方向に眺めてもらいたい。行頭から縦に数えて奇数番目の拍だけを横方向に観察すると、**四**・**上**・**工**・**七**のような開放弦ないしは完全四度を成す音が並んでいる。これに対し、偶数番目の拍だけを横方向に眺めてみると、おおむね**乙**・**老**・**尺**・**五**、そして「〇」のような押弦音や間(ま)の拍が並んでいる。明らかに奇数拍と偶数拍とで音の使い分けがある。奇数拍の音の多くは開放弦の音なので、音が大きく、音色が明瞭で、音高が安定している。これに対し、偶数拍の音はほとんどが指で押さえた音なので、音色が柔らかくなり、時によって勘所の位置が微妙に異なるなど、音高が必ずしも安定していない音がある。〈かぎやで風節〉は一拍おきに音の特徴が対立しているので、二拍子構造でできていることが確認できる。

富原守清は、一九三五年に刊行した『琉球音楽考』の中で、工工四の奇数番目の拍を「律拍」、偶数番目の拍を「呂拍」と名付けた。[6]「律・呂」は中国の音楽理論で、音組織（いわゆる音階）の種別を指す用語として古くから用いられてきた。あくまで音律に関する概念なので、これを時間秩序の概念として理解するのは富原の誤解と言わざるを得ない。ともあれ、富原は、律拍の音（律音）を旋律の主たる重要な音とし、呂拍の音（呂音）を旋律を飾る従たる音であると説明した。富原のリズム理論は律呂という語の用法に誤解があるものの、

カギヤデ風節

二百二十五拍子
所要時間凡三分十六秒

1. 今日の誇らーややなほにぎやな譬る蕾でをる花の露きやたごと.
2. 豊かなる御代の印あらはれて雨露の恵み時もたがぬ
3. 根のはいや巖を身は龍の如に壽や千年子孫揃て.

工	工	工	四	七
五	尺	尺	老	八
四	工	上	上	七
工	合	尺	尺	五
四	尺工	上	工	工
乙	五	老	五	尺
四	工	上	工	工
合	尺	尺	尺	五
尺工	工	上	工	工
○	合	老	五	尺
工	尺工	四	七	上
五	五	老	○	尺

4-6　〈かぎやで風節〉の拍節構造

琉球音楽の拍に階層的関係（すなわち拍節）があることを論じた点で、きわめて画期的な優れた理論である。

さらに、富原守清の理論は音階論にも貢献している。彼のいう「律音」には完全四度の関係が見られる。**合**～**四**、**上**～**工**、**工**～**七**の三つである。これは二〇世紀後半の民族音楽学研究のパイオニアとして知られる小泉文夫が唱えた音階論に言う「琉球のテトラコルド」の核音に相当する。富原と小泉は互いに接点がなく、全く異なる世界で音楽の理論を探求した人物であるが、奇しくも事実上同じ結論を得ていることに驚きを禁じ得ない。

御前風様式では、基本的に二拍子構造をもっている。一拍目は安定した拍で、音も安定してしっかり響かせることが重要になる。二拍目はやや補助的な拍であるので、音は動きを伴う。一拍目とは異なる音で上下に動くので、旋律に装飾的な動きを加える役割がある。二拍目には五分（半拍、裏拍）の音、装飾的な音を伴うことがある。一方、一拍目にこのような五分の音が付くことは原則的にはない。二拍子の楽曲では、一拍目と二拍目とで音の働きが異なるという認識が大切である。

楽式

御前風様式の楽曲は、歌詞の字を長く引いて、声を伸ばす歌い方が多い。そのためか、聴く人にはどこで歌詞を発音しているのか聴き取りにくく、フシ回しにも技巧があって、歌い方が難しく感じられるようである。このような、歌詞よりも声の表現を重視した歌い方を「長ブシ」と呼ぶことにする。もっとも、ただ単に長く伸ばしているわけではなく、そこには伸ばすべき長さに様式性があり、フレーズの構成の仕方に一定の形がある。それが音楽の形式＝楽式である。

沖縄音楽の形式は、歌詞との関係において理解する必要がある。沖縄音楽は基本的に歌であり、歌詞を基軸にフシが付けられ、踊りが付けられているからである。歌詞と音楽と舞踊とは、密接に関連してそれぞれの表現形式を形成している。

歌詞のほとんどを占める琉歌の一句八音は、五音（字）と三音（字）または三音と五音に分かれるが、これが音楽として歌われるとき、必ず前節片に五音、後節片に三音が配分されるという大原則がある。[7]

この考え方をもとに、〈かぎやで風節〉の歌詞配分を観察すると、最初の一六拍＝前節片で「きゆぬふく」の五音を歌い、次の一六拍＝後節片で「らしゃや」の三音を歌う。さらに次の一六拍＝前節片で「なをにぢゃな」の五音、次の一六拍＝後節片で「たてぃる」の三音を歌う。

このように、琉歌の一句八音の歌詞が三二拍の楽節に配分され、その半分、一六拍の節片にそれぞれ歌詞の五音と三音が配分される、という構造が〈かぎやで風節〉の楽節構造である。さらに、おおむね同じ構造が他の曲にも見られる。琉歌一句八音を三二拍で歌えば、四句では一二八拍という計算になるが、実際には前奏・後奏（歌持ち）があり、囃子詞が加わることもあるので、上巻掲載曲では、概ね総拍数が一三〇拍前後になる曲が多い。

〈かぎやで風節〉は、典型的な楽節構造がとてもシンプルに現れている。同曲は総拍数が二二五拍子で、他の上巻掲載曲に比べて長いように見えるが、実は「返し」（下句の二重反復）が含まれている。ちなみに、「返し」を含めて歌詞を七句（七楽節）歌うことになるから、二二五拍を七楽節で割ると、一楽節平均

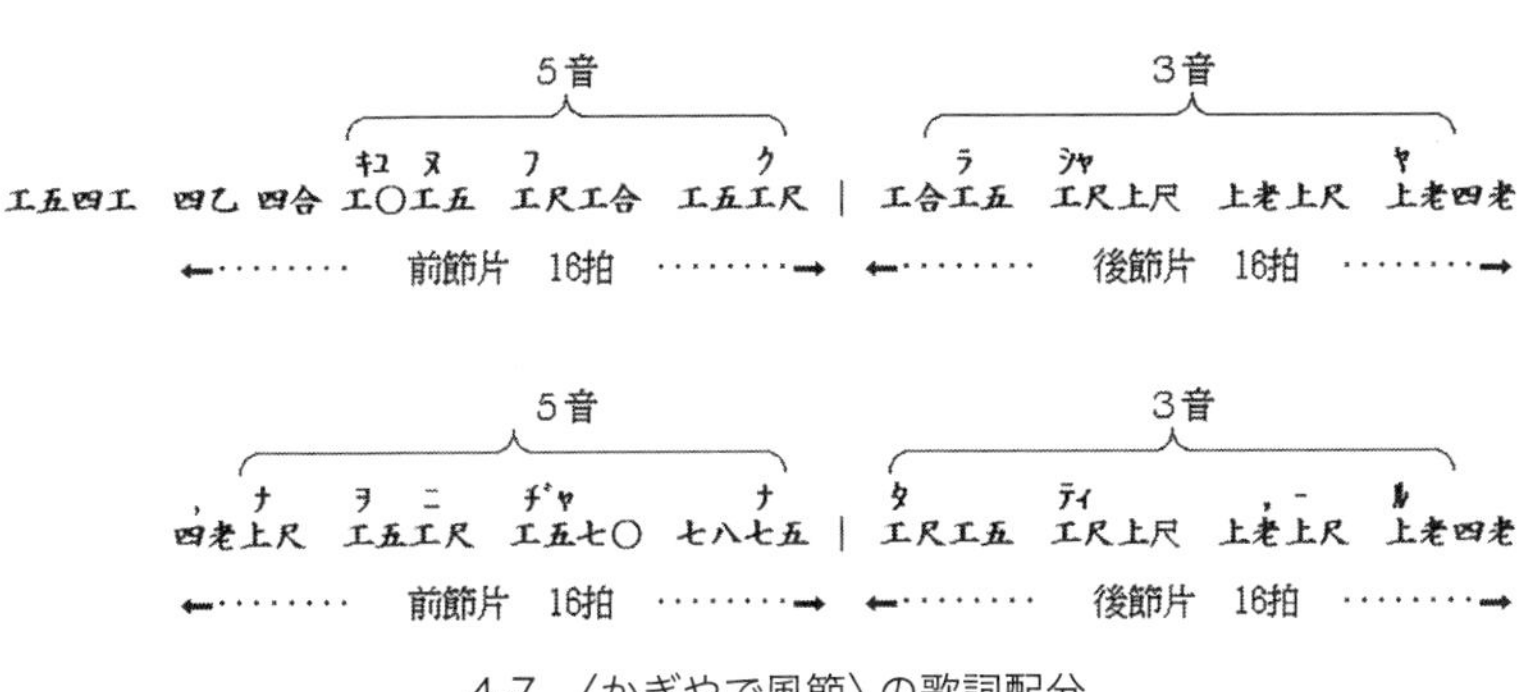

4-7　〈かぎやで風節〉の歌詞配分

三二拍となる。

舞踊構造

楽式は、舞踊の構造とも対応している。琉球舞踊では、直線的な「歩み」の動きが基本となっており、歩みながらさまざまな動作を積み重ねることにより、舞踊としての表現を創り出している。その歩みの方向を変えることにより、舞踊の基本的な分節が形成されている。[8]舞踊の分節点にあるのが「立つ」という姿勢である。[9]「かぎやで風節」の舞踊では、三線の歌持ち（前奏）にのせて舞台袖から入場して来て、踊り手が舞台中央にたどり着いたところで正面に向き直って立つ。これが踊りのスタートである。

踊り手は第一句「きゆぬふくらしゃや」の歌にのって、扇を構えたまま前に向かって歩み始める。「……らしゃや」を歌い終えたところで歩みを止め、立つ。ここまでが「行く」の部分である。次の第二句「なをにぢゃな……」が始まると、扇を返しながら体の向きを一八〇度変えて、もと来た所へ向かって歩み始める。「……たてぃる」と歌い終えるまでに体の向きを再び一八〇度変えて、もとの位置に戻り、そこに立つ。ここまでが「戻る」の部分である。

要するに、「立つ」姿勢を境に、正面に向かって歩み進む「行く」と、体を翻して元の位置まで歩み帰る「戻る」とに分けられる。以上が琉歌の上の句（八音＋八音）にあたり、音楽的には二つの楽節から成る。

次に、下の句（八音＋六音）も同様な二つの楽節なので、同じく「行く」と「戻る」の繰り返しである。しかし、ここでは少し変化がある。第三句の前節片「つぃぶでぃをる」の五音一六拍で左方向（演者から見て）に突き足を入れ、後節片「はなぬ」の三音一六拍で右方向に突き足を入れるまでが「行く」にあたり、そのまま「つぃゆちゃたぐとぅ」の歌にのせて戻る。この動き方は「かぎやで風節」だけでなく、多少の変形は伴いつつも、他の舞踊演目でも同様に使われている。とくに、女踊りの出羽で、さらには組踊りでの登場人物の出羽で、同様の「行く・戻る・行く（突き足）・戻る」の二往復が定型として使われている。

このように、琉球舞踊は「行く」と「戻る」という二つの分節要素の繰り返しから構成されており、「行く」と「戻る」はそれぞれ歌詞の「句」という単位、および音楽の「楽節」という単位に対応している。[10] 御前風様式の楽曲による舞踊の場合は、原則的に三二拍の楽節ごとに「行く」そして「戻る」が繰り返される。

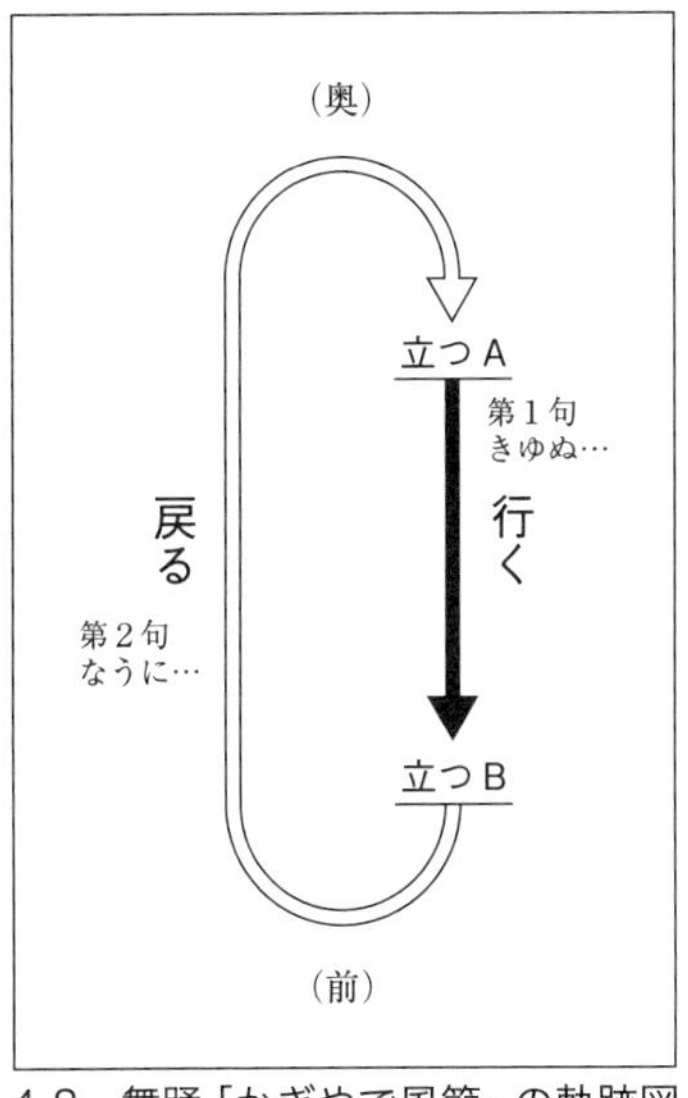

4-8　舞踊「かぎやで風節」の軌跡図

第一六章　昔節様式

一　「昔節」とは

工工四の中巻に掲載されている楽曲の多くは、昔節様式である。「昔節(んかしぶし)」という語にはさまざまな使い方がある。最も狭義には、中巻の最初に掲載されている〈作田節(つぃくてんぶし)〉〈ぢゃんな節〉〈首里節(しゅいぶし)〉〈諸鈍節(しゅどぅんぶし)〉〈暁節(あかつぃちぶし)〉の五曲のことを「昔節」と呼んでいる。また、これに続いて掲載されていて、より規模の大きな〈茶屋節〉〈昔蝶節(んかしはびるぶし)〉〈長ぢゃんな節〉〈仲節〉〈十七八節(じゅうしちはちぶし)〉の五曲のことを「大昔節(うふんかしぶし)」と呼んでいる。この他に、同じ中巻に掲載されている〈伊野波節(ぬふぁぶし)〉〈長伊平屋節(ながいひゃーぶし)〉〈稲まづん節(いにまじんぶし)〉などを「中昔節(なかんかしぶし)」と呼ぶこともある。いずれも長大な規模をもつ難曲であり、本書ではこれらの楽曲の特徴を広く「昔節様式」と呼ぶことにする。

昔節というと、古い時代から伝わる曲ではないかと思われがちだが、実は逆で、昔節の音楽構造を観察すると、より新しく展開したスタイルだいうことがわかる。昔節様式の楽曲は音楽構造の規模が大きく、旋律が洗練されて複雑になっているからである。

池宮正治氏は、昔節と呼ばれるのは古い楽曲だからではなく、古くからすでに楽譜化されていた楽曲だからではないか、という説を提唱している。[11] 三線の楽譜に関する最も古い史料は「阿嘉直識遺言状」と呼ばれる文書で、「ぢゃんなふし、首里ふし、作田ふし、茶屋ふし、しよどんふし、長ぢゃんなふし、はべるふし、長中ふし、一七八ふし」の曲名を挙げ、これらはいずれも昔節で、難しいからよく楽譜を見て、日々稽古せよと書き残している。[12]

本来、音楽は師匠の演奏をしっかり耳で聴いて覚えるものである。しかし、規模の大きい難しい曲は覚えきれないので、楽譜に書き留め、それを見て確認しながら演奏するようになる。古くから人々によく馴染まれた楽曲には楽譜の必要はないが、新しく作られた曲や、複雑に洗練された曲には楽譜が必要となる。このように、新しく作曲された難しい曲が最初に楽譜化されたために、比較的早い時期から（昔から）歴史に残り、やがて楽譜の便利さが広く認められるようになるにつれ、古くから親しまれた曲までもが新たに楽譜化されていったのである。

二　昔節の文学

昔節様式の曲の詞章は琉歌形式（音数が八・八・八・六）で、内容は基本的に予祝の性格を持つほめ歌（土地誉め、領主誉め）と、その替え歌と思われる恋愛の歌である。この点では、御前風様式とほとんど違いはない。

〈作田節〉
穂花咲き出れば塵泥も付かぬ　白種子やなびき畦　枕
（ふばなさちづぃりば　ちりふぃぢんつぃかん　しらちゃにやなびち　あぶしまくら）
稲の穂が出て開花したら、汚れもなく生育し、実の詰まった穂が重く垂れているよ

〈長ぢゃんな節〉
首里天加那志　十百年よ千代われ　御万人のまぎり拝ですでら
（しゅゆいてぃんぢゃなし　とぅむむとぅゆちょわり　うまんちゅぬまぢりうがでぃすぃでぃら）

首里の国王様は、永遠におわしませ。万人すべてが拝み敬いましょう。

〈昔蝶節〉

みそとめて(みすとぅみてぃ)起きて(うきてぃ)庭向かて(にわんかてぃ)見れば(みりば)　綾蝶(あやはびる)むざうが(んぞが)［あの花この花(あぬはなくぬはな)］吸よる妬さ(すゆるにたさ)

朝早く起きて庭に向かって見ると、美しい蝶々が花の蜜を吸っているさまが妬ましい。

〈十七八節〉

夕雀(ゆすぃずぃみぬ)がなれば(なりば)　あ居ち居らりらん(あいちうらりらん)　玉黄金使(たまくがにつぃけぬ)のにや来らとめば(にゃちゅらとぅみば)

夕暮れ時になると、居ても立ってもおれない。恋しい人の使いがもう来るかと思えば。

昔節の代表曲を見ると、〈作田節〉は稲の豊作を予祝する歌詞で、〈茶屋節〉〈長ぢゃんな節〉は国王を讃える歌詞である。一方、〈ぢゃんな節〉は懐旧の感慨、〈首里節〉〈昔蝶節〉〈十七八節〉は恋歌、〈瓦屋節〉は惜別の歌詞が使われている。〈諸鈍節〉は、元歌は奄美諸島加計呂間島の諸鈍に由来する土地誉め歌だが、現在は恋慕の情を歌った替え歌がよく知られている。

なお、〈十七八節〉については、歌詞自体は元来恋歌であり、日本本土各地の民謡にも類歌が多いが、近代沖縄の歌三線演奏家の間では、なぜか、これを仏教的な悟りの境地の隠喩と捉える解釈が定着している。

〈昔蝶節〉では第三句と第四句の間に挿入句がある。この句「あの花この花」だけは四音+四音というヤマト風の音数律で、旋律面でもリズムが異質なので、琉歌の一部分ではなく、挿入された句であることがわかる。小歌形式の第三句の後ろに挿入句を入れる技法は、本土の民謡では極めて良く使われるので、この〈昔蝶節〉

には本土の歌謡の影響が垣間見える。

昔節様式の楽曲は、文学的特徴に関する限り、御前風様式の楽曲と全く変わらないと言ってよい。両者の違いは、歌詞にはなく、音楽にある。

三　昔節様式の音楽

音階

昔節様式の楽曲で使われる音組織は琉球音階であるが、〈かぎやで風節〉などとは様相が異なる。〈かぎやで風節〉の場合は**乙**、**五**といった琉球音階の音列にはない律のテトラコルドからの借用音がしばしば登場したが、昔節の楽曲にはそれらが登場しない曲が多く見られる。**五**の音は時々登場するものの、**乙**は登場しない曲が多く、比較的少数である。

御前風様式では**四**の音がきわめて重要だが、昔節様式の楽曲では、逆に**四**が登場しない曲や、希にしか登場しない曲が多くを占める。歌声では**四**の音がやや高くなる現象も見られる。しかも、御前風様式では装飾的存在だった**老**や**尺**がフレーズの終止音となるなど、旋律の中で重要な役割を果たしている。いずれも琉球音階の音列を使用しているが、旋律は全く逆の構造的特徴を有しているので、昔節様式の音組織は御前風様式とは原理的に異なる（もしかすると文化的系譜が異なる）成り立ちをしていると考えられる。

御前風様式の楽曲では、**合**〜**四**の完全四度（四度核：テトラコルド）が旋律形成の重要な枠組みとなっているのに対し、昔節様式の楽曲では、**合**〜**上**、または**老**〜**尺**の完全五度（五度核：ペンタコルド）が重要な枠組みとなっている。御前風様式の音組織は「四度核系琉球音階」であるのに対し、昔節様式の音組織は「五度核系琉球音階」である。[13] 五度核系琉球音階の旋律は、ド・ミ・ソ・シという三度堆積型の旋律を呈することがあるが、このような旋律は民謡の楽曲にもかなり見られる。昔節と民謡との不思議な共通性は興味深い課題である。

速度

昔節様式の楽曲の特徴は、きわめてゆっくりと演奏されることである。一八六九年の『工工四』（欽定工工四）により、多くの昔節様式の曲の速度は十二分五厘脈と定められている。十分脈、十五分脈と指定された曲もあるが、十二分五厘脈が格段に多いので、昔節の基本的な速度は十二分五厘脈だと言える。もっとも、実際の演奏ではテンポの揺らぎが大きいことも特徴の一つである。三線だけの前奏・間奏部分ではやや早く（M.M.54 程度）、歌の部分ではゆっくり（M.M.46 程度）となる演奏が多い。とりわけフレーズ冒頭には大きな間（例えば三ツ丸「〇〇〇」）があって、おもむろに歌い出される。

拍節

山内盛彬は、琉楽には四拍子がある、と説明している。確かに、昔節様式には四拍ごとの拍節構造が見られる。

〈長伊平屋節（ながいひゃーぶし）〉を例にあげると、この楽曲の楽譜・工工四では、「〇」が三つ連続した箇所（三つ丸と呼ばれている）がひじょうに数多く見られる。工工四の「〇」は直前の拍の弦音を長く伸ばして際立たせる意味があるので、その弦音は四拍の長さ（音価）だということになる。そこで、この「三ツ丸」を伴う四拍のまとまりに合わせて、〈長伊平屋節〉を四拍毎に区切っていくと、楽曲全体が四拍単位ですべて区切れることがわかる。つまり、この曲は四拍単位の拍節構造をもつ、いわゆる四拍子だと言える。

一方、〈伊野波節（ぬふぁぶし）〉を観察すると、この曲も四拍毎の拍節構造が明らかであるが、第一句と第二句の初めの方に「**工五**」という二拍のまとまりが割り込んでいる。このように、楽曲のすべてが四拍の拍節で区切れるわけではなく、中には二拍の、まれに三拍のまとまりが割り込んでいる箇所もある。しかし、昔節様式の楽曲は、基本的には四拍ごとの拍節によってできていると考えてよい。

このとき、四拍の拍節構造には拍毎のリズム機能がある。一拍目から順に、①主拍：安定→②弛緩→③副拍：安定→④緊張、そして再び①主拍で緊張が解決し、安定する。この機能の結果として、第一拍は重要な音が鳴るが、第二拍はしばしば「○」の拍となる。第三拍は第一拍を補助する機能があり、同じ音を維持することが多く、上下の隣接音に進行することもある。そして第四拍は重要でない音、付随的な動きをする音がよく使われる。とりわけリズムが細かく刻まれ、五分の音が加わる例が多く見られる。このように、第四拍では短い音価の音によって装飾的な動きが加わることで緊張感が高められ、次に来る大きな音価の音に

長伊平屋節

三百三十三拍子　所要時間凡七分三十秒

風の伊平屋嶽や　うちやがてど見ゆる　遊でうちやがゆる我玉黄金

いつし忘れゆが身に余る情　袖に貫とめて別れ苦ーや

合	七	工	工	四	上	工	合
尺	○	尺	○	老	○	○	尺
上	○	工	○	乙	上	○	上
尺	○	五	○		尺	○	尺
工	七	七	工	合	工	工	工
○	○	○	○	○	○	尺	○
○	七	○	合	合	工	工	○
○	五	○	○	老	㊀老	尺	○
工	工	七	工	四	四	上	工
○	○	○	○	老	○	○	○
合	○	合	○	上	○	○	合
尺	○	○	○	尺	○	○	○

4-9　〈長伊平屋節〉の拍節構造

よってその緊張が解決される。例示すると、「**工〇工尺ェ**」「**上〇尺工**」というようなリズムが典型的だと言える。[14]

楽節構造

昔節様式の楽曲は、テンポが遅いだけでなく、歌詞の字を何拍にもわたって長く引き伸ばす歌い方が特徴である。昔節も御前風と同様に「長ブシ」であるが、より徹底して声の表現を重視した様式だと言える。もっとも、やみくもに長く伸ばしているわけではなく、伸ばすべき長さに決まりがある。昔節様式においても、楽節構造は歌詞との関係において理解することができる。琉歌（八・八・八・六）が旋律として歌われるとき、歌詞の一句八音を歌うフレーズ・楽節のうち、前節片に五音、後節片に三音の歌詞が配分されるという大原則は、昔節様式の場合でも全く変わることはない。

〈首里節〉
籬籠まて居れば（ますぃくまてぃうりば）　ここてるさあもの（くくてぃるさあむぬ）　押風と連れて（うすかじとぅつぃりてぃ）　忍で入らな（しぬでぃいらな）
奥御殿に閉じ籠もって居ると　物寂しくてならない　そよ風と共に　忍んで行こう

昔節様式の楽節構造を典型的に示しているのは〈首里節（しゅいぶし）〉である。この曲は、三二拍で節片、倍の六四拍で楽節を形成するというきわめて明確な構造をもっている。

〈首里節〉の歌詞が旋律上で配分されている場所を左記の工工四譜で観察すると、最初の行、冒頭から三二拍目までで「ますぃくまてぃ」の五音が歌われ、第二行は二八拍で「をりば」の三音が歌われる。さらに第三行の三二拍で「くくてぃるさ」の五音、第四行の三二拍で「あむぬハイヤマタ」の三音＋囃子詞(はやしことば)が歌われ、次の三二拍では、「はなぬさとぅぬしヨ」という独立した囃子詞が歌われる。

第六行以下は下の句だが、これも同様に、三二拍ずつの節片ごとに歌詞の五音、三音が歌われる。上の句の第二行だけ少し短いが、それ以外はすべて、琉歌の一句八音が五音と三音とに分かれ、左の譜では各行三二拍ずつ、合計で二行六四拍に配分されている。これは節片が二つであるから、楽節にあたる。ただし、琉歌の結句は本来六音しかなくて音数が少ないので、音楽のフレーズもやや短く、最後の節片は半分ほどで、すぐにその後の囃子詞につながっている。

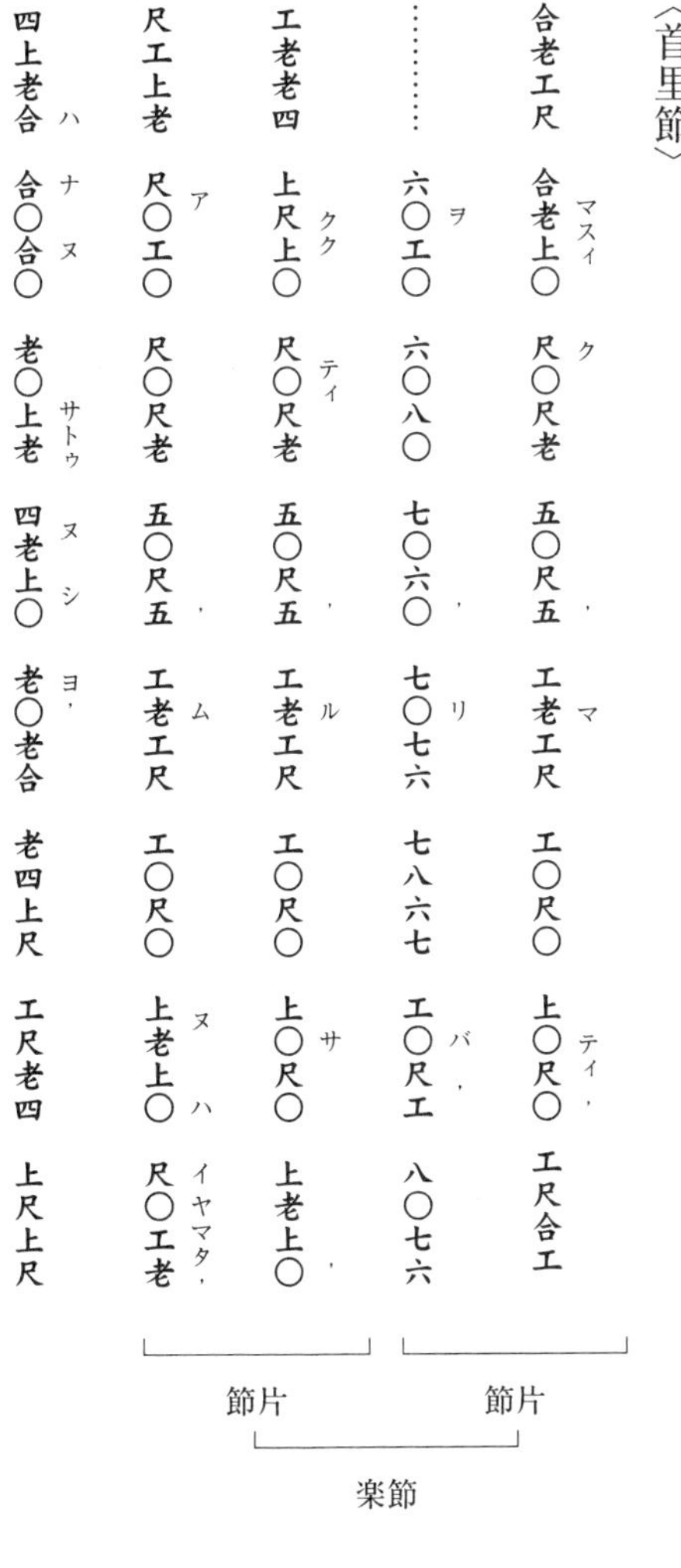

（ウスカジ、トゥ、）
老四老合　合〇合〇　老〇上老　四老上老　四老合〇　合〇老〇　上老上〇　老〇上〇

（ツイ、リ　ティハイヤマタ、）
尺工上老　尺〇工〇　尺〇尺老　五〇尺五　工老工尺　工〇尺〇　上老上〇　尺〇工老

（シヌディ、（イ）イ、ラ、）
四上老合　合〇合〇　老〇上老　四老上老　四老合〇　合〇老〇　上老上〇　老〇上〇

（ナ　サトゥ、ガバンドゥク）
尺工上老　尺〇工〇　尺〇老〇　上〇尺〇　上老上尺　老尺合〇　老〇上老　四老上〇

（ル、）
老〇老合　老四上尺　工尺老四　上尺上尺　老四老合　合

他の昔節にも、おおむね同じ構造が見られる。琉歌の一句八音が六四拍の楽節に配分され、その半分、三二拍の節片二つに、それぞれ五音と三音が配分される。これは前述の御前風様式の拍数をちょうど二倍に拡大した構造になる。もちろん、曲によっては、やや縮まった箇所や、多少伸びた箇所もあって、正確に六四拍でない楽節もあるが、重要なことは、御前風様式が琉歌一句八音を三二拍前後に配分するのに対し、昔節様式は倍の六四拍前後に配分する、という原則で成り立っているという事実に気づくことである。

したがって、昔節様式の楽曲の全体の長さは、六四拍×四楽節で、正味が二五六拍となり、これに囃子詞や三線だけの「歌持ち」を加えた程度の長さになるはずである。実際に〈作田節〉は独特の長い前弾きと反復部分を除けば二六〇拍くらいになっている。また、長い囃子詞の楽節がある〈首里節〉はその分が長くて三〇七拍、〈ぢゃんな節〉は三一五拍、〈しょどん節〉は三二七拍となっている。一方、〈暁節〉はやや変わっており、各楽節の前楽節がひじょうに伸ばされているので、四一三拍もある。

ところが、「大昔節」と呼ばれている〈茶屋節〉をみると五九三拍子、〈昔蝶節〉は五八六拍、〈長ぢゃんな節〉は六七〇拍、〈十七八節〉は六〇九拍もある。これらは「昔節」のさらに二倍、琉歌の一句八音を概ね一二八拍前後に拡大して歌っていると言うことができる。その結果、総拍数も二倍前後になっている。最大の楽曲〈仲節〉は一〇二一拍という大変な長さだが、途中の間奏（中歌持ち）が長いこと、長い囃子コトバが加わっていることなどを差し引けば、琉歌部分の正味は他の大昔節よりやや長い程度なので、このグループに含めて理解することができる。

要するに、御前風様式と昔節様式は、琉歌の文学的内容の傾向は変わらないものの、音楽の規模が二倍（四倍）の構造を持っていると言う点が本質的な違いである。

〝節変わり〟

このような数理的な秩序をもつ楽曲は、歌三線が歌い継がれているうちに自然に生まれた歌とは思えない。誰かが意図的に手を加えない限り生まれないだろう。すなわち、長さを倍にするという理論にもとづいて作曲・変奏された楽曲だと考えられる。

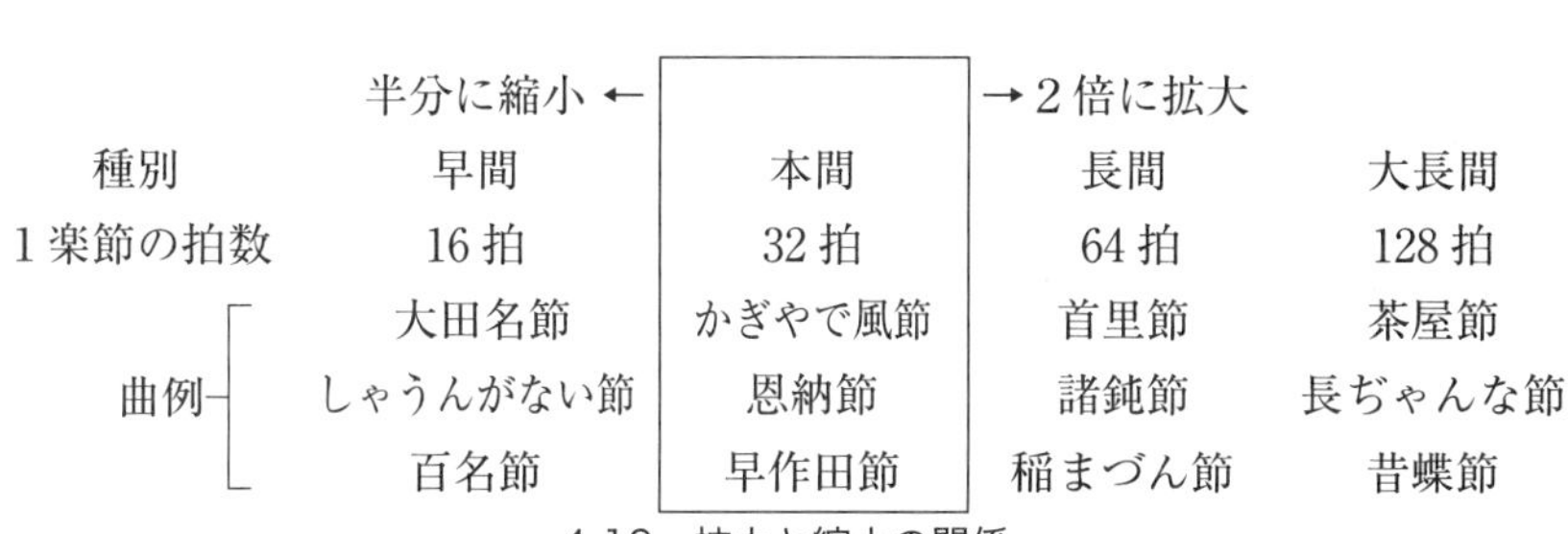

	半分に縮小 ←		→ 2倍に拡大	
種別	早間	本間	長間	大長間
1楽節の拍数	16拍	32拍	64拍	128拍
曲例	大田名節	かぎやで風節	首里節	茶屋節
	しゃうんがない節	恩納節	諸鈍節	長ぢゃんな節
	百名節	早作田節	稲まづん節	昔蝶節

4-10　拡大と縮小の関係

実は、現存する最古の記譜法の工工四として知られる「屋嘉比朝寄工工四」には興味深い書き込みがある。付箋が貼ってあり「みふしかへりみハ　みふしがあいノ誤りナリ　新里親雲上の書置ニ、はべるながぶしハ、ねぶはべらトモ、みふしがあいトモ云トアリ」と書かれている。（大意）「ミフシカヘリミ」とは「み節変わり」の誤りである。新里親雲上の書置きには、〈蝶長節〉は、「ねぶ蝶」とも「み節変わり」とも言う、とある。[15]

これは〈蝶節（はべるふし）〉についての書き込みであるが、王府時代に「節変わり」という語があったことがわかる。この付箋は、伊波普猷の語釈に基づけば、「節変わり」は楽曲が長くなったり遅く（ねぶ）なったりしたバージョンのことを言っているようだ。[16]さらに一七六二年頃の史料『大島筆記』[17]には、琉球の歌三線音楽の状況を説明する中で、「フシカハリニ歌モ少々アリ」という記述がある。これも「節変わり」への言及である。したがって、フシ、すなわち歌の旋律を変える、とりわけ長く、ゆっくりとした音楽に作りかえるという変奏の技法が、一八世紀頃には認識されていたと理解できる。

意図的な変奏として分かりやすい例は〈長ぢゃんな節〉である。この曲は〈ぢゃんな節〉を二倍に拡大した変奏曲だと考えられる。逆に〈垣花節〉は〈ぢゃんな節〉を四分の一に縮小した変奏曲だと考えられる。また、〈花風節〉を二倍に拡大すると、ほとんどそのまま〈稲まづん節〉になるので、これも変奏曲の関係だと考えられる。[18]野村流音楽協会の工工四には、〈花風節〉の曲名表記の下に「一名早稲まづん節」と書き添えてある。これは〈花風節〉が〈稲まづん節〉を速いテンポで弾いたバージョンだという認識が古来あったことを示している。

旋律を拡大・縮小することで新たに別の情緒の楽曲を創出するこうした技法は、中国の伝統音楽の作曲における基本的な技法でもある。中国音楽では、基本旋律を長く拡大することを「放慢」、短く縮小することを「緊縮」と言う。しかし、単に拡大しただけでは退屈で意味がないので、長くなった基本旋律に細かな音符を加えてより豊かに装飾したり、技巧を加えたりする。装飾的に音を増やすことを「加花」と呼び、大規模な曲に作りかえる場合は「放慢加花」と言う。その反対に、シンプルで活発な曲に作りかえる場合は「緊縮減花」と言う。

したがって、〈ぢゃんな節〉を放慢加花すると〈長ぢゃんな節〉となり、緊縮減花すると〈垣花節〉となる、ということができる。また、〈かぎやで風節〉を放慢加花すると〈稲まづん節〉になる。[19] 近世琉球の久米村では、中国の音楽・芸能をずっと伝承していたので、こういう中国音楽にも通じた人々が、放慢加花などの技法を使った「節変わり」によって昔節様式の諸楽曲を創り出した可能性も考えてみたい。

いずれにしても、近世琉球の歌三線演奏者に知られていたらしい「節変わり」などの作曲技法の伝統が近代沖縄に伝わらなかったことは、残念でならない。

舞踊の構造

昔節様式の楽曲を含む舞踊曲の代表は女踊り「諸屯」である。「諸屯」は琉球舞踊全体の中でもとりわけ難しい舞踊作品で、高い演技技術を要し、芸術性に優れた演目である。女踊りは一般に「出羽」「中踊」「入羽」の三部構成になっている。この構成法は日本の中世の小歌踊りから影響を受けていると言われている。[20] 各部分は舞台空間の使い方によって区分けされ、出羽は、下手奥から上手前まで、

4-11　舞踊「諸屯」　志田真木
国立劇場おきなわ提供

舞台の対角線（角切りの線）の上を行き戻りし、中踊は舞台中央で、そして入羽は再び対角線上で行き戻りしながら踊る。

〈仲間節〉（出羽）

思事のあても　他所に語られめ　面影と連れて　忍で拝ま

思い詰めることがあったとしても　他人に語ることなどできようか

あなたへの想いを抱きながら　忍んでお逢いしたい

〈諸鈍節〉（中踊り）

枕並べたる　夢のつれなさよ　月や西下がて　冬の夜半

枕を並べていた夢のつれないことよ　月は西に傾いて（寒々とした）冬の真夜中だ

〈しょんがない節〉（入羽）

別かて面影の　立たば伽召しやうれ　馴れし匂い袖に　移しあもの

別れてのち思い出したら慰めにしてください　親しんだ匂いを袖に移してあるので

「諸屯」の出羽の音楽は〈仲間節〉を使う。〈仲間節〉は御前風様式なので、〈かぎやで風節〉と同じく琉歌の一句（三二拍前後）ごとに対角線上で行くまたは戻るを繰り返す。歩みの使い方は〈かぎやで風節〉とほとんど変わらない。しかし、女を主人公とするので、明確に「立つ」ことは避け、柔らかく流れるような動きとなる。総じてゆっくりとした動作や歩みをするので、タイミングが遅れる傾向にある。

例えば、上の句の最後の部分では、戻る歩みが遅いために、向き直る前に下の句「面影とぅ……」が歌い始まる、というようなずれがある。御前風様式の項目で述べた基本形とは異なる変形が見られる。芸術一般に言えることだが、基本形は整然とした美しさがあるが、芸術表現はその基本から逸脱しようとする傾向、新しい表現を求めようとする傾向も備えている。女踊り一般に、基本の形と、そこから逸脱した形との拮抗関係で捉えていく必要がある。

いずれにせよ、この対角線上での行き戻りは、出羽の基本の形となっており、「かせかけ」をはじめ多くの女踊りの出羽でおおむね同じ動きをする。また、舞踊だけでなく、組踊でも女性の重要人物が初めて登場する時には、この形での出羽を行う。

昔節様式の場合、もともと速度が遅いうえに、楽節の拍数が倍なので時間がかかってしまう。組踊「銘苅子」の天女や、「手水の縁」の玉津の出羽の音楽は〈通水節〉が使われているが、〈通水節〉は昔節様式なので、琉歌一句に五〇～六〇拍を要し、とてもゆっくりとした歩みになる。

さて、「諸屯」の中踊の音楽は昔節の〈諸鈍節〉が使われる。昔節様式の曲は一句の旋律の拍数が御前風の倍（六四拍前後）になるが、それでは余りに長くて、舞踊としては緊張感に欠けるからだろうか、琉歌の一句八音の半分、旋律的には楽節の約半分の単位である節片ごとに「行く・戻る」を繰り返す。

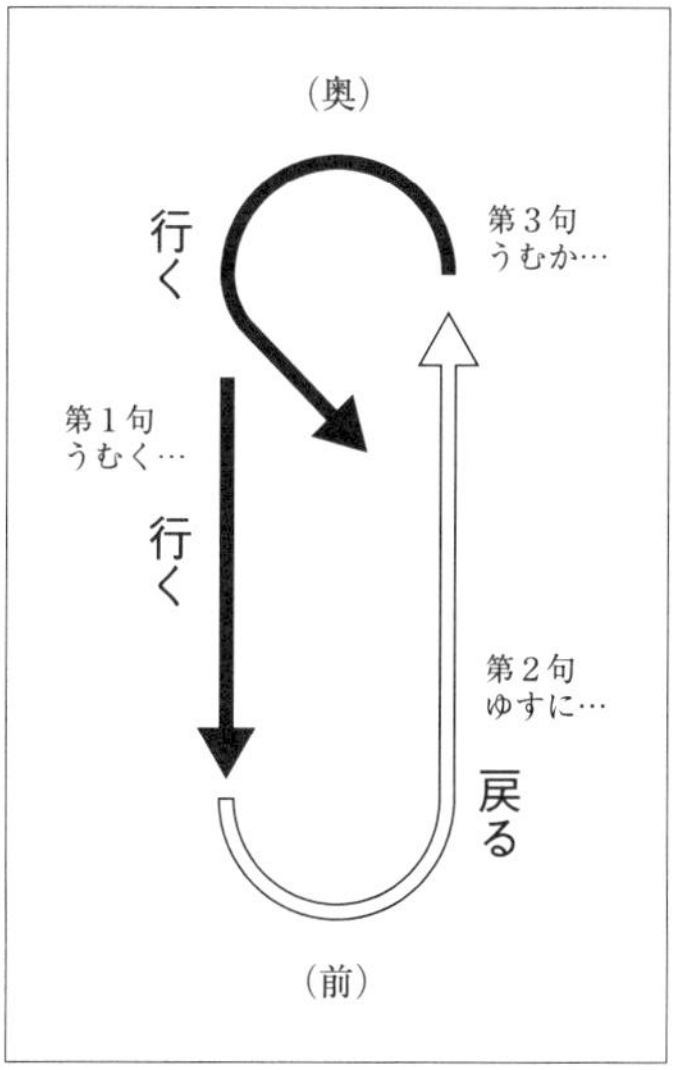

（奥）
第３句 うむか…
行く
第１句 うむく…
行く
第２句 ゆすに…
戻る
（前）

4-12　舞踊「諸屯」の出羽〈仲間節〉の軌跡

ここまでは基本原則の話だが、「諸屯」の実演には、舞踊作品としての発展・洗練、すなわち基本からのさらなる逸脱が見られる。第一句「枕並びたる」の部分では、原則からすれば、前節片「まくらなら」で行き、後節片「びたる」で戻るはずだが、実際の演技では、演者は歩まない。前節片「まくらなら」の部分（四〇拍）では、女立ちで静止したまま、視線の向きを逆三角形の三方向にゆっくり走らせることによって、主人公の心情を表現する。これが「三角目付」と呼ばれる型である。

ところが、後節片「びたる」の部分（二八拍）になると、「枕手（まくらでぃー）」と言って、片手を手枕のようにかざして、もう片方の手でこねり手を左右入れ替えながら行う。ここまで一楽節で合計六八拍のうち、前節片への拍数の偏りが見られるのは、「まくらなら」の部分に表現の重きを置いているからだろう。

鑑賞していて気づくことは、動きの少ない前節片「三角目付」の方は気持ちが演者に集中して緊張感が高いことである。これに比べて、後節片「枕手」でこねり手の動きが現れると、ほっとしたような弛緩を感じる。そこで、この第一句（第一楽節）の部分は、「行く・戻る」という具体的な歩みによる対立関係から、「緊張・弛緩」という心理的対立関係へ、より抽象化されているのではないか。[21]

いずれにしても、注目したいことは、音楽の楽節構造（節片〜楽節）と琉歌の句構造、そして舞踊の「行く・戻る」の動作的構造の三者が、互いに規定し合う関係になっていることである。この相互規定関係の中で舞踊を鑑賞し、味わってみたい。

第一七章　口説様式

一　文学としての口説

工工四の拾遺巻に掲載されている楽曲には、踊り歌など、軽快なリズムの曲が多いが、その中でも特徴的な音楽様式をもっているのは口説様式である。

口説形式

沖縄の芸能において「口説」とは、最も狭義には〈上り口説〉という特定の楽曲の曲名だが、広くは歌謡（文学）のジャンル名であり。七五調、七七調など、本土由来の詩形による長詩を指す。例えば〈上り口説〉は七五の句三つでひとまとまりの場面を描き、これが音楽上の一節となる。さらに八つの場面（音楽上の八節）が連なって、首里から薩摩へ上る一連の経過が描かれる。

〈上り口説〉

一　たびぬんぢたち　くゎんぬんど　　旅の出発は　観音堂

しんてぃくゎんぬん　ふしうがでぃ　　千手観音を　伏し拝んで

くがにしゃくとぅてぃ　たちわかる　　別れの杯を交わして　発ち別れる

二　すりにふるつぃゆ　うしはらい
うふどまちばら　あゆみゆく
いきばはちまん　すうぎいじ

三　みいじたかはし　うちわたてぃ
すりゆちらにてぃ　むるふぃとぅぬ
ゆくんかいるん　なかぬはし

四　うちぬすばまでぃ　うやくちょで
ちりてぃわかゆる　たびぐるむ
すりとぅすりとぅに　ちゆなみだ

五　ふにぬとぅむぢな　とくとぅくとぅ
ふなくいさみてぃ　まふふぃきば
かじやまとぅむに　んまひちじ

六　またんみぐりおう　ぐいんとぅてぃ
まにくおうじや　みいぐしく
ざんぱみさちん　あとぅにしみてぃ

袖に降る朝露を　振り払いながら
大道から松原を　歩いて行く
やがて安里八幡、崇元寺

美栄橋を　渡ると
次々と　大ぜいの人々が
往き来している　中之橋

通堂のあたりまで　親子兄弟が
連れだって別れをしているが、旅衣は
互いの袖が　涙の露（で濡れている）

船の艫綱を　さっと解くと
船子たちが勢いよく　主帆を引き上げると
風は順風で　午未（南南西の風＝追い風）だ

また会うご縁がありますようにと
扇を振っている人々が連なる三重城
残波岬も　通り過ぎ

4-13　口説様式の音組織

七　いひゃどたつなみ　うしすいてぃ
みちぬしまじま　みわたしば
しちととぅなかん　なだやしく

伊平屋島近海の荒波も　無事通り過ぎ
道の島々（奄美諸島）を　見渡しつつ
七島灘（の難所）の海上も　平安に進む

八　むゆるちむりは　ゆおがしま
さだぬみさちん　はいならでぃエイ
あれにみゆるは　うかいもん
ふじにみまごう　さくらじま

煙が上がっているのは　硫黄島
佐田岬を　入って行き
あれに見えるは　開聞岳
富士に見まがう　桜島

歌詞の口説の特徴は、長詩形であること、描写的に叙事・叙景をなすことである。長詩形に対しては短詩形があり、いわゆる琉歌（八八八六）がこれにあたる。たった四句、三〇字だけの短い詩だが、その限られた少ない字数で、厳選された語の組み合わせの中に、洗練された表現世界が繰り広げられる。このような短い限られた句数で完結した表現をする詩を短詩形という。これに対し、口説のような長詩形の詩は、四句や五句詠んだだけでは、何を言いたいのかわからない。長い全体を通してはじめて歌意が理解される。

〈上り口説〉で言えば、航海安全を予祝して、薩摩までの全行程を描写する歌なのだが、仮に第四節までで終わると、那覇の港に着いたところでおしまいになってしまう。最後の第八節まで歌いきって初めて「かくも目出度くあれかし！」と言えるわけである。つまり、文字通り説明的な歌詞なので、短くできない。逆に言えば、詳しく説明・描写したいときに、口説の形式を使うと良い。

実際の各種の口説の歌詞を見て気づくことは、歌詞の言葉が琉球語ではなくて、ヤマトの言葉（本土語）だということである。もちろん、発音は琉球語の音韻で歌われているが、使われている語彙や文法はヤマトの言葉である。このことから、口説は九州から導入され、それを琉球の人々が受容した文学であることがわかる。

口説囃子

王府時代の口説には「口説囃子」を伴うことが少なくなかった。口説囃子というのは、一節ごとに、地謡ではなく踊り手が、七七調のハヤシことばを唱えることをいう。現在、工工四の拾遺巻の曲で口説囃子が演じられるのは〈四季口説〉だけのようである。（八重山舞踊の「黒島口説」では、口説囃子が歌われている。）

〈四季口説〉

〽さてもめでたや新玉の　春は心も若返て　四方の山辺の花盛り
（口説囃子）　のどかなる代の　春を告げ来る　谷の鶯
〽夏は岩間を伝い来て　滝つ麓に立ち寄れば　暑さ忘れて面白や
（口説囃子）　風も涼しく　袖に通いて　夏もよそなる　山の下蔭
〽秋は尾花が打ち招く　園の間垣に咲く菊の　花の色々珍しや
（口説囃子）　錦さらさと　思うばかりに　秋の野原は　千草色めく
〽冬は霞の音添いて　軒端の梅の初花は　色香も深く見て飽かぬ
（口説囃子）　花か雪かと　いかで見分けん　雪の降る枝に　咲くやこの花

最初は地謡が三線を弾きながら、春の風情を描いた第一節〽さても目出度や……」を歌うと、引き続き三線による短い音型の反復にのせて、踊り手が「長閑なる代の……」というコトバを唱える。

現在の工工四の元となったいわゆる「欽定工工四」には〈四季口説〉も含めて口説囃子の記載はない。おそらく、地謡が歌う部分ではないから載せなかったのかも知れないし、即興性があったのかも知れない。本来、楽譜は三線の手を確認するために作られるものであって、即興であれば載ることはない。

しかし、王府時代にはひじょうに多くの口説囃子があったことが記録に残っている。[22]〈上り口説〉にも口説囃子があったことが、宜保榮治郎さんが書いた『琉球舞踊入門』に紹介されている。これは、地謡が歌う第一節〽旅の出で立ち～立ち別かる」に続いて、地謡が短い三線の手事を繰り返している間に、踊り手が次のような囃子を唱え、その後、地謡は第二節に歌い進み、各節ごとに踊り手の口説囃子が歌われる。次に例示するのは、〈上り口説〉の第一節に続いて唱えられる口説囃子である。

さてさて、まこと嘉例吉(かりゆし)、
今日の良(きゆぬゆ)かる日、船頭方(しんどかた)から、風(かじ)や午の方(まぬかた)、明日(あちゃ)の出帆、
御代の来(みゆぬちゃり)たれば、吾(わ)すた二歳も、親子別れの、玉の盃、一つ戴き、

4-14　舞踊「上り口説」　大湾三瑠、金城信次
国立劇場おきなわ提供

巡り巡りて、殿内に行きやれば、又々、黄金の御酌、おたべ召しやうち、
旦那お始め、千手観音、お暇召しやうち、那覇にお下り、サッサ

二　音楽としての口説

リズム

口説の最大の音楽的特徴は〝一字一音〟のリズムである。概ね一拍ごとに一つの字が当たる。コトバがリズミカルなフシにのせて次々と繰り出されるので歌詞が聴き取りやすい。フシとコトバの関係からみると、口説様式の音楽は、フシをじっくり味わうというよりは、コトバのリズムを楽しむ音楽だと言えよう。御前風様式や昔節様式がフシを長く伸ばす「長ブシ」であるのに対し、口説様式はコトバのリズムが中心となっているので、「早ブシ」と呼ぶ。

〈上り口説〉の譜面を観ても分かるように、拍数と歌詞の音数は同じであって、典型的な〝一字一音〟となっている。また、通常はフレーズの切れ目に休符や音を伸ばす「間」があるのが原則だが、口説の多くは「間」を詰めること（拍子の脱落）によって、切迫感を作りだし、快調なリズムを感じさせている。

乙タ	五ワ	尺シ	工
四ヤ	工タ	工ス	四
上シ	尺シ	五ヰ	乙
四ク	四バ	工ティ	四
工	合シ	尺	合
四	尺工チ	ミ上チ	尺イ工ヒヤ
乙	五ヨウ	老ヌ	合ドウ
四	四ヨウ	上	尺工
合	乙ナ	シ尺マ	タ五ッ
尺タ工	合カ	工ジ	七ナ
合ル	尺ン	合マ	五ミ
尺工	合ナ	尺工	工

4-15　工工四　〈口説〉

音階

口説様式の旋律には琉球音階は少なく、律音階がきわめて多い点が他の様式と大きく異なる。〈上り口説〉は、工工四の譜面から見ると、単に「律音階の借用を含む琉球音階」のように見えるが、古い録音を調べると「尺」の音がかなり低いので、「四—上—尺：ファーソーシ♭」+「工—五—七：ドーレーファ」という律音階が基本的な音組織となっていたと考えられる。歌の旋律で乙→四の動きが多いのも、琉球音階の特性とは相容れない。この曲の音組織が律音階を基調とすることの現れである。ただし、律音階の音程が琉球音階の音程に引き寄せられて老の音が補助的に添えられたり、尺のピッチが高めになる箇所もみられる。

律音階の曲は本土・ヤマトの民謡、とりわけ九州地方の民謡によく見られる。口説は、歌詞だけでなく、旋律の面でも、九州地方の民謡との共通点が認められるので、薩摩経由でもたらされた音楽だと考えて良いだろう。

口説の展開

口説様式はコトバに表現の関心が向けられた様式なので、一般の人々にも作りやすく、沖縄諸島だけでなく八重山諸島も含めて、数多くの〝ご当地口説〟が作られている。例えば、国頭村には「国頭口説」があり、波照間島には「波照間島口説」があり、「黒島口説」も有名である。

さらに、口説様式は事柄の経過を描写し説明するという性質を持っているので、メッセージに適しており、個人の意見主張をフシにのせることもできる。戦後、米軍統治時代に作られた〈陳情口説〉がその例と言えよう。

一九五〇年代、沖縄を占領した米軍は、基地強化のため、沖縄各地で基地を拡張、増設すべく、沖縄の農民たちの土地の強制接収を始めた。沖縄の人々は各地で不当な土地の取り上げに強く抗議して運動を展開したが、中でも伊江島での反対運動は独特の理念や方法を掲げて知られるようになった。その一つが〈陳情口説〉である。[23]

伊江島は離島なので、多くの県民に土地取り上げの不当な実情を知って貰うのは困難なことだった。そこで、一人の農民が口説を作って、これを各地で歌って世論に訴えようとした。ちょうど、明治時代の自由民権運動の志士たちが「演歌」によって運動を広めようとしたことと共通しているところが興味深い。そもそも、本土の民謡における口説も仏教（念仏）布教の手段だったし、関東地方でも商店の宣伝に活用された事例がある。同様に、沖縄の口説もメッセージソングとしての可能性を秘めている。

陳情口説　〈上り口説〉の旋律で

一　さてぃむ　ゆぬなか　あさましや　　さても世の中あさましいことだ
　　いせに　はなさば　ちちみしょり　　委細に話しますから聞いてください
　　うちな　うしんか　うんぬきら　　沖縄同胞のみなさんお願いします

二　しきに　とぅゆまる　アメリカぬ　　世界に名高いアメリカの
　　かみぬ　しとぅびとぅ　わが　とちゆ　　神様（キリスト）を信じる人々が、私の土地を
　　とぅてぃ　ぐんようち　うちちかてぃ　　取って軍用地に使ってしまって

三　はるぬ　まんまる　かなあみゆ　　畑のまわりすべてを金網で

まるく　みぐらち　うぬ　すばに
てぃっぽう　かたみてぃ　ばん　さびん

四　うやぬ　ゆずりぬ　はるやまや
いかに　くがにぬ　とちやしが
うりん　しらんさ　アメリカや

五　まじゃぬ　ぶらくぬ　しとぅびとぅや
うりから　せいふぬ　かたがたに
うにげぬ　だんだん　はなちゃりば

六　たんでぃ　しゅせきん　ちちみしょり
わした　ひゃくしょが　うみゆ　とぅてぃ
うにげ　さびしん　むてぃぬ　ほか

（以下、一一節まで）

丸くめぐらし、その側で
鉄砲担いで番をしている

親から譲られた畑や山は
いかに黄金の土地なのか
それを知らないアメリカです

真謝の集落の人々は
それから琉球政府の方々に
お願いの相談をして話しますから

どうか主席様、[24] 聞いてください
私たち百姓が御前に出て
お願いするのはほかでもありません

4-16　伊江島土地闘争
嬉野京子撮影　新日本出版社提供

三　舞踊と口説

口説様式は、琉球舞踊では二歳踊りと結びついている。二歳踊りは士男子の出で立ちで踊る。二歳（にーせー）は若い士の男子を指すが、薩摩弁の「にせ（青年）」に由来する。

日本の武士にとっては日常的な体づくりは剣術だったと思われるが、琉球の士にとっては空手（唐手トーディー）が体づくりの基礎だったという。そのため、士らしい所作として、二歳踊りでは空手に似た動きがしばしば垣間見られる。日常身についた動作が舞踊に様式化されていく例といえよう。もっとも、アジアの舞踊一般に、武術と舞踊は紙一重の関係にある。インドのバラタナーティヤムなどの基礎訓練にはヨガが使われるし、中国舞踊の基礎訓練は、昔は太極拳だったという。[25] 東南アジア諸国でも、空手と類似の武術が芸能として舞台で演じられている。琉球でも、士そのものである二歳の舞踊は、武術・空手と深い結びつきがあると言えよう。

4-17　舞踊「前の浜」　石川直也　国立劇場おきなわ提供

第一八章　二揚様式

一　二揚とは

二揚調子

「二揚」とは、三線の調弦法に由来する。三線の基本的な調弦法は「本調子」と呼ばれ、低い方から第一弦（男絃）～第二弦（中絃）～第三弦（女絃）の順に、完全四度・完全五度（ドーファード）の音程に調弦する。これに対して「二揚調子」（通常は二揚と略称する）という調弦法があり、第二弦・中絃を全音高くして完全五度・完全四度（ドーソード）の音程に調弦する。古典音楽のレパートリーのほとんどは本調子であって、二揚調子の楽曲は少数派である。古典音楽全体では三〇曲余りしかない。そのほとんどが工工四の下巻に収載されている（拾遺に数曲ある）。

音階と調

中弦のピッチを全音高める理由は、歌の音域を完全五度高めるためである。琉球音階は、多くの場合（古典音楽では六～七割）、第四度が旋律の中心としての重要な役割を果たしている。本調子では、この琉球音階が男絃から始まり、中絃の開放弦が第四度となる。すなわち、男絃と中絃とで完全四度を作っている。ちなみに、中絃と女絃とでは完全五度を作っている。

ここで中絃を全音高く上げると、中絃と女絃とで完全四度を作ることができる。その結果、琉球音階が中絃から始まり、女絃の開放弦が第四度となる。このとき、琉球音階が始まる中絃の音高は、男絃よりも完全五度高いので、歌の旋律は、本調子よりも完全五度高い音域で琉球音階のフシを歌うことになる。西洋音楽理論で言えば、属調に移調するような関係になる。

ところで、「二揚」という呼び名は、琉球の三線音楽が日本音楽と中国音楽の両方の影響を受けていることを暗示している。まず、琉球では三線の弦の呼び方は「男絃、中絃、女絃」であり、数字で呼ぶことはない。数字で呼ぶのは本土の三味線で、低い方から順に「一の糸、二の糸、三の糸」と呼ぶ。三味線の基本的調弦法は「本調子」といい、三線と同じ完全四度・完全五度である。これをもとに、二の糸を上げる場合は「二上がり」、三の糸を下げる場合は「三下がり」と言う。沖縄三線音楽の「二揚げ」「三下げ」という調弦法の呼び名は明らかに本土の三味線の用語を転用したものと言える。

では、琉球ではなぜ「二上」と表記せずに「二揚」と表記するのだろうか。この「揚」の字は中国音楽の影響と思われる。中国音楽では、音階音の一部の高さをずらせて（♯や♭で）完全四度高い調に変えて演奏することを「揚調」と言う。[26] 沖縄音楽の「二揚」は完全五度高い調に変えるための調弦法だが、高い音域に移行する点では類似した言葉使いと言える。つまり、旋律を高い音域に移行する際に、揚調にするイメージから「揚」という文字を使用したと思われる。沖縄の三線音楽は、日本と中国の両方から理論的影響を受けていると言える。

三線音楽では、ひとつの旋律を五度高く移調したバージョンが別曲として歌われて

4-18　本調子調弦の琉球音階

4-19　二揚調子調弦の琉球音階

いる。〈東江節〉〈仲風節〉〈述懐節〉は、同じ曲名で本調子バージョンと二揚バージョンの両方があるが、ほとんど同じ旋律と言ってよい。〈散山節〉については〈本散山節〉という別曲がある。両者は一見しただけでは関係があるとは思えないが、注意深く比較すると関係が推定できる。〈本散山節〉を完全五度高くすると、高すぎて歌いにくい箇所が生まれるので、高い部分だけを五度下げたうえで、高めた部分との推移部分を適切に処理すると、おおむね二揚の〈散山節〉の旋律になる。これは日本の雅楽の管絃における「渡物：わたしもの」のやり方に似ている。[27]

二　音域と表現法

長く歌う二揚様式

ところで、音域が完全五度高くなることによって、音楽的にはどのような意味や効果があるだろうか。二揚様式はテンポによって二つの異なる効果を生む。一つはゆっくりとした曲における効果、もう一つはより速い曲における効果である。

二揚の曲の中には、御前風様式よりも遅いテンポの曲、とくに十分脈を超えて昔節様式と同じくらいの遅い曲、または、分脈は速くても長間となっている曲など、長くゆったりと歌われる楽曲がある。なかでも〈干瀬節〉〈子持節〉〈散山節〉〈仲風節〉〈述懐節〉の五曲がゆっくりとして叙情性豊かな曲として有名で、「二揚五曲」と呼ばれている。

〈干瀬節〉

干瀬に居る鳥や満潮恨みよる　我身や暁の鳥ど恨む

干瀬に佇んでいた鳥は満ち潮になるのが恨めしい。私は暁を告げる鳥が恨めしい。

〈述懐節〉

拝で懐しやまづせめてやすが　別て面影の立たばきやすが

お会いして悲しみは慰められるが、別れた後に思い出したらどうしようか。

〈干瀬節〉の歌詞は惜別の歌、〈子持節〉は離別や孤独を嘆く歌、〈述懐節〉〈散山節〉も離別の不安を嘆く歌というように、さまざまな悲しみを題材として、心から絞り出すような悲しみの叫びが歌われる。高い声でゆっくりと、声を長く引き延ばして歌うと、抒情的な感情表現がより強く押し出されるので、悲しみや不安など、強い感情の表現に効果的である。つまり、高い音域でゆっくりと歌う二揚の曲は、抒情的表現、とりわけ悲しみの表現に使われる。

と同時に、これらの歌詞の内容は、御前風様式のような土地を誉めたり豊穣を予祝するといった共同体的な表現とは異なり、個人的な感情を表現しているので、独唱で歌われる習慣がある。音楽的にみても、ダイナミックな感情表現から微妙な感情表現まで、多彩な歌い方が求められるので、独唱が適している。そこで、この五曲を特に「二揚独唱曲」と呼び、多くの人々が愛好している。

二揚独唱曲は、表情豊かであると同時に、高音の部分を歌いこなすためには、技術的にかなり難しいところがある。そのため、歌三線の演奏家たちにとって、これらを舞台で独唱することは、演奏家の目標のひとつとなっている。殊に〈仲風節〉などは実演家の人気ナンバーワンの曲である。

もっとも、琉球王府時代の演奏論である安富祖正元『歌道要法』（一八四五年）には、これらの曲の歌詞には悲しみや不幸な内容が描かれているので、御前演奏には相応しくない歌詞として名指しされていた。二揚独唱曲は、公的な場では歌われず、士の家庭での歌遊びの場で好んで歌われたと推測される。[28]ただし、御冠船の舞台において組踊の中で歌われる二揚曲についてはフィクションの世界なので、国王や冊封使の御前で歌われることに障りはなかったようだ。

二揚様式の曲は、劇音楽すなわち組踊の伴奏音楽として重要な役割を果たしている。とりわけ、本調子の曲と組み合わせて使うと、その効果がはっきりする。

〈東江節〉本調子
産し子振別れて飛ばんてやりすれば　明日や　母　とまいて泣きゆらと思ば
（なしぐゎふやかりてぃとぅばんてぃしりば　あちゃやふぁふぁとぅめてぃなちゅらとぅみば）

愛しい子を振り捨てて飛び立とうとするが、明日は母を探して泣くだろうと思うと（心が張り裂けそうだ）

〈東江節〉二揚・下の句のみ
あけやう、おめけり　母　や見らぬ
（あきよ　うみきい　ふぁふぁや　みらん）

（ああ）弟よ、母がいないよ

4-20　二揚独唱曲　西江喜春、仲大千咲
国立劇場おきなわ提供

例えば、組踊「銘苅子」では、本調子の〈東江節〉と二揚の〈東江節〉の両方が使われる。本調子の〈東江節〉は、天女が我が子を置いて天に上ろうとする場面で歌われる。本調子の低い音域でゆっくりと歌われると、天女の悶々とした深い悲しみ、苦渋の感情がよく伝わって来る。一方、二揚の〈東江節〉は、置き去りにされた幼子らが母親を失って呆然とする場面で歌われる。二揚の高い音域でゆっくりと歌われると、子供たちの悲痛な叫びのような思いがよく伝わって来る。ほぼ同じ旋律でありながら、調（音域）の高さを五度変えることで、大きく異なった表現世界を作り出すことができるので、組踊のような劇的表現が求められる場では、本調子と二揚の使い分けはとても効果があり、重要な意味をもつ。

早く歌う二揚様式

二揚には、御前風よりもかなり速い七分脈前後の曲や、遅い十分脈くらいでも早間でリズミカルな曲など、早い楽曲が数多くある。〈ヨシャイナウ節〉〈百名節〉〈白鳥節〉〈浮島節〉などはテンポが速く、〈立雲節〉〈サアサア節〉はテンポは中庸だが、歌詞配分が早間で小気味よい曲である。斉唱で賑やかに歌われる

4-21　組踊「銘苅子」〈二揚・東江節〉　新垣悟、渡名喜苺英、富島花音　国立劇場おきなわ提供

〈ヨシャイナウ節〉（ゆしゃいのー）

十日越しの夜雨草葉うるはしゆす　御掛けぼさへ御代の徴さらめ
（とぅかぐしぬゆあみくさばうるわしゅすぃ　うかきぶせみゆぬしるしさらみ）

十日ごとに夜の雨が降って作物を潤わせてくださる。
お治めくださる王様の良い治世の現れに違いありません。

〈立雲節〉（たつぃくむ）

東立つ雲や世果報しにゆくゆい　遊びしにゆくゆる二十歳女童
（あがりたつぃくむやゆがふしにゅくゆぃ　あすぃびしにゅくゆるはたちみやらび）

東の空に立ち上がる雲は豊年を準備している。
歌踊りを準備しているのは若者や娘たちだ。

歌詞の趣旨は、〈ヨシャイナウ節〉〈浮島節〉は誉め歌・予祝歌、〈百名節〉は遊び歌、〈白鳥節〉は航海安全予祝の歌である。また〈立雲節〉は予祝歌で、組踊の大団円の箇所で歌われ、〈サアサア節〉は恋歌で、舞踊の最後の入羽で歌われる。いずれも喜びや祝福と結びついている。

二揚の高い音域でリズミカルに歌う曲は、言うまでもなく嘆き・悲しみとは無縁である。音域が高いので、明るい歌声となり、生き生きとしたリズムなので、予祝や娯楽の場に適している。舞踊曲となっている例が多く、組踊でも喜びの場面、大団円などに使われて効果をあげている。いずれも、重量感のある舞踊演目や組踊での悲しく苦しい場面、危機的な局面から一転して、最後の解放された局面で用いられる。こういう時に早い二揚曲が歌われると、喜びの感情が倍加して伝わるように感じられる。

二揚随想

王府時代には、音楽は種類や内容によって「格」があり、演奏習慣にもさまざまな違いがあったと思われる。安富祖正元は『歌道要法琉歌集』の中で、御前では歌っていけない歌の例として、別れや悲しみを歌った〈伊野波節〉〈仲風節〉〈述懐節〉〈東江節〉その他の二揚の曲を挙げている。[29] 国王の御前では、晴れがましいめでたい歌を歌うもので、縁起の悪い歌は歌うな、ということであろう。場によって、ふさわしい音楽、ふさわしい歌詞を歌うべし、というのが安富祖正元がたびたび説いていた教えである。

さて、近年、古典音楽の演奏時に「はちまき」という王府時代の官位を示す帽子を着する習慣が生まれている。このジャンルが琉球国以来の伝統を持っている音楽であることをアピールする意味があるのだろう。しかし、黒の朝衣と「はちまき」という姿は士(さむらい)の正装であり、現代に喩えて言えば、式典でモーニングを着るようなものである。まさしく国王の御前に出るときの晴れ姿なのである。

ところが、二揚独唱曲は御前で歌う曲ではないとされている。『歌道要法』の記述によれば、士の家庭で友人同士が集まって歌の会などを催した時に歌ったと思われる。だとすると、現代の舞台で二揚曲を歌う際に、黒朝衣「はちまき」姿は適切だろうか。たとえ来客があったとしても、自宅でモーニング姿で接客する人は居ないだろう。歌の会に、黒朝衣はちまき姿は場にふさわしいだろうか。昔日は、王府に出仕する士も、平日であれば色衣装で登城したらしい。

現代の演奏作法として考えても、二揚独唱曲で歌われる激情的な音楽表現の世界に、威儀を正した黒朝はちまき姿は似合わないと思うが、いかがであろうか。

第一九章　組踊の音楽

組踊は音楽が重要で、昔は「組踊を聴きに行く」という言い方があった、などと語られるが、実際には、音楽の役割を説いた書物はなかなか見かけない。組踊以外にも、日本の能、歌舞伎、中国の戯曲（京劇や昆劇など）をはじめ、歌・舞・劇によって構成される舞台芸術は世界じゅうにさまざまな種目があるが、いずれも音楽の役割は重要視されており、その音楽だけを取り出して味わう方法も多い。

一般に、劇音楽の役割は、登場人物の役柄（属性・性格）を示すことと、人物の内心を表現すること、情景を強調することなどが挙げられる。とりわけ様式として重要な機能は役柄を示すことで、男・女、年代、地位、善玉・悪玉などにより、音楽を象徴的に使い分けることが多い。また、感情の高まった部分で、叙情的な音楽を用いることによって、劇的表現性をさらに強める効果が得られる。組踊にも、そうした〝様式性〟があるのではないかと考えている。

一　唱えの音楽性

役柄を示す唱え

組踊の登場人物、すなわち立方（たちかた）の唱えるセリフには音楽的要素がある。セリフは基本的に音数律のある韻文で、次の例のように、ほとんどが八・八・八・六の琉歌形式、またはそれが連続した形となっている。時々七・

五調の口説形式が使われる。部分的に散文もみられるが、僅かである。しかも、セリフの発語は「唱え」といって、旋律的なフシ付けを伴うので、歌のように聞こえる場合もある。つまり、組踊のセリフは音楽的な要素が大きく、歌うように唱えられる。

組踊「執心鐘入」冒頭、若松の名乗りのセリフ

わんやなかぐすぃく(8)	私は中城家の
わかまつぃどぅやゆる(8)	若松であります。
みゃでぃぐとぅあてぃどぅ(8)	ご奉公の命を受けたので、
しゅいにぬぶる(6)	首里に向かっている。
ふぁつぃかゆぬくらさ(8)	二十日夜(月が欠けている)の暗さだから
いくさちやまゆてぃ(8)	行く先に迷って
くとぅにやまみちぬ(8)	殊に山道だから
つぃゆんしじさ(6)	露(のついた藪)も繁っています

……続く

組踊の唱えは、「男吟(うとぅくぢん)」と「女吟(うんなぢん)」の二つに大別される。この区別は能の強吟(つよぎん)・弱吟(よわぎん)の対立に似ている。組踊は、音楽的技能の面では能の謡から影響を受けていると思われる。

4-22　組踊「執心鐘入」若松の名乗り　西門悠雅　国立劇場おきなわ提供

近世琉球の士階層の間では、謡の嗜みが広く普及していたので、琉球芸能一般にその影響を受けやすい環境にあったからである。ただし、組踊の「強吟（ちゅうぢん）」という用語は、意味が異なる。

①男吟の唱え

男役の唱えは「男吟」と呼び、単音の音高を強調して勇壮に唱える。能の強吟が明確な音階を持たないのと同様に、組踊の「男吟」も各音の定常的なピッチは捉えにくい。しかし、中心となる音高があって、概ねその高さを維持しながら唱えられる。音高は地謡を担う三線の音高に対応していると考えられるが、詳細な調査・分析研究が進行中である。

また、「男吟」は役柄の位階等によっても唱え方が異なる。按司（あじ）など高位の位階の者が唱える「強吟」、子（しぃ）など家来の士（さむらい）が唱える「和吟（わぢん）」など、唱え方に若干の差異がある。

②女吟の唱え

女・子供役の唱えは「女吟」と呼び、旋律的に唱える。能の弱吟が「中音・ウキ音・上音」など、音階のような一定の音列組織を持つのと同様に、組踊の「女吟」も琉球のテトラコルドに近い四つの音高から成る音列（例えば、工・六・七・八のような関係）を辿るように、すなわち歌うように唱えられる。「女吟」の音高も地謡の三線の音高に対応しているとみられる。

女の役柄ではとりわけゆったりと一音ずつ丁寧に唱えられるのが特徴である。使用する一音一音の高さは必ずしも一定ではなく、次の音に向けて微妙にずり上げていくように唱えている。「執心鐘入」の宿の女、「銘苅子」の天女、「二童敵討」の母などがこの型を用いる。

若衆（少年）の役柄ではやや速く、端正に唱える。「執心鐘入」の若松（わかまつぃ）、「手水之縁」の山戸（やまとぅ）、「二童敵討」の鶴松（つぃるまつぃ）と亀千代（かみじゅう）などがこの型を用いる。

幼少の子供の役柄では、表情の無い直線的な唱えとなる（「てーてー物言い（むぬいい）」と通称される）。使用する一音一音の高さは全く一定で、明確な階段状の旋律となる。「銘苅子」のおめけり・おめなり、「女物狂」の亀松などがこの型を用いる。

以上のように、組踊立方の唱えには各種の音楽的な型があって、それらが役柄と結びついて様式化している。

歌掛けの唱え

組踊のセリフの中には、歌掛けの技法を使ったものもある。いわゆる問答の部分である。歌掛けでは、甲者がある歌（琉歌）を歌うと、乙者はそれ受けて、その琉歌に含まれる語や句を引用しつつ、別の歌に作り替えて投げ返す。[30] すると甲者はそこから更に新たな引用をして歌い返す――というように、次から次へと引用の連鎖によって歌試合を繰り広げる。

例えば、「銘苅子」の最初に、銘苅子が羽衣と引き替えに天女に結婚を迫る問答の部分があるが、ここで歌掛けの形式による問答が展開されている。天女が羽衣を返すよう求めたところ、銘苅子は「羽衣を掛けた松は我が物」と主張する。天女が「松は天地の和合により生み出された自然物」と道理を述べて反論するが、銘苅子は天女の言葉を引用して、「天地和合で浮き世が生まれたから、我らも和合しよう」とたたみかける。次いで、天女が「私は天女だから浮き世と関係ない」とかわそうとするが、銘苅子は「天の雨も降ればこの世の水」と再びたたみかける。このやり取りを通じて、相手の使用語句を使って歌を作り替えるのは、銘苅子の方が明らかに多い。主張の道理は天女に分があるが、歌掛けの技術では銘苅子の方が勝っている。銘苅子は、歌掛けに勝ったからこそ、天女を娶ることができたのである。

「執心鐘入」でも、歌掛けに近い問答がある。宿の女が「まれの出会いだから」と言い寄ろうとすると、若松は「初めての出会いに　語ることはない」とかわそうとするのだが、宿の女は「約束された出会いだ」と攻め返し、さらに「御縁ですよ」と言い寄る。若松は「御縁を知らない、恋の道も知らない」とかわそうとすると、宿の女は「世の中の習いも知らないの？」と返す。ここまで、若松は、理屈を言うだけで、歌掛けらしい〝言葉遊び〟が出来ておらず、押され気味である。しかし、最後には、女から「男生まれても恋知らぬものや〜」と詰め寄られた時に、若松は「女生まれても義理知らぬものや〜」と見事な対句で返して、この逆転打で問答の最終的な決着となっている。つまり、若松が歌掛けに勝って立ち去ったのである。だが、それでも諦めきれなかった宿の女が、彼の後を追う展開となる。

いずれの問答でも、歌掛けに見られるところの、相手の語句を引用して歌い返す技法が使われており、さらには歌掛けの勝ち負けがストーリーの展開を決定付けている。唱えの部分なので旋律性は少ないが、歌掛けの構成法で唱えられており、「音楽」が感じられる。このように、組踊のセリフは「歌うように唱える」のである。

4-23　組踊「執心鐘入」　若松と宿の女の問答　佐辺良和、西門悠雅　国立劇場おきなわ提供

二　地謡（じうたい）・歌三線の音楽性

役柄を示す音楽――出羽

組踊では、出羽の音楽がきわめて重要である。重要な登場人物が舞台に現れるときは、必ず何らかの音楽を伴う。代表的な曲目と役柄を挙げよう。

①若衆役

若衆の出羽は、琉歌の歌曲を伴う。早間の曲、またはテンポのやや速い本間の曲で登場することが多い。端正な曲調の音楽で若々しさを表している。「執心鐘入」の若松の出羽〈金武節（ちんぶし）〉は、元は金武間切の地名尽しに由来するので、場面が「旅の道中」であることを示す意味も含んでいる。（括弧内は元歌の歌詞の趣旨）。

「手水之縁」の山戸――――〈池武当節〉（季節ほめ）
「二童敵討」の鶴松・亀千代―〈すき節〉（季節ほめ）
「執心鐘入」の若松――――〈金武節〉（地名尽し）
「孝行之巻」の男子――――〈宇地泊節〉（土地ほめ）

これらの曲の演奏速度は、いずれも標準的な「八分一厘脈」に指定されているが、楽曲規模は一句八音（八字）に三二拍、もしくは一六拍くらいの短めの曲なので、若衆らしい清々しい印象を感じさせる。

②女役

女役の出羽は、琉歌の歌曲を伴う。長間の曲、またはテンポの遅い、叙情的でゆったりとした長い曲で登場することが多い。

「銘苅子」の天女、「手水の縁（てぃみじぬいん）」の玉津（たまつぃ）――〈通水節（かいみじぶし）〉（恋歌）
「二童敵討」の母――――――――〈仲村渠節（なかんかりぶし）〉（恋歌）
「執心鐘入」の宿の女――――――〈干瀬節（ふぃしぶし）〉（惜別）
「孝行之巻」の母、「花売之縁」の乙樽――〈仲間節（なかまぶし）〉（土地ほめ）

これらの曲は恋歌を原歌詞とする曲が多いが、「執心鐘入」の宿の女は別れを暗示する〈干瀬節〉で登場する。速度が九分脈から十二分五厘脈くらいのきわめて遅い速度の曲である。楽曲規模は琉歌の一句八字を歌うのに六四拍ほども要する長い構造の曲も多い。

組踊における女の出羽は、舞踊の女踊りの出羽とほぼ同じ空間技法を用いる。「手水之縁」のヒロイン玉津（たまち）は〈通水節〉によって登場するが、このとき、地謡によって歌われる琉歌（八・八・八・六の四句）の最初の一句八音〽「三月がなれば」の間に、舞台の対角線に歩み出る。第二句〽「心浮かされて」でゆっくりと小回りをして、来た方へ戻って行く。第三句〽「波平玉川に」で立ち直って、この句の前半五音で左突き、後半三音で右突き、をして再び対角線上を舞台前方へ行き、最後の第四句〽「かしら洗わ」では次の演技のための位置へ移動する。

〈通水節〉

三月（さんぐわつぃ）がなれば（がなりば）　心浮かされて（くくるうかさりてぃ）　波平玉川に（ふぁんじゃたまがわに）　かしら洗わ（かしらあらわ）

春の三月になったので心が浮き立って、波平村の清らかな泉で髪を洗おう

このように、組踊と舞踊曲は同じ出羽の形式となっている。組踊の演目の中で直接的に舞踊が踊られる局面は少ないが、舞踊の身体動作や舞台技法が、そのまま立ち方（役者）の演技様式となっている。組踊が文学（台詞）と音楽、舞踊の総合芸術と言われる所以である。

③子役

子役が主役となっている演目では、若衆役に準じた出羽曲がある。ただし、子役には独自の出羽がない場合もある。子役は名前が与えられず、「おめけり」（貴家の男児・兄弟などの意味）や「おめなり」（貴家の女児・姉妹などの意味）と呼ばれるだけとなっている。

「女物狂」の子――〈それかん節〉（遊び歌）

「孝行之巻」の男子・女子――〈宇地泊節〉（土地ほめ）

④男役

男役の出羽は歌を伴わず、器楽によって登場する。役柄に応じた特定の旋律形があてられていることが多

い。音楽を聴けば、どういう身分の人物が登場して来るかを理解することができる。最高権力者は〈按司手事〉で、高位の家来は〈大主手事〉で登場する。

「二童敵討」の阿麻和利――〈按司手事〉
「銘苅子」の上使――〈大主手事〉

ところで、「銘苅子」における冒頭の銘苅子の登場は、下位の士なので名称の付いた手事はないが、笛（ふぁんそー）[31]によって「フーヒー」と通称される完全四度を反復するだけの単純な音型が独奏される。これは後述するように、王府時代には能管によって奏されていた可能性があり、登場人物が能の「ワキ」に相当する役柄であることを示したものと考えられる。いずれも、音楽にのって登場したうえで、正面に立って、名乗りに移るという型がある。

この他、下位の士が登場する際に、出羽の音楽が奏されない演目がある。「女物狂」の冒頭に登場する盗人、「孝行之巻」の冒頭に登場する頭取は、いずれも名乗りを行うにもかかわらず出羽の音楽がない。

このうち、盗人については、近代の演出で、なぜか領主の登場を意味する〈按司手事〉を奏する演出が行われ、かなり定着している。しかし、これは身分をわきまえない演出と言わざるをえない。身分社会に

4-24　組踊「二童敵討」阿麻和利の出羽　神谷武史
国立劇場おきなわ提供

作られた演目を上演するわけだから、当時の身分を無視した演出をするなら、それは「創作作品」の範疇であって、それを「古典」と呼ぶことはできないだろう。逆に、頭取のような脇役の場合は、銘苅子の例に倣って〈フーヒー〉などを使用するならば、古式復活へ向けての案と言えるだろう。

以上のように、組踊の出羽においては、多くの場合は役柄と結びついた音楽が演奏されており、音楽的様式が作劇上重要な役割を果たしている。一方、現代の伝承では必ずしも様式化されていない部分があり、あらためて上演方法を歴史的に検証していく研究が望まれる。

思いを表す音楽

人物の思いを歌い上げる音楽は、聴衆を劇に引き込む効果が求められており、あらゆる劇音楽において最も重要であり、かつ感動を呼ぶ名曲である。組踊ではとりわけ二揚独唱曲が大活躍する部分であるが、情景によっては、本調子を使うことも少なくない。代表的な曲目と情景を挙げよう。

〈干瀬節〉「執心鐘入」：受け入れられない恋
〈散山節〉「二童敵討」：親子の別れの不安
「執心鐘入」：悲恋の絶望
〈東江節〉「銘苅子」：母の葛藤の嘆き（本調子）と、子の孤独の嘆き（二揚）
〈子持節〉「銘苅子」：途方に暮れる子の哀しみ
「女物狂」：子を失った母の絶望

思いを表す音楽の使い方には①当該曲のもつイメージを暗喩として利用する方法、②表現内容を音域の高低によって変える方法、③変奏によって曲の形を変える方法などがみられる。

①暗喩

〈干瀬節〉は元歌〽干瀬に居る鳥や」が惜別の情を詠った歌詞であるので、この曲は別れの不安を伴う場面によく使われる。「執心鐘入」では〈干瀬節〉が3回使われる。このうち、第一回目は宿の女の出羽曲として使われているが、ここでの歌詞が恋情を詠んでいるにもかかわらず、〈干瀬節〉という惜別の情を示す音楽によって不安感が醸し出され、その後の別れ（受け入れられない恋）を暗示している。そして第二回目、第三回目は「悪縁」という語が使われて、別れを宿命づけられた女の煩悶の感情を表現している。

〈散山節〉も、死を予感させるような不安な場面で使用される。「二童敵討」では親子の別れの場面で、死をも覚悟した思いを表し、「執心鐘入」ではあの世で添いたいとする宿の女の思いを表し、「女物狂」では我が子の生死を案ずる母の思いを表現している。

②調の使い分け

〈東江節〉は、本調子と二揚と、高さが五度違う二

4-25　組踊「執心鐘入」宿の女の出羽〈干瀬節〉　佐辺良和　国立劇場おきなわ提供

つの調が使い分けられて、二種類の異なる悲しみを描き分けている。低い音域の本調子バージョンでは、わが子を置き去りにせざるをえない母親の葛藤と沈痛な悲しみを描き、高い音域の二揚バージョンでは、母を失った子たちの泣き叫ぶような悲しみを描いている。同じ旋律を高さを変えて歌うだけにもかかわらず、質の異なる悲しみが表現されており、この対比がすぐれた劇的効果を生んでいる。

また、二揚の〈東江節〉は、下の句のみを歌う習慣があるが、その歌い出しが感嘆詞の「あけ」で、〽アーキー」と歌い出すので、〈アーキー〉と通称されている。〈アーキー〉は劇中で最も感極まった場面、危機に瀕した主人公が急転直下救われる感動の場面で使われる。とてもドラマチックな効果があるので、よく、劇全体のクライマックスに使用される。〈アーキー〉を劇展開のどこに配するかは、作劇法のポイントでもある。

③変奏

〈子持節〉の扱いも、きわめて興味深い。「銘苅子」では、母を失った子らが、呆然とした悲しみの中でトボトボと歩く時に歌われるのだが、子供たちが無邪気に遊ぶ場面でも同曲が歌われることになっている。実は、後者は〈遊子持節（あしびくゎむちゃーぶし）〉とも呼ばれ、よく知られた二揚独唱曲の〈子持節〉を半分の拍数に縮小してテンポも速めたバージョンなのである。いかにもわらべ歌のような素朴な旋律になっているので、二揚げ独唱曲と同系旋律とは気づきにくいが、このような編曲技法は中国の戯曲音楽では「板

4-26　組踊「銘苅子」〈本調子・東江節〉　新垣悟、渡名喜苺英、富島花音　国立劇場おきなわ提供

腔体」と呼ばれて、基本的な作曲技法となっている。次の譜例は、⑴と、それを縮小した⑵とを比較した譜で、左右を対照すると、まず、歌詞のあたる位置がほぼ同じであること、音符の字も左右で対応している字が多いことに気付く。これらは、両者が概ね同じ旋律で、互いに変奏曲の関係にあることを示している。

譜例

⑴〈子持節〉

タ　ル　ユ　ウ　ラ　ミ　トゥ　ティ

工 ○ 工 ○ 四 中 工 ○ 工 四中工 七 ／五 七 八 ○ 八 ○ 五 七 五 七

⑵〈遊子持節〉

ワ　ガ　ア　ジ　ヌ　メ　ー　ン　シュ

中 工 中 工 ○ 五 ／工 五 七 五 七 五 ○

終わりの音楽

組踊はハッピーエンドを原則とする。これは、組踊が御冠船の舞台で上演されることを契機に発展してきたことと関係があろう。組踊は琉球の故事、すなわち琉球国の由来を表現したものという建前があり、かつ王国が儒教道徳に則った高い文化の国であることを中国に示す意味もあった。そこで、劇中に起こる全ての困難は、儒教的な仁義、神や仏法の力、もしくは国王の徳によって解決されなければならなかった。悲劇で終わってはいけないのである。

したがって、組踊の幕切れは必ず大団円となり、苦難が解決された喜びに満ちあふれた音楽をもって閉じることになる。すなわち、明るい未来を暗示する歌詞で、軽快な二揚の音楽が多く用いられる。なかでも〈立雲節〉〈揚沈仁屋久節〉は歌詞、曲調ともに喜びに満ちて、この大団円に相応しい曲として用いられる。

効果音としての音楽

組踊では、笛や太鼓などが独自の役割を果たす箇所がある。笛・胡弓・箏・太鼓は通常は歌三線に付随する伴奏楽器であり、組踊でも歌三線とともに人物の心情などを表現するが、さらに歌とは離れて、楽器音だけで、劇中の効果音や心理描写の役割を担う場面がある。

「執心鐘入」では、宿の女が激しい恋をする女から鬼女に変化していく過程が、太鼓の打音の微妙な変化によって描かれ、最後は鬼女の怨念を仏法の力が抑える壮絶な葛藤の場面を笛と太鼓の囃子事によって見事に描き出す。また、「手水の縁」では、山戸と玉津の逢い引きの情景を、箏と笛のメロディーの遣り取りによって描いている。

このように、組踊は歌や手事による音楽を聴くことによって、また台詞の唱えを「歌のように」聴くことによって、ドラマの感動をより深く味わうことができる。

組踊は、琉球が日本と中国の両方の歌舞劇の要素を取り入れつつ独

4-27　組踊「執心鐘入」鬼女の入羽　佐辺良和
国立劇場おきなわ提供

自に形成した個性豊かな芸能である。組踊の文学的題材については日本の能からさまざまに採り入れた可能性が指摘されている。近年は、御冠船の時に首里城御庭に設けられた仮設舞台も、組踊創始当時から能舞台の橋懸かり構造を模したものであることがわかっている。[32]と同時に、これまでは研究が遅れていたが、音楽的手法については、能だけでなく、中国の戯曲音楽からさまざまに採り入れた可能性がある。例えば、能管や小鼓など、能の囃子事も採り入れられていたことが史料から読み取れる。[33]一方、劇中に既存の楽曲を用いて暗喩の効果を生み出す手法は、中国戯曲の曲牌体から採り入れたと言えようし、変奏曲の技法で情景に即した音楽を創り出す手法は、中国戯曲の板腔体から採り入れたと言えよう。これらは日本の能や歌舞伎にはない手法である。組踊が日本・中国の諸芸能から受け入れた影響について、さらなる研究の進展が求められている。

第二〇章　箏曲

一　段の物と俗箏

琉球箏曲といえば、歌三線の伴奏でしか聴いたことがない、という人も多いのではないだろうか。しかし、琉球箏曲には三線伴奏とは別に、古くからの独自のレパートリーがある。「段の物」と呼ばれる歌を伴わない純器楽曲七曲と、「歌物」と呼ばれる歌曲三曲である。そのうちの一部は、一八世紀から一九世紀にかけて、薩摩で日本の俗箏を学んだ琉球の士（さむらい）によって伝えられたと伝えられているが、伝承ルートなど未解明の部分が多く、近年、史料の見直しが始まっている。[34] この一〇曲は、数は少ないものの、日本の箏曲の歴史に関わっている。琉球箏曲の歴史を明らかにすることによって日本音楽の古い姿が見えてくる可能性もある。

琉球に伝来した箏は、やがて三線と合奏する楽器としても活動の場を広げてきた。近年は箏のみで三線音楽の歌を独唱する試みもなされている。

段の物　〈瀧落菅攪（たちうとぅしすぃがち）〉〈地（じ）菅攪〉〈江戸菅攪〉〈拍子菅攪〉〈佐武也（さんや）菅攪〉〈六段菅攪〉〈七段菅攪〉

歌　物　〈対馬節〉〈船頭節〉〈源氏節〉

菅攪（すがかき）とは、元々日本音楽の用語で、箏をゆっくりと弾くことを意味していた。早攪（はやがき）の

4-28　〈六段の調〉譜面

4-29　〈六段菅攪〉譜面

反対語である。また、段物とは、日本の箏曲では、一定の拍数で統一された段構成をもった器楽曲をいう。段は曲として完結したまとまりを指し、一般に五二拍子（一〇四拍）から成る。日本の〈六段の調〉は導入部分二拍子を除けば各段とも五二拍子で構成されている。琉球の〈六段菅攪〉は、各段がおおむね五二拍子前後だが、〈六段の調〉に比べて数拍の増減の変動がある。〈七段菅攪〉はかなり短い段もあって、本土の〈七段の調〉に比べて変化が大きく、独自に加えられた部分もある。[35]

一方、〈瀧落菅攪〉〈地菅攪〉〈江戸菅攪〉〈拍子菅攪〉〈佐武也菅攪〉の五曲はいずれも段構成がなく、短い単独の曲なので、段物とは言えないが、これら五曲は左記の順に〈一段〉から〈五段〉までの別名で呼び習わされている（例えば、〈地菅攪〉を〈二段〉と呼ぶことがある）。これに〈六段菅攪〉〈七段菅攪〉を加えた七曲を総称して「段の物」と呼んでいる。

「段の物」は、近世初頭の日本の箏曲のいずれかが琉球に伝来したものと考えられる。まず、琉球の〈六段菅攪〉は、日本の〈六段の調〉とほとんど同じである。とりわ

4-30　平調子（生田・山田流）

4-31　本調子（琉球箏曲：段の物）

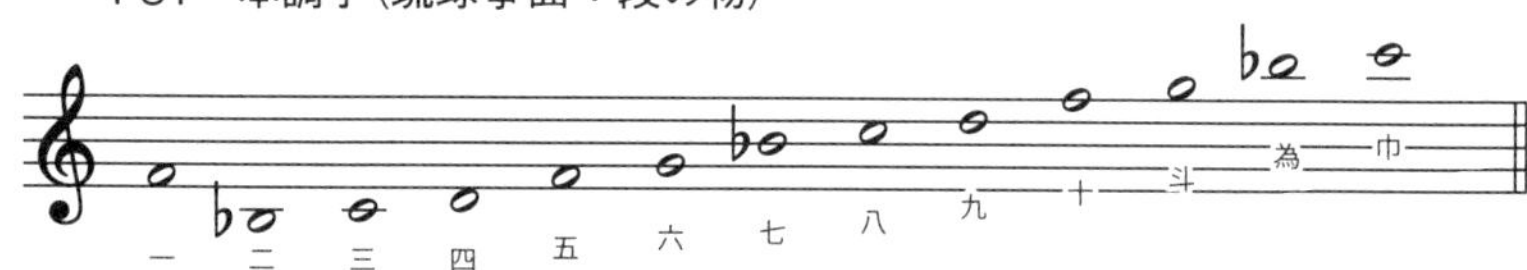

け初段については、譜面上はほぼ同一と言って良い。違いは諸技法を示す記号が異なる程度で、主たる弾奏音は変わらない。むしろ、掛け爪の記号「**カ**」などは、技法は異なるものの江戸時代の箏譜『箏曲大意抄』にも見えるなど、楽譜の古態を残している可能性がある。しかし、上方を中心に発展した箏曲が遠隔地である薩摩まで伝わるにはどのようなプロセスがあったかなど、今後解明しなければならない課題が多い。

〈七段菅攬〉も俗箏の〈七段の調べ〉と似ているが、こちらはかなりの差異が見られる。しかし、両者の間には対応関係が指摘されているので、[36] やはり、俗箏から伝えられた楽曲と言えよう。

琉球箏曲は日本の箏曲を輸入したものと言って良い。楽器自体も独特ではなく、日本から取り寄せた箏を使っているが、糸締めが緩く、その結果、音高が六度くらい低い。おそらく、歌三線とも合わせる都合もあって、男声の声域に合わせるために低くなったと考えられる。爪については、生田、山田のいずれとも異なり、角が丸みを帯びている。

調弦は、俗箏の「平調子」に対応している。「平調子」は都節音階（陰音階）のひとつだが、琉球箏曲ではその**四**と**六**（九と斗）の弦を半音高めて律音階にしたものを「本調子」と呼んで基本的な調弦法としている（琉球箏曲の本調子の音程関係は、俗箏の乃木調子にあたる）。日本の箏曲に使われる音階は、一七世紀頃、八橋検校の時代に、陽音階から陰音階に変化したと考えられているが、その元の陽音階が九州・薩摩を経て琉球に伝わった可能性も考えられる。琉球箏曲の調弦法は、そうした初期の俗箏の調弦法を現代に遺しているのかも知れない。

この他、尺八曲に伝えられている〈瀧落し〉も、琉球の〈瀧落菅攪〉とよく似ているので、さまざまな楽曲どうしの音楽的関連性を研究することが今後の課題でもある。

二　歌物と日本民謡

〈源氏節〉

歌物のうち、出自が比較的明らかな曲は〈源氏節〉である。〈源氏節〉の歌詞は、江戸幕府の『御船歌集』の中に見ることができる。[37]〈お江戸育ち〉という題名の歌詞があり、その第三歌が〈源氏節〉と同一である。

お江戸育ち（御船歌）

一、お江戸育ちか　お色が黒い　麻の布なら　晒そうもの
二、籾もやさしな　蛍の虫は　忍ぶその夜は　有明に
三、源氏狭衣　伊勢物語　数の書札に　恋の文
四、竜田川では　紅葉を流す　我は君ゆえ　名を流す

源氏節（琉球箏曲）

一、源氏更衣　伊勢物語　数の書冊の　恋の文

二、会えた見たさに　飛び立つばかり　駕籠の鳥かや　ままならぬ

御船歌とは、江戸時代に、幕府や諸藩において、将軍または藩主が船に乗り込む時や、藩の船の新造・進水の祝いに歌われた儀礼的な船歌である。江戸幕府の御船歌がモデルとなって各藩でも作られたという。四季の風物をめでながら、国の平安や富貴を讃える歌が中心となるが、それに連ねて、近世期に流行した各種のはやり歌も取り込まれて歌われていた。「水主（かこ）」と呼ばれる水夫が歌唱したと言われる。喩えて言えば、木遣り歌のような風情であったと思われる。

本来の御船歌は、幕藩体制の終焉とともに演唱の場を失い、伝承は絶えたとみられ、音楽的実態はよく分かっていない。しかし、各地方の祭礼行事、例えば、船下ろしなどの儀礼の場面で、海辺の神社での神輿海上渡御で、あるいは都市型祭礼における船型屋台巡行に伴って、御船歌の名残と思われる歌がいくつか歌われており、近年、これを対象とした研究も続いている。

〈源氏節〉の実際の歌い方は、「返し」を加える、すなわち、第三句をひっくり返して繰り返した後で、改めて第三句、四句を繰り返す。

「╱」は短い息継ぎ　「、」は長い間の手を示す

げんじさごろ・もヤ、　いせものがたり、　かずのしょさつ・のこいの・ふみ

しょさつの・かずの、　かずのしょさつ・の・こいの・ふみ

これに対し、御船歌「お江戸育ちか」第三歌の歌い方は、次のように記録されている。

〽源氏さころものいや・ヒラ ツケ〽伊勢もの語り・モロ かつのしょさつに恋の・サ ふみ
サン〽しょさつに・数の・モロ ツケ〽かつのしょさつに恋の・サ ふみ

御船歌では、最初に音頭が歌い出し、一フレーズ歌ったところで、一同が唱和する、という音頭一同形式で歌う作法がある。最初の〽源氏……」は音頭が歌い出し、〽伊勢もの語り」からは一同が唱和する。下の句も〽書冊に～」は音頭が歌い出し、〽数の」からは一同が唱和する。

〈源氏節〉は御船歌「お江戸育ち」第三歌とは、歌詞が同じであるだけでなく、実演時の形式構造も同じで、フレージングがきわめて近似しているので、同系の曲であることはほぼ間違いないだろう。残念ながら、〽源氏さごろも」に始まる歌詞の民謡は、宮城県に伝えられていたようだが、音楽（旋律）の伝承は残っていない。

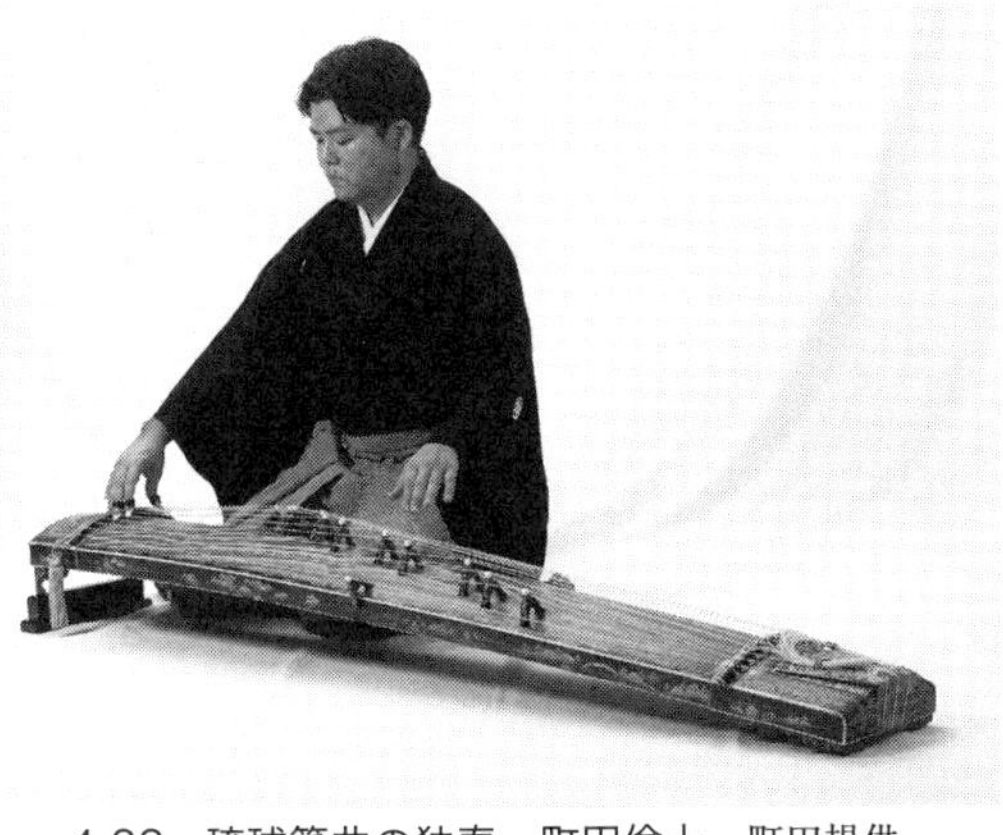

4-32　琉球箏曲の独奏　町田倫士　町田提供

〈船頭節〉と〈対馬節〉

〈船頭節〉は、鹿児島県を中心に南九州各地の踊り歌などに、その歌詞や旋律が今も残されている。かつて薩摩・大隅地方に伝わっていた歌が、島津藩の家臣や御用商人たちを介して、薩摩と往来して商品の交易に携わっていた琉球の士に伝わったと考えられる。[38]〈対馬節〉は大分県内の踊り歌にほぼ同じ旋律が残されている。[39]〈船頭節〉は伊江島の村踊りの芸能の中にまた、

両者とも、踊り歌として歌われていた曲がどのような過程で箏歌に変容したのか、誰が箏歌に変えたのかについては、依然謎が大きい。今後の資料発掘が待たれる。

三　箏と歌三線

琉球の箏は、一八世紀以後、歌三線と合わせることが始まった。現在では、一般には専ら三線の伴奏楽器として知られているほどである。

琉球の箏が歌三線と合わせるようになった時期については不詳である。一八三八年の戊の御冠船の記録では「琴引き」が任命されており、舞踊・組踊を演ずる中秋宴・重陽宴では、地謡の編成が「〜琴三味線〜」と記録されているので、三線と合わせていたことが確認できる。ただし、国王が冊封使をもてなす御礼式での御前演奏（純音楽の演奏）では三線と胡弓だけが演奏している。当時は、箏の出番は少なかったのかも知れない。なお、より早く、一八世紀には合奏があった可能性も皆無ではないが、[40]段の物の最初の伝来が一七〇〇年頃とされていることからすると、早すぎるように思われる。

戌の御冠船では仲本興斉、仲本興嘉らが「琴引き」や「入子拍子師匠」など、薩摩系の楽器の師匠、演奏者として活躍しているので、[41] 遅くとも一九世紀初め頃には箏と歌三線の合奏が始まったと言える。

その後、王府時代末期にかけて、歌三線との合奏が定着したと見られ、段の物や歌物に加えて歌三線の伴奏としての箏曲も含めた楽譜集が作られるようになった。

七と為の問題

箏の演奏は、音楽表現において、調弦法がきわめて大きな役割を占めている。箏が歌三線と合わせるためには、琉球音階の楽曲が演奏できなければならない。本土から導入された段の物・歌物は本土の音組織に合うように作られた調弦なので、そのままでは不都合である。そこで、琉球音階の最大の特徴である七度を作るために、**二**、**七**、**為**をやや高めに調弦する。そうすると**三**と**八**を出発音とする琉球音階が作られる（**二**は実際には使われない）。もっとも、このとき、**四**と**九**は三線の勘所**乙**と**五**にあたるので、純正な琉球音階ではなく、〝律音階からの借用を含む琉球音階〟を演奏するため

4-33　三線と箏の合奏　大城貴幸、池間北斗　大城提供

4-34　本調子（歌三線伴奏のとき）

の調弦となる。この調弦が、もう一つの「本調子」である（譜4－34）。つまり、琉球箏曲の「本調子」には二種類あって、ひとつは段の物・歌物に使用される**二**、**七**、**為**が低いタイプ、もう一つは歌三線音楽に使用される**二**、**七**、**為**が高いタイプである。この区別は曖昧になりやすいので、調弦にあたっては、十分注意しなければならない。[42]

二絃上げ（四九上げ）

琉球箏曲の調弦は、本来日本音楽（都節音階の曲）の演奏に適した俗箏の調弦体系をそのまま輸入したので、琉球音楽を演奏する際、調弦上の不都合が生じている。箏の「本調子」は**乙**を含む楽曲の伴奏に適しているが、逆に**老**の音の弦がない。そのため、例えば〈かぎやで風節〉を演奏する時など、三線が老の音を奏するときは、

4-35　琉球箏曲の調弦

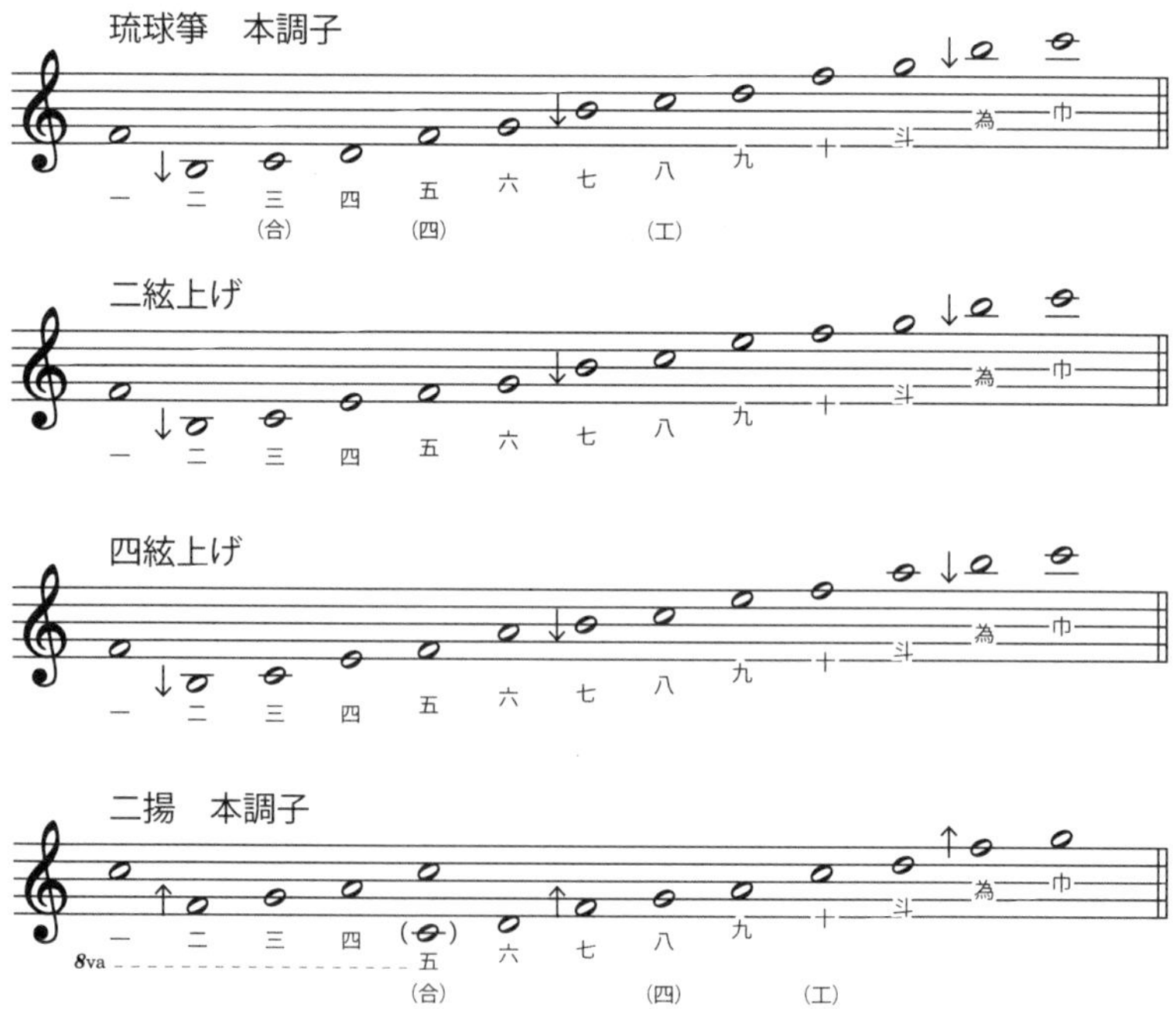

開放弦を弾いたり、音高の曖昧な「カケ爪」の手を使うなどして、不協和な音になることを避けている。

ところが、〝律音階からの借用を含まない〟純正な琉球音階の曲だと、**乙**の音も使わないから、最初から**四**・**九**を一音上げて、**老**の音にする。この調弦は、**四**と**九**を一音上げるので「**四九上げ**」、もしくは、二本の弦を上げるので「二絃上げ」という。[43]

四絃上げ

三線が完全四度高い音域の楽曲を演奏する時に、左手のポジションを下げて、人差し指で**中**の勘所を使う調子を「揚本調子」と言うが、このとき、三線の勘所は**上**を使わず、一音高い**中**を使う。したがって、箏の調弦も同様に、**六**の弦の柱を動かして一音高める。すなわち、本調子の調弦よりも**四**・**九**に加えて**六**・**斗**も上げることになる。全部で四弦上げるので、「四絃上げ」と言う。

二揚本調子

三線の「二揚調子」は〈かぎやで風節〉などで使われる合を出発音とする琉球音階を完全五度高めた調だが、琉球箏曲で二揚の曲を演奏する時は、すべての琴柱を左に動かし、完全五度高い位置に移動させ、一三本の弦全体を完全五度高くする。このようにして、「本調子」のすべての弦を移動した調弦法を「二揚本調子」と呼ぶが、さらにこの完全五度高い音域での二絃上げや四絃上げも行われ、「二揚二絃上げ」「二揚四絃上げ」と呼ばれる。

琉球箏曲の〝特色〟ともなっているところの、調の移行に伴う琴柱の全面的な移動は、たいへん手間のかかる作業になるので、舞台上ではできない。ひとつのステージで異なる調の組み合わせの演奏をするときは、箏を二面用意しなければならない。

そこで、これを簡略化するために、初めから二揚の調弦のまま本調子の曲を弾き、続けて二揚の曲を弾くという演奏習慣もある。例えば雑踊り「花風」のときは、本調子の〈花風節〉に続いて二揚の〈述懐節〉を組み合わせて弾くので、始めから二揚を基本とした調弦にしておく習慣もある。この場合、低い音はオクターブ高い音を弾くことになる。

このような苦心は、異なる音階体系の楽器を導入したために生じた問題である。つまり、日本音楽の都節音階をさまざまな調で演奏するために確立してきた俗箏を改造せずに、琉球音階の演奏に使っていることに原因がある。中国の三弦を琉球人が三線に改造したように、琉球でも箏を改造すれば良かったかも知れない。

十四弦箏

近年、十四弦箏の提案が為され、試行が続いている。[44] 一四本の弦があれば、二オクターブ+完全五度の音域（三線の**合**・**老**・**四**・**上**・**尺**・**工**の2オクターブ+六・**七**・**八**）をカバーでき、二絃上げ等の簡単な操作を加えれば、琉球古典音楽の楽曲をすべて演奏することが出来る。ただし、弦数が一本増えるだけで、別の箏を製造しなければならないのが短所ではあるが、音域が広がって表現力を高める可能性があることは明らかである。慣習を墨守することなく、新しい試みに取り組む若手の進出を期待したい。

明治期以降、箏は女性が演奏に加わるようになって、歌三線の伴奏楽器として急速に普及した。しかし、新しい楽曲の創作は低調である。本土の俗箏が近代に「十七弦箏」や「二十五弦箏」を創出して数多くの現代箏曲作品を生み出したように、沖縄でも新楽器の開発や調弦法の工夫を伴う新音楽の創生が沖縄でも試みられて、芸術的な音楽ジャンルとしての地位を確立していくことが望まれる。

【後注】

1　恩納岳は恩納集落から3キロメートル南東にある標高三六三メートルの山である。
2　池宮正治「歌道要法琉歌集—解説と本文」『琉球古典音楽当流の研究　安富祖流絃声会六十年記念誌』一九九七年。
3　東川清一は、「琉球類」という音階を提唱し、「ドレミファソシド」の六音音階であると主張したが、使われる音を並べただけで機能性を考慮しない音組織論の典型と言える。
4　西洋音楽では、#の付いた音は短二度上行する、または♭の付いた音は短二度下行する、といった限定進行音の決まりがある。いずれも他の調から「借用」した用法と考えられている。
5　山内盛彬「琉球音楽の時間の速度」『山内盛彬著作集』第二巻、沖縄タイムス社、一九九三年。
6　富原守清『琉球音楽考』琉球文化社、一九七三年（初版：一九三四年）。
7　金城厚『沖縄音楽の構造—歌詞のリズムと楽式の理論』第一書房、二〇〇四年。
8　板谷徹『民族舞踊叢書1　琉球舞踊作品研究I』沖縄県立芸術大学板谷研究室、一九九七年。
9　金城厚「琉球舞踊における『行く』と『戻る』の対立—音楽分析の視点から」『比較舞踊研究』二七、二〇二一年。
10　前掲注9。
11　池宮正治『沖縄芸能文学論』光文堂企画出版部、一九八二年。
12　東恩納寛惇『沖縄今昔』南方同胞援護会、一九五八年。
13　金城厚「琉球音階再考」『東洋音楽研究』五五号、一九九〇年。
14　金城厚『沖縄音楽の構造—歌詞のリズムと楽式の理論—』第一書房、二〇〇四年。
15　金城厚「近世琉球における音楽用語『節がわり』について」『伝統と創造』一〇、二〇二一年。
16　伊波普猷全集。

17　前掲注15。琉球から薩摩へ向かった船が流されて土佐に漂着した際に、取調に当たった土佐藩の御用学者・戸部良煕の作成した記録で、漂着の経緯以外に、琉球の言語、文化について詳しく聴き取っている貴重な同時代史料である。

18　金城厚「〈かぎやで風節〉〈花風節〉〈稲まづん節〉の放慢加花的関係」『東洋音楽研究』八四号、二〇一九年。

19　前掲書。

20　矢野輝雄『新訂増補沖縄芸能史話』榕樹社、一九九三年。

21　前掲注9。

22　外間守善、比嘉実、仲程昌徳編『南島歌謡大成Ⅱ沖縄編（下）』角川書店、一九八〇年。

23　杉本信夫『沖縄の民謡』新日本出版社、一九七四年。

24　琉球政府の行政主席。米軍から任命された。琉球政府は沖縄住民の自治体とされていたが、自治権はごく僅かで、米軍の発する布令がすべてに超越していた。にもっかわらず、住民が救済を訴える相手は主席だった。

25　社会主義の中国では、ソ連の影響と思われるが、民族舞踊の基礎訓練にはバレエのレッスン方法が取り入れられているという。

26　王耀華『中国の三弦とその音楽』第一書房、一九九八年。

27　雅楽の管絃「平調越天楽」には、他に「盤渉調越天楽」「黄鐘調越天楽」があり、それぞれ旋律に違う箇所がある。篳篥は特に音域が狭いので、旋律を変形させる必要がある。

28　前掲注2。ここにも、歌われたコトバが実現する力をもつ、という伝統的な意識の影響を垣間見ることができる。

29　前掲注2。

30　金城厚「奄美の歌掛け」『沖縄音楽入門』音楽之友社、二〇〇六年。

31　琉球の歌三線に使われる笛の古称は「ファンソー」という。古文書では「笙笙」と表記されていた。これに対して、「笛」

は能管を指すとみられる。玉木繁『資料による琉球横笛』私家版、二〇〇五年。金城厚「琉球の笛は能管だった」『ムーサ』一五、二〇一四年。

32 茂木仁史『冊封全図』榕樹書林、二〇二〇年。

33 海野貴裕「御冠船の記録に見られる楽器の用法（抄録）」『ムーサ』一五、二〇一四年。

34 池宮正治『近世沖縄の肖像 上 文学者・芸能者列伝』ひるぎ社、一九八二年。

比嘉悦子「琉球古典箏曲の伝来について」琉球古典箏曲記録保存調査会『琉球古典箏曲記録保存調査事業報告書』二〇二二年。

35 野川美穂子「段の物について—琉球古典箏曲《七段菅攪》と本土の箏曲《七段の調》の比較を中心に」琉球古典箏曲記録保存調査会『琉球古典箏曲記録保存調査事業報告書』二〇二二年。

36 前掲注35。

37 矢野輝雄『沖縄芸能史話』日本放送出版協会、一九七四年。「御船歌集成」は、芸能史研究会編『日本庶民文化史料集成　五巻・歌謡』三一書房、一九七三年所収。

38 前掲注34。

39 『日本民謡大観　第七巻九州編（北部）』日本放送出版協会、一九七七年。

40 一七五六年の『大島筆記』には、琉球における音楽事情として、舞踊曲には「琴三味線鼓弓ナドヲモ入ル也」とあるが、この文脈は〝まとめ記事〟であり、この記述よりも前方には「笛三味線鼓弓ナドヲ～」とあるので、「琴」は誤記の可能性もある。

41 『冠船躍方日記』尚家文書八一、那覇市歴史博物館蔵。

42 筆者が二〇一九年頃、主要な伝承者の録音を調査した結果、約半数が、段の物の「七、為」を高く調弦していた。

43 蒲生美津子・根路銘ノブ「琉球箏曲：調弦の種々相」『沖縄県立芸術大学紀要』五、一九九七年。

44 山内秀吉氏『歌・三線譜付琉球箏曲十四絃箏工工四』山内秀吉琉楽研究会、一九九九年。

あとがき

本書は、一九九六年に刊行された『ヤマトンチュのための沖縄音楽入門』を土台として、これに、二〇〇一年に東京藝術大学から学位をいただいた『沖縄音楽の構造―歌詞のリズムと楽式の理論』の内容を織り込み、また、近年に得たさまざまな芸能史的な知識も含めて、私が三〇年間、授業で喋ってきた内容をまとめた書である。「講義ノート集」と言ったら良いだろうか。

その三〇年間の授業の多くは琉球芸能を専攻する学生諸君に向けて行われた。これから歌三線や舞踊・組踊の実演家として第一線で活躍するであろう芸術家の卵たちに、こういうことを踏まえて実演に臨んでほしいと願いつつ、喋り続けてきた、その内容である。振り返ってみると、私の先輩たちの実演に批判がましいことも多く書かれているが、学問として常に批判的であらねばならない立場をご理解、ご寛恕いただきたい。若い世代の実演者たちが、本書をヒントに、現在の演奏慣習とは異なる解釈や演奏の新しい可能性に関心をもってくだされば、望外の喜びである。

本書は学術書ではない。論拠も曖昧な仮説をふんだんに盛り込み、ほとんど立証されていないことばかり書き散らかしている。しかし、沖縄音楽に関する総合的な概説書がない現状では、仮に沖縄音楽の研究に取り組もうとする若き学生が現れたとしても、何を足がかりにして良いか分からずに苦労するかも知れない。あるいは、自身の興味がどのような学的価値があるのか、どのような関連の広がりが期待できるのかも見えずに躊躇するかも知れない。そういう後進たちが、本書を踏み台にして、この曖昧な仮説を批判し、否定し、新しい一歩を進めてくれることを期待してこのような愚著を世に問うた。

本書の中では、恩師である小泉文夫、小島美子両先生、また、沖縄県立芸大に導いてくださった外間守善先生の所説も直接的に間接的に批判している。恩師等の学的蓄積を批判し、発展させることが恩返しだと思っている。自分もまたそうした批判に曝されれば、本書の目的は達せられたと思う。

本書の刊行にあたって、数多くの写真の提供や紹介をいただいた。国立劇場おきなわ、沖縄県立博物館、沖縄美ら島財団、沖縄県立芸術大学図書芸術資料館、東京藝術大学小泉文夫記念資料室、浜松市楽器博物館、那覇市歴史博物館の諸機関の他、写真家の大城弘明さん、沖縄県立芸大で同僚であった先生方、学生諸君にご協力をいただいた。音楽は実践中心でしかない沖縄に在って、音楽を考える本の出版を引き受けてくださった榕樹書林の武石和実さんに感謝を申し上げる。

そして、いつも雑用に追われて研究を疎かにする私を叱咤激励して本書の執筆に駆り立ててくれた妻・邦子に感謝してこの書を捧げる。

二〇二二年二月

著者

金城 厚（かねしろ あつみ）

1953年　山口県に生まれる
1977年　東京芸術大学音楽学部楽理科卒業
1980年　東京芸術大学大学院音楽研究科修士課程修了
1990年　沖縄県立芸術大学音楽学部助教授
2000年　沖縄県立芸術大学音楽学部教授
2003年　『沖縄音楽の構造』で博士（音楽学・東京芸術大学）取得
2020年　東京音楽大学教授・沖縄県立芸術大学名誉教授

〔主要著書・論文〕
『ヤマトンチュのための沖縄音楽入門』（音楽之友社、1997）
『沖縄音楽の構造』（第一書房、2004）など

沖縄学術研究双書⑮
琉球の音楽を考える——歴史と理論と歌と三線

ISBN978-4-89805-235-8　C1373
2022年 2月21日　印刷
2022年 2月26日　発行

著　者　金　城　　厚
発行者　武　石　和　実
発行所　(有)榕　樹　書　林
〒901-2211　沖縄県宜野湾市宜野湾3-2-2
TEL 098-893-4076　FAX 098-893-6708
E-mail：gajumaru@chive.ocn.ne.jp
郵便振替　00170-1-362904

印刷・製本　(有)でいご印刷　Printed in Ryukyu

索　引

【か】

【き】

【く】

【け】

【こ】

【さ】

【し】

【や】

【ゆ】

【よ】

【り】

【れ】

【ろ】